KLAUB 1976

HISTOIRE

DE

LA GARDE NATIONALE

DE PARIS.

OUVRAGES DU MÊME AUTEUR

Qui se trouvent

Chez A. SAUTELET et Cᶦᵉ, LIBRAIRES.

Traité de législation, ou Exposition des lois générales suivant lesquelles les peuples prospèrent, dépérissent ou restent stationnaires; par Charles Comte, avocat à la cour royale de Paris, professeur honoraire de droit à l'académie de Lausanne, auteur du *Censeur Européen*; 4 vol. in-8°, prix : 32 fr.

Des garanties accordées aux capitaux par les procédés des chambres législatives; in-8°, prix : 3 fr.

PARIS, IMPRIMERIE DE GAULTIER-LAGUIONIE.

HISTOIRE

DE LA

GARDE NATIONALE

DE PARIS,

DEPUIS L'ÉPOQUE DE SA FONDATION JUSQU'A L'ORDONNANCE
DU 29 AVRIL 1827;

PAR CH. COMTE,

AUTEUR DU CENSEUR EUROPÉEN.

PUBLIÉ LE 14 JUILLET 1827,

JOUR ANNIVERSAIRE DE LA PRISE DE LA BASTILLE.

PARIS,

A. SAUTELET ET Cⁱᵉ, LIBRAIRES,

PLACE DE LA BOURSE.

1827.

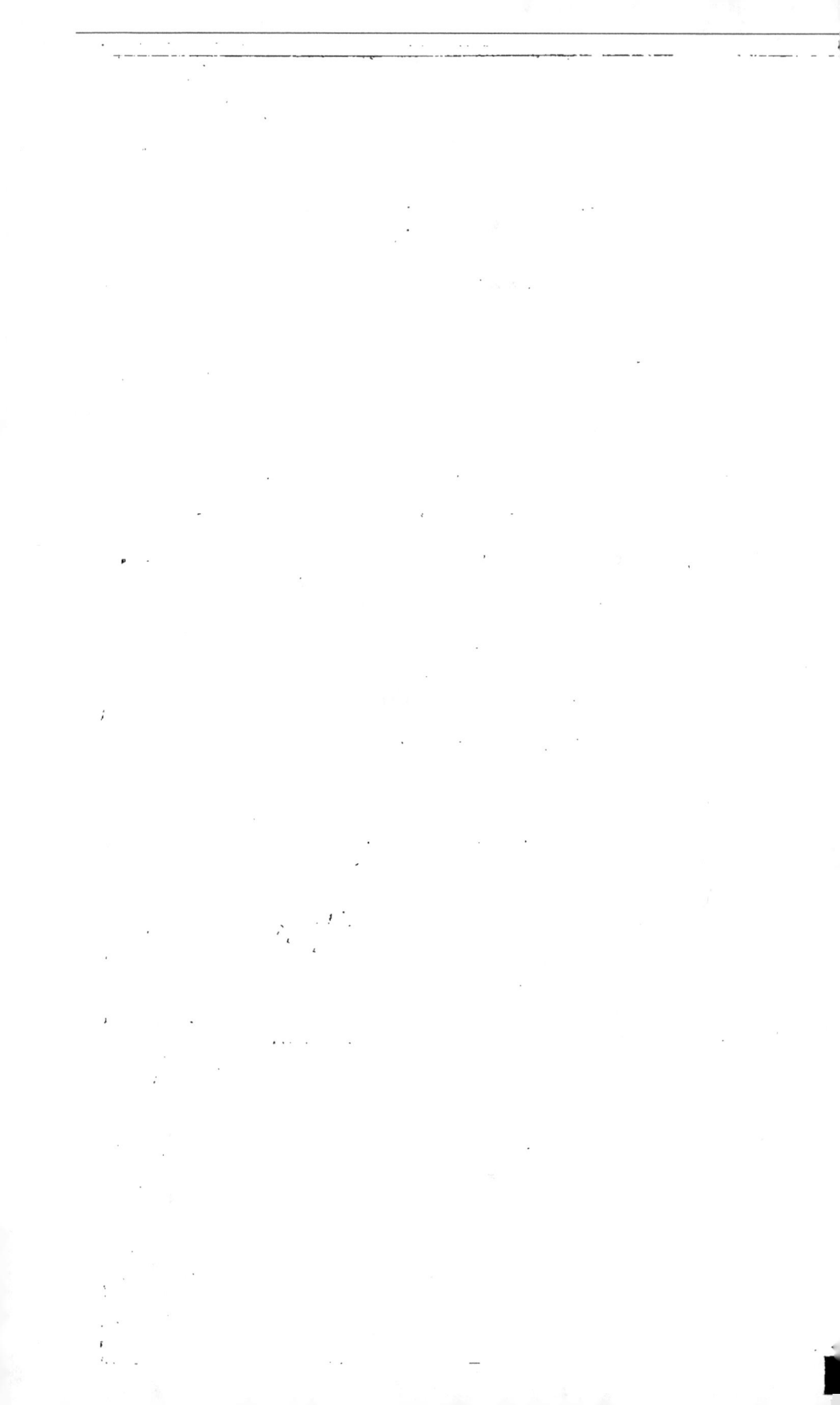

AVERTISSEMENT.

Lorsqu'un écrivain publie une histoire, et que, parmi les événements qu'il raconte, il en est plusieurs dont il n'a pas été témoin, un de ses premiers devoirs devrait être de faire connaître les sources dans lesquelles il a puisé. Mais ce devoir, dont l'exécution est facile quand on parle de temps éloignés, devient impossible à remplir quand on parle des événements contemporains, et que les hommes qui en ont connu les parties les plus secrètes désirent de ne point être connus, au moins de leur vivant. En pareil cas, l'historien est en quelque sorte obligé de répondre de la fidélité des témoins qu'il a consultés, et le succès de son ouvrage dépend en grande partie de la confiance qu'a le public dans sa propre véracité. L'auteur de cette histoire, quoiqu'il n'ait pris lui-même aucune part aux événements, s'est trouvé en relation avec des hommes qui tous y ont pris une part plus ou

moins active, surtout depuis la chute du gouvernement impérial. Plusieurs ont bien voulu lui
communiquer des mémoires inédits, des pièces of-
ficielles qui n'ont jamais été mises au jour, des
conversations dont ils avaient été les témoins, ou
dans lesquelles ils avaient eux-mêmes été interlo-
cuteurs. La confiance qu'ils lui ont inspirée, et que
le public partage avec lui, est assez forte pour
qu'il ait peu à craindre les contradictions. Les lecteurs ne devront donc point être surpris de trouver dans cette ouvrage des faits qu'ils chercheraient
inutilement ailleurs.

Mais il ne faut pas confondre les faits racontés
dans cette histoire avec les jugements que l'auteur
a portés des hommes et des événements. Ici, l'écrivain n'a consulté que lui-même, et il ose penser
qu'à cet égard il sera cru sur parole, du moins par
les hommes qui le connaissent. Il doit d'autant
plus assumer sur lui la responsabilité de ses jugements, qu'il lui est arrivé plus d'une fois d'en
porter de sévères, et qui ne sont pas toujours
d'accord avec les opinions de personnes qu'il es-

time. Il est loin, au reste, de prétendre n'être jamais tombé dans l'erreur; si cela lui était arrivé, il s'empresserait de le reconnaître; mais aussi toute considération qui ne serait pas tirée des intérêts de la vérité, serait incapable de rien changer à ses opinions ou de lui en faire modifier l'expression.

Paris, le 13 juillet 1827.

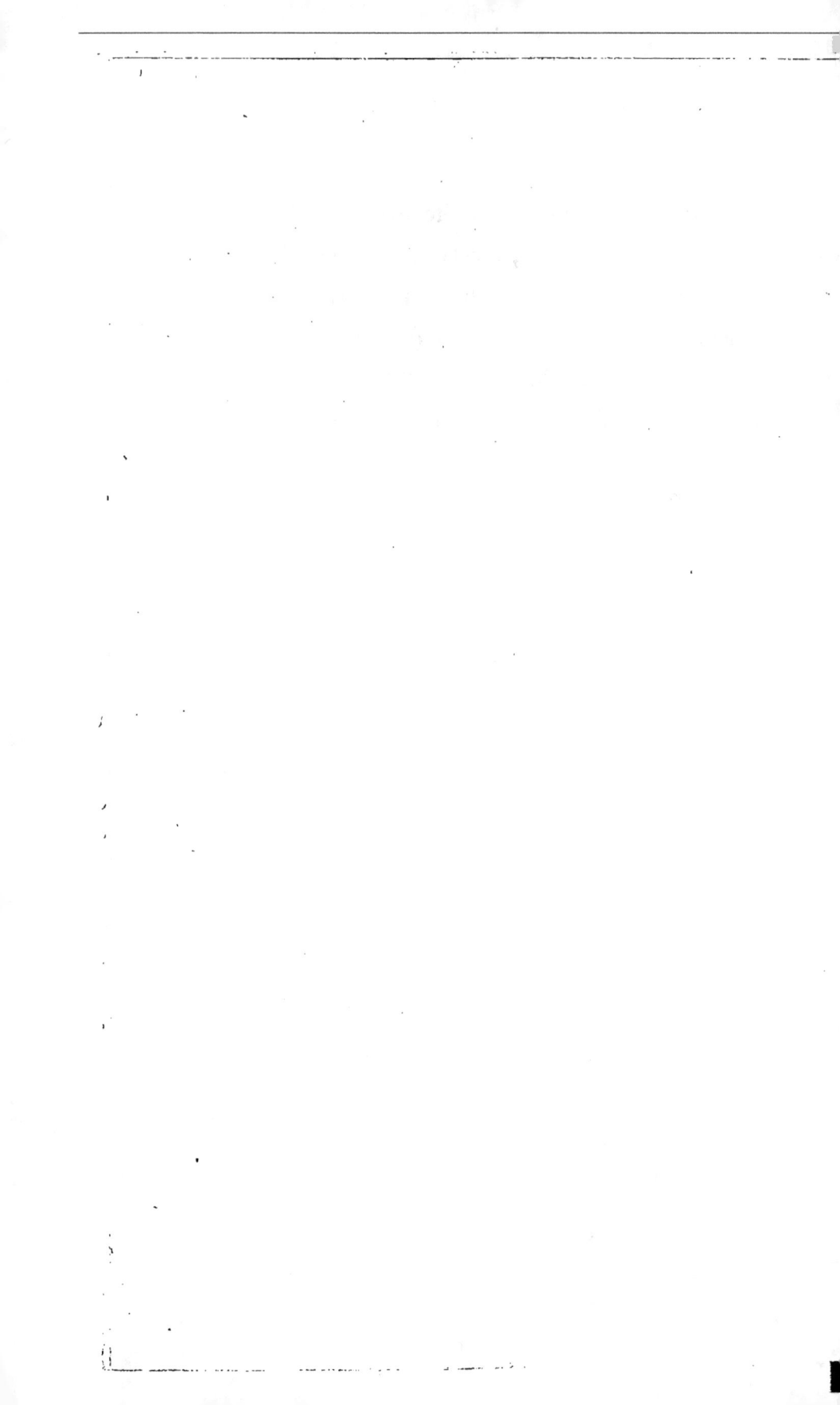

HISTOIRE

DE

LA GARDE NATIONALE

DE PARIS.

~~~~~~

PREMIÈRE ÉPOQUE.

Ancien état de la France. — Causes de la révolution — Violences militaires. — Convocation des états-généraux. — Leur résistance.
— Menaces de les dissoudre. — Appel à la force armée. — Craintes
des habitants de Paris. —Demandes de l'établissement des gardes
bourgeoises. — Insurrection. — Organisation civile et militaire.
— Prise de la Bastille. — Nomination populaire d'un commandant-
général de la garde bourgeoise.

Les grandes révolutions qui se manifestent
parmi les peuples ne sont pas les produits de
quelques volontés particulières ; elles sont des résultats d'une multitude de causes qui ont agi pendant des siècles. Les hommes qui apparaissent à
ces époques, et qui semblent exercer une influence
immense par leurs vertus ou par leurs vices, ne
sont eux-mêmes que les produits des circonstan-

I

ces au milieu desquelles ils se sont formés. S'en prendre exclusivement à eux des événements qui arrivent, et s'irriter contre la puissance qu'ils exercent, est aussi vain que puérile. Quand une révolution est devenue inévitable, il faut l'accepter et s'y soumettre, si l'on ne veut pas être brisé par elle; les obstacles qu'on lui oppose ne servent guère qu'à en accroître la violence.

En traçant l'histoire d'une de nos plus grandes institutions, je ne veux donc ni en exposer les causes premières , ni en faire l'apologie ou la critique ; je me propose simplement de faire connaître les circonstances au milieu desquelles elle est née, la manière dont elle s'est développée, les divers effets qu'elle a produits, les dégradations qu'elle a subies et les causes immédiates qui ont amené ces dégradations. On a dit du pouvoir despotique, qu'il se prend et ne se donne pas; c'est une observation qu'on peut faire sur tous les pouvoirs , même sur ceux qui servent de fondement à la liberté.

En 1788, il n'existait d'autorité populaire dans presqu'aucune des parties de la France. La population était divisée en plusieurs castes, qui étaient elles-mêmes subdivisées en fractions. La noblesse se divisait en nobles de cour et en nobles de province; mais les uns ni les autres n'avaient d'autre influence dans les affaires publiques, que celle qui pouvait résulter des talents personnels, et surtout de l'intrigue. S'ils avaient le monopole de la plupart des emplois publics, c'était moins par un effet de la puissance de leur caste, que par suite d'un vieil usage et des goûts du maître auquel ils étaient soumis.

Le clergé, puissant par les craintes et par les espérances qu'il faisait naître, par les richesses immenses que ces deux mobiles lui avaient acquises, par l'effet de vieilles habitudes, et par la protection qu'il recevait du pouvoir en retour de l'appui qu'il lui prêtait par ses doctrines, n'avait lui-même aucune organisation. Il était divisé en deux grandes classes : l'une, composée d'hommes appartenant à la noblesse, jouissait des premières dignités de l'Église, de la plus grande partie des richesses et des faveurs de la cour; l'autre, composée d'hommes sortis des classes moyennes, vivait dans la médiocrité et remplissait presque exclusivement les fonctions du sacerdoce. Les mœurs d'un grand nombre de membres du haut clergé, et la diffusion des écrits philosophiques, avaient beaucoup

affaibli l'influence des croyances religieuses dans
la partie éclairée de la population, et particulièrement dans les hautes classes de la société. Il
était alors de bon ton, parmi la grande noblesse,
de paraître incrédule, comme aujourd'hui de se
montrer dévot.

La classe moyenne, assez éclairée pour voir
les vices de l'état social qui existait, et pour sentir le besoin de quelques garanties, était disposée
à recevoir les institutions qui lui seraient présentées par des amis de la liberté; mais elle n'avait
pas assez de lumières pour savoir l'organisation
qui convenait le mieux à ses intérêts ou à ses besoins. En renonçant à certains dogmes théologi-
ques, elle avait adopté quelques dogmes philosophiques ou politiques, qui n'étaient pas beaucoup
plus intelligibles pour elle; elle avait surtout une
admiration aveugle pour les peuples de l'ancienne
Grèce et de l'ancienne Rome. Les hommes de cette
classe étaient exclus de presque tous les emplois
publics, et s'il arrivait à quelqu'un d'y parvenir,
il était flétri du nom de *parvenu* ou d'*officier de
fortune*. C'était à eux qu'étaient dévolues les professions privées que la noblesse dédaignait, et que
les classes inférieures ne pouvaient que difficile-

ment atteindre. Les individus par lesquels ces professions étaient exercées étaient divisés en corporations ou confréries, et soumis à des chefs
au moyen desquels le gouvernement les dominait
tous.

Les cours judiciaires, qu'on désignait sous le
nom de *parlements*, se composaient d'hommes qui
avaient acheté leurs fonctions à prix d'argent, et
qui les considéraient en conséquence comme leur
propriété. Cette circonstance et la transmission
qui se fesait souvent de père en fils des fonctions
judiciaires, donnaient aux magistrats une certaine
indépendance. Ils se considéraient comme formant une noblesse particulière; l'habitude de se
réunir et de délibérer en commun, jointe à l'influence que donne partout le pouvoir de disposer
de la fortune et de la vie des citoyens, les rendaient
quelquefois redoutables au gouvernement. Chargés de faire l'application des lois et des ordonnances, ils s'étaient attribué l'autorité de décider
quels étaient les actes du gouvernement qui devaient avoir force de loi. Ils ne reconnaissaient
la puissance légale aux actes émanés de l'autorité
royale que lorsqu'ils les avaient enregistrés : il est
vrai que quelquefois le roi allait lui-même les faire

enregistrer de force dans ce qu'on appelait un *lit de justice.*

Les hommes des classes inférieures de la société n'étaient guère considérés que comme des instruments de travail, dont l'emploi était de nourrir tous les autres, ou de les défendre en qualité de soldats, s'ils étaient attaqués.

Le gouvernement, c'est-à-dire la cour et les ministres, soutenus par une armée composée, en grande partie, de Suisses et d'Allemands, planaient au-dessus de toutes les autres classes : faire percevoir les impôts, se les partager et les consommer, étaient leurs principaux emplois. Les agents subalternes ne rendaient compte de l'exercice de leurs fonctions qu'aux ministres; les ministres ne rendaient compte qu'au roi ou à ses favoris, lesquels, prétendant n'avoir de compte à rendre qu'à Dieu, ne rendaient réellement compte à personne. Les hommes des classes laborieuses, ceux qui formaient la masse de la population, travaillaient et payaient; mais les courtisans et les ministres étaient plus habiles à consommer que le peuple à produire. Il arriva donc que le gouvernement éprouva un *déficit*, c'est-à-dire qu'après avoir consommé tout ce que la population avait le moyen

de payer, la cour éprouva le besoin de consommer davantage. La classe laborieuse étant épuisée, la cour exposa ses besoins aux *notables*, c'est-
à-dire à des princes, à des grands seigneurs, à des
dignitaires ecclésiastiques et à quelques autres
personnages, plus habiles, pour la plupart, à vi-
der le trésor qu'à le remplir; cette assemblée
donna des conseils et garda ses richesses; on eut
recours alors aux parlements pour leur faire enregistrer de nouveaux édits; ils refusèrent. On les
exila, puis on les rappela pour les exiler et les
rappeler encore. Enfin, fatigué de résistance et
d'exils, le parlement de Paris se déclara incompé-
tent; il proclama qu'aux états-généraux seuls appartenait l'autorité d'établir des impôts. Les états-
généraux furent donc convoqués. Ils ne l'avaient
pas été depuis 1614.

La ville de Paris n'était pas plus favorisée que
les autres villes de France. Son premier magistrat
était le prévôt des marchands, nommé par la cour;
les échevins qui partageaient avec lui l'autorité
municipale, étaient aussi nommés par la cour ou
se recrutaient eux-mêmes. La police et la force
armée chargées de veiller à l'ordre public recevaient leurs pouvoirs de la même source. Enfin,
la population n'avait aucun moyen de se protéger

ni contre des malfaiteurs en cas de trouble, ni
contre le despotisme militaire en cas d'oppression.
Non-seulement elle était dépouillée de toute autorité pour veiller à sa propre sûreté, mais elle
était entièrement dépourvue d'armes.

La retraite d'un ministre qui avait dilapidé les
finances et qui avait été comblé de faveurs en se
retirant, venait de prouver l'impuissance dans laquelle se trouvaient les habitants de Paris, soit
de veiller au maintien de la tranquillité publique,
soit de s'opposer aux cruautés du pouvoir militaire. Des jeunes gens du barreau avaient brûlé
l'effigie de ce ministre auprès de la statue de
Henri IV. Le lendemain, la même cérémonie ayant
été continuée, un officier à la tête de vingt cavaliers et de cinquante fantassins avait chargé le public : plusieurs personnes avaient été blessées et
quelques-unes tuées. La foule, dans un mouvement d'indignation, s'était précipitée sur la troupe,
l'avait mise en fuite et s'était emparée des armes
de quelques corps-de-garde. Le soir, un rassemblement s'étant formé sur la place de Grève, la
troupe avait tiré sur lui dans l'obscurité, et les
hommes blessés mortellement avaient été jetés
dans la Seine.

Ces violences avaient irrité la population plus

qu'elles ne l'avaient effrayée. Des jeunes gens
s'étant portés en foule dans la rue Saint-Domini-
que, où demeurait le ministre de Brienne, et dans
la rue Meslée, où demeurait le commandant du
guet, ils avaient été investis par des troupes qui
arrivaient par les deux bouts des rues en même
temps. Les soldats avaient chargé à coups de
baïonnettes, et sans distinction, une multitude
désarmée qui ne pouvait fuir, et qui, loin d'attaquer ou de se défendre, levait les mains au
ciel et demandait grace avec des cris déchirants.
La population parisienne avait été aussi im-
puissante pour prévenir que pour arrêter cette
boucherie ; et le succès de ces violences avait inspiré aux ministres et à la cour une entière sécurité. Ayant fait l'expérience que les soldats tiraient
sur un peuple désarmé ou le chargeaient à la
baïonnette, on ne mettait pas en doute qu'on ne
fût toujours maître de lui.

Il n'existait en France aucune loi qui détermi-
nât ni le nombre des députés dont les états généraux devaient se composer, ni les qualités requises
pour être électeur, ni la manière dont on devait
procéder aux élections : tout fut donc réglé par
des ordonnances. On admit la division de la po-

pulation en trois ordres : celui du clergé, celui de la noblesse et celui du tiers-état. On n'établit pour la noblesse qu'un seul degré d'élection; mais pour le tiers-état on en admit deux. Pour être électeur au premier degré, on n'exigea que d'être Français ou naturalisé, d'être âgé de vingt-cinq ans au moins, d'être domicilié et porté sur le rôle des impositions. Les corporations d'arts et métiers, celles d'arts libéraux, de négociants, armateurs et autres, furent autorisées à nommer un nombre d'électeurs proportionné à leur importance. Le nombre des électeurs de chaque bailliage, chargés de choisir les députés aux états généraux, devait être composé en raison de la population et des richesses. Il ne pouvait cependant excéder deux cents, sauf à Paris, où il pouvait être porté à trois cents.

La ville de Paris fut divisée en soixante arrondissements ou districts, dans chacun desquels les habitants devaient choisir leurs électeurs. Ils furent convoqués pour le 21 avril 1789, et présidés par un des officiers du corps municipal délégué à cet effet par le prévôt des marchands. Le président fut obligé de s'adjoindre quatre bourgeois notables, domiciliés depuis plusieurs

années dans l'arrondissement. Les salles destinées aux élections devaient être ouvertes de sept
heures du matin jusqu'à neuf : passé neuf heures
nul individu ne pouvait plus être admis, et les
opérations devaient commencer. Elles eurent lieu
en effet au jour indiqué, et quoique la population presque tout entière y fût appelée, elles
ne furent troublées par aucun désordre.

Les électeurs ayant été nommés par les assemblées que plus tard on désigna sous le nom d'assemblées primaires, ils se réunirent pour procéder à
la vérification de leurs pouvoirs, et à la nomination
des députés. Leur premier acte fut de nommer un
président, et le lieutenant civil fut désigné par
acclamation : mais aussitôt il s'éleva une question :
ce fut de savoir si ce magistrat était président en
vertu du choix des électeurs, ou en vertu de son
titre et de la nomination qu'il tenait du roi. L'assemblée décida, à une grande majorité, qu'elle ne
pouvait avoir d'autres officiers que ceux qu'elle
aurait élus librement. Le lieutenant civil et
d'autres officiers du Châtelet furent en conséquence invités à se retirer, et ils obéirent.
Les électeurs choisirent donc leur président et
leurs secrétaires, et cela fut dans la suite une

cause d'attaque contre l'élection des députés. Lorsque plus tard la question fut soulevée, l'assemblée nationale jugea qu'une décision qui n'avait eu pour objet et pour résultat que d'assurer la liberté des élections, n'était pas une raison pour les annuler. Target fut d'abord nommé président et Bailly secrétaire.

Les électeurs parisiens avaient deux opérations à exécuter; ils devaient procéder à la nomination de vingt députés, et rédiger les instructions qu'ils avaient à leur remettre. Ils se divisèrent d'abord en divers comités, selon les matières dont ils prévoyaient que l'assemblée nationale aurait à s'occuper. Ils résolurent de continuer leurs réunions jusqu'à ce que cette assemblée aurait terminé ses travaux, afin d'ajouter à leurs instructions ou de les modifier selon les besoins des circonstances. Cette résolution mérite d'être observée, parcequ'elle a eu une influence immense sur la révolution et sur l'institution des gardes nationales. Le choix des députés fut aussi éclairé que pouvaient le désirer les amis de l'ordre et de la liberté (1).

(1) Voici les noms des vingt députés que nommèrent les électeurs du *tiers-état* de Paris : Bailly, membre des trois académies; Camus, avocat; Vignon, ancien consul; Bevière, no-

Les électeurs avaient procédé à la nomination de leurs députés dans une des salles de l'Archevêché; mais ils comprirent que, pour continuer leurs réunions, ils avaient besoin d'un lieu plus convenable. Ils demandèrent donc la salle de l'Hôtel-de-Ville, et elle fut mise à leur disposition. C'est ici que nous verrons aboutir tout-à-l'heure tous les mouvements qui vont se manifester dans Paris.

Quoique les électeurs parisiens eussent mis dans la nomination de leurs députés toute la célérité possible, ils n'avaient pu nommer le vingtième que le 19 mai; cependant, les états-généraux qui se tenaient à Versailles où la Cour résidait, avaient été ouverts le 4 du même mois. Quelques personnes supposèrent que les électeurs parisiens avaient été convoqués plus tard que les autres, afin qu'ils n'eussent pas le temps de se concerter sur leurs choix; mais rien ne prouva, dans le cours des élections, que cette supposition fût fondée; elles

taire; Poignot, négociant; Tronchet, avocat; de Bourges, négociant; Martineau; Germain, négociant; Guillotin, médecin; Berthereau, procureur au Châtelet; Demeunier; Garnier, conseiller au Châtelet; Leclerc, libraire et ancien juge consul; Hutteau, avocat au parlement; Dosfant, notaire; Anson; Lemoine; Sieyes.

furent faites au contraire avec une entière liberté et on n'y aperçut aucune influence étrangère.

Dès l'ouverture des états-généraux, diverses questions s'élevèrent sur les costumes affectés aux divers ordres, sur la manière dont ils communiqueraient avec le roi, sur la vérification des pouvoirs et sur la manière de délibérer. La cour ordonna que les députés du tiers-état seraient distingués des autres par l'humilité de leur costume, et ils se soumirent; mais elle voulut que le président de l'assemblée ne pût parler au roi qu'à genoux, et elle fut désobéie. Chacun des trois ordres avait nommé ses députés; aussitôt que les états-généraux eurent été ouverts, il fallut décider si l'on délibérerait par ordre, c'est-à-dire, si l'on aurait trois assemblées, ou si l'on n'en aurait qu'une seule et si l'on délibérerait par tête. Les députés du tiers-état, qui égalaient par leur nombre les députés des deux autres ordres, résolurent qu'il n'y aurait qu'une assemblée, et ils invitèrent en conséquence les autres députés de venir se joindre à eux. Cette résolution prise, ils la suivirent avec une persévérance inébranlable. La division se mit parmi les députés de la noblesse et du clergé. Les curés, qui par leur naissance et par leur fortune appartenaient aux classes moyennes, allèrent les uns après les autres se réunir aux députés du tiers-état. Les membres de la noblesse les plus distingués par leurs lumières et par leur naissance, plus jaloux de conquérir la liberté que de conserver leurs priviléges, allèrent également se réunir aux députés du tiers. Enfin, le 17 juin, après avoir fait une dernière invitation aux députés du clergé et de la noblesse de se réunir à eux, les députés du tiers-état se constituèrent en *assemblée nationale.*

La cour, en ordonnant la convocation des états-généraux, n'avait cédé qu'à un mouvement d'humeur contre les parlements. Aussitôt qu'elle vit la fermeté avec laquelle les délégués du peuple prenaient leurs délibérations, elle forma le dessein de se débarrasser d'eux. L'assemblée nationale s'aperçut de ce projet, et à l'instant elle prit une résolution propre à la déjouer: elle légalisa la perception des impôts, quoiqu'établis sans le consentement du peuple; mais elle ajouta qu'ils cesseraient d'être perçus le jour où elle serait séparée, et mit les créanciers de l'état sous la sauvegarde de la loyauté française.

Cependant la majorité des députés, du clergé

et de la noblesse, n'étaient pas encore réunis à l'assemblée nationale. La cour apprit que les membres du clergé allaient céder et se réunir à elle, et elle résolut de prévenir l'exécution de ce dessein. Le 20 juin, les députés se rendent au lieu de leurs séances ; ils trouvent leur salle environnée par une force armée qui leur défend d'y pénétrer ; une affiche apposée sur la porte leur apprend que le roi doit y tenir une séance royale le 22, et que les préparatifs à faire dans l'intérieur exigent que les délibérations soient suspendues. Cette mesure jette d'abord le trouble et l'indécision parmi les députés ; mais bientôt la résolution est prise de continuer leur délibération. Un membre de la députation de Paris propose de se rendre dans la salle du jeu de paume, et tous s'y rendent à l'instant. Le public envahit les galeries ; on s'assemble au-devant de la maison ; et là, l'assemblée met en question le parti qu'il convient de prendre. Un membre fait une proposition qui sur-le-champ est adoptée : l'assemblée arrête que tous ses membres prêteront à l'instant le serment solennel de ne jamais se séparer, et de se rassembler partout où les circonstances l'exigeront, jusqu'à ce que la constitution du royaume soit établie et affermie sur des fondements solides; et que le serment prêté, tous les membres·confirmeront par leurs signatures cette résolution inébranlable. Le président, après avoir fait le serment pour son propre compte, en prononça la formule d'une voix si ferme et si intelligible, qu'il fut entendu de tout le public qui remplissait la rue. Tous les membres, à l'exception d'un seul, imitèrent leur président, et leur serment fut reçu par des acclamations publiques.

L'assemblée s'était ajournée au 22; pour empêcher qu'elle ne se réunît, la cour s'imagina qu'il suffisait de lui enlever la salle du jeu de paume. Un prince fit dire au maître de cette salle qu'il se proposait d'aller y jouer, et en conséquence il lui ordonna de la lui réserver. Au jour indiqué, l'assemblée se rendit d'abord dans l'église des Récollets; mais, la trouvant trop petite, elle alla se former dans celle de la paroisse de Saint-Louis. La majorité du clergé s'y rendit, et la réunion des deux ordres se trouva complète. On procéda sur-le-champ à la vérification des mandats des députés qui venaient de se réunir.

La séance royale qui, après avoir été fixée pour le 22, avait été renvoyée au 23, fut une occasion

2,

de faire éprouver aux députés du peuple de nouvelles humiliations. Quoiqu'ils fussent exposés à la
pluie, on refusa de leur ouvrir la porte par laquelle ils devaient entrer, jusqu'à ce que les députés de la noblesse et ceux du clergé eussent pris
les places qui leur étaient réservées. C'était un
moyen de prévenir la confusion des ordres, qu'on
voulait tenir séparés. Enfin on leur permit d'entrer, sur la menace qu'ils firent de se retirer.

Le discours royal commença par des reproches.
Les états-généraux étaient ouverts depuis près de
deux mois, et ils n'avaient pas encore pu s'entendre sur les préliminaires de leurs opérations.
Une parfaite intelligence aurait dû naître du seul
amour de la patrie, et une funeste division jetait
l'alarme dans les esprits. Les Français n'étaient
pas changés, mais plusieurs circonstances avaient
dû amener des oppositions, des débats, des prétentions exagérées. C'était dans la résolution de
faire cesser ces funestes divisions que le roi avait
rassemblé de nouveau les députés autour de lui ;
c'était comme défenseur des lois de son royaume
qu'il venait, disait-il, en retracer le véritable esprit et réprimer les atteintes qui avaient pu y être
portées.

Après ce discours, le roi fit lire une première déclaration par laquelle il maintenait la distinction des trois ordres; il ordonnait que les députés élus par chacun des trois formeraient trois chambres, et ne pourraient délibérer en commun que de son consentement; en conséquence, il déclarait nulles les délibérations prises le 17 juin, et celles qui auraient pu s'en suivre, comme illégales et inconstitutionnelles; il autorisait, pour cette fois seulement, les délibérations en commun sur les affaires d'une utilité générale, en exceptant toutefois celles qui regardaient les droits antiques et constitutionnels des trois ordres, la forme de constitution à donner aux prochains états-généraux, les propriétés féodales et seigneuriales, les droits utiles et les prérogatives honorifiques des deux premiers ordres, et toutes les dispositions qui pourraient intéresser la religion, la discipline ecclésiastique, le régime des ordres et corps séculiers et réguliers; enfin, il interdisait la publicité des délibérations, soit qu'elles eussent lieu en commun ou par ordres. Cette première déclaration était suivie d'une seconde dans laquelle le roi manifestait ses intentions sur plusieurs objets d'administration publique.

2.

Après la lecture de ces deux déclarations, le roi reprit la parole. Il annonça que ces dispositions et ces vues étaient conformes au vif désir qu'il avait d'opérer le bien public. Il ajouta que si les députés l'abandonnaient dans une si belle entreprise, seul, il ferait le bien de ses peuples; seul, il se considérerait comme leur véritable représentant. Il dit que connaissant les cahiers et l'accord parfait qui existait entre le vœu le plus général de la nation et ses intentions bienfaisantes, il aurait toute la confiance que doit inspirer cette rare harmonie, et qu'il marcherait vers le but auquel il voulait atteindre avec tout le courage et la fermeté qu'il devait lui inspirer. Après avoir fait observer aux députés qu'aucun de leurs projets, aucune de leurs dispositions ne pouvait avoir force de loi sans son approbation spéciale, il termina son discours en ces termes : « Je vous ordonne, messieurs, de vous séparer tout de suite, de vous rendre demain matin, chacun dans les chambres affectées à votre ordre, pour y reprendre vos séances. J'ordonne en conséquence au grand-maître des cérémonies de faire préparer les salles. »

Après ce discours, le roi se retira et fut suivi de la totalité de la noblesse et d'une partie du

clergé. Les députés des communes silencieux restèrent à leur place. — Vous avez entendu l'ordre
du roi, dit à leur président le grand-maître des
cérémonies. — L'assemblée s'est ajournée après la
séance royale, répliqua le président, et je ne puis
la séparer sans qu'elle en ait délibéré. — Est-ce
là votre réponse, et puis-je la porter au roi? —
Oui, monsieur. Et se tournant vers l'assemblée :
Je crois que la nation assemblée n'a d'ordre à recevoir de personne. — Allez dire à ceux qui vous envoient, reprit alors Mirabeau, que nous sommes ici
par la volonté du peuple, et que nous n'en sortirons que par la puissance des baïonnettes. — Le
grand-maître des cérémonies apporta au roi la réponse qui lui avait été faite. Si messieurs du tiers,
dit le roi, ne veulent pas quitter la salle, il n'y a
qu'à les y laisser.

Quelques députés proposèrent de remettre au lendemain pour discuter les discours et les déclarations
du roi; mais cet avis fut à l'instant rejeté. Un député
de Paris, Camus, proposa de déclarer que l'assemblée persistait dans ses précédents arrêtés.
Vous êtes aujourd'hui ce que vous étiez hier, dit
Sieyes; et la proposition de Camus fut adoptée à
l'unanimité. Sur la proposition de Mirabeau, une

seconde résolution fut prise : l'asssemblée déclara
inviolable la personne de chacun de ses députés;
elle arrêta que tout particulier, toute corpora-
tion, tribunal, cour ou commission, qui oseraient, pendant ou après la présente session,
poursuivre, rechercher, arrêter ou faire arrêter,
détenir ou faire détenir un député pour raison
d'aucunes propositions, avis, opinions ou discours
par lui faits aux états-généraux, de même que
toutes personnes qui prêteraient leur ministère à
aucun desdits attentats, de quelque part qu'ils
fussent ordonnés, seraient infames et traîtres envers la nation et coupables de crime capital.
Elle arrêta de plus que dans les cas susdits,
elle prendrait toutes les mesures nécessaires pour
faire rechercher, poursuivre et punir ceux qui en
seraient les auteurs, instigateurs ou exécuteurs.

Pendant que l'assemblée délibérait, des gardes
du corps recevaient l'ordre de se rendre et de se
former dans l'avenue devant la salle; ils commençaient à exécuter cet ordre; mais un contre-ordre
arriva, et personne ne fut arrêté. Dans les séances
qui suivirent, les députés du clergé et de la
noblesse, qui s'étaient retirés après la séance,
vinrent se joindre à l'assemblée nationale. Dès ce

moment, les discussions prirent un cours plus régulier.

Les événements qui se passaient à Versailles agitaient profondément la population de Paris. Les électeurs qui, le 10 mai, avaient arrêté de se réunir régulièrement pour donner des instructions à leurs députés, ne s'étaient cependant pas réunis, tant qu'aucun événement n'avait excité leurs craintes ou réveillé leur attention. Mais aussitôt que la lutte eut été engagée entre les trois ordres, et que la cour se fut prononcée en faveur de la majorité de ceux de la noblesse et du clergé, les électeurs de Paris reprirent leurs séances. Le 25 juin, ils arrêtèrent une adresse pour donner leur adhésion invariable aux délibérations de l'assemblée nationale, et particulièrement à celle du 17 du même mois. Ils déclarèrent qu'ils en soutiendraient les principes dans tous les temps et dans toutes les circonstances, et qu'ils consacreraient à jamais dans leur souvenir les noms des députés du clergé et de la noblesse qui s'étaient réunis à l'assemblée nationale. Cette adhésion des électeurs de Paris était sans doute pour l'assemblée nationale une preuve qu'elle avait l'approbation des citoyens; mais elle ne pouvait être une garantie pour sa sûreté, puisque Paris n'avait ni armes, ni organisation (1).

Les hommes qui n'avaient vu dans la convocation des états-généraux qu'un moyen de sortir des embarras où les avait jetés la dilapidation des contributions publiques, s'aperçurent bientôt qu'ils avaient suscité le plus puissant des obstacles à l'exercice du pouvoir arbitraire; les résolutions de l'assemblée les convainquirent qu'il n'y avait plus que la force armée et la terreur qui pussent lever cet obstacle. Dès ce moment, des projets sinistres furent formés, et il fut résolu qu'on ferait un éclatant exemple: quelques-uns des membres les plus marquants de l'assemblée, pris particulièrement dans la minorité de la noblesse, devaient être arrêtés et exécutés publiquement comme rebelles; le nombre en était porté à douze. Mais pour exécuter un semblable dessein, il fallait déployer une force imposante, capable d'intimider tous les hommes qui auraient été disposés à secourir l'assemblée nationale. On détermina le roi, probablement en lui inspirant des craintes pour sa sûreté personnelle, à assembler autour de Ver-

(1) Une réunion nombreuse, formée au Palais-Royal, envoya aussi une députation à l'assemblée nationale.

sailles et de Paris une nombreuse armée composée presque tout entière de régiments étrangers. Des hommes qu'on n'avait jamais vus à Paris et qui avaient l'aspect de brigands s'y étaient introduits depuis peu de temps, et inspiraient de l'effroi aux citoyens.

Ce fut dans ces circonstances que Mirabeau proposa à l'assemblée nationale une adresse pour obtenir du roi l'éloignement des troupes. Cette proposition, faite dans la séance du 8 juillet, fut discutée et adoptée dans la séance du lendemain. Déjà, disait Mirabeau, un grand nombre de troupes nous environnait : il en est arrivé davantage; il en arrive chaque jour. Des trains d'artillerie les suivent, on intercepte tous les passages; nos chemins, nos ponts, nos promenades sont changés en postes militaires; les préparatifs de la guerre frappent tous les yeux et remplissent d'indignation tous les cœurs. Ce n'est pas assez que le sanctuaire de la liberté ait été souillé par des troupes, que l'assemblée ait été soumise à la consigne et à la force armée, il fallait déployer tout l'appareil du despotisme, et montrer à la nation assemblée plus de soldats menaçants qu'il ne serait nécesaire d'en montrer à l'ennemi.

Cette description présentée à l'assemblée nationale n'avait rien d'exagéré. On avait, en effet, appelé dans l'intérieur de Paris le régiment Royal-Dragons ; le régiment Royal-Allemand était campé à la Muette ; Charenton était occupé par Royal-Cravatte ; Sèvres, par Reynacs, suisse ; Issy par Salis Samade, suisse ; Saint-Denis, par Provence et Vintimille ; l'École militaire, par les hussards de Berchiny ; Versailles, par les hussards de Lauzun, et par les deux régiments de Bouillon et de Nassau ; ces camps dispersés aux environs de Paris étaient soutenus par une artillerie formidable, et tous les jours des troupes plus nombreuses venaient se joindre aux troupes déjà campées.

L'adresse adoptée par l'assemblée fut présentée au roi. Il répondit que les troupes rassemblées aux environs de Paris n'étaient destinées qu'à réprimer ou à prévenir les troubles, à maintenir le bon ordre et l'exercice des lois, à assurer et à protéger même la liberté qui devrait régner dans la délibération de l'assemblée, et que ce ne pourrait être que des gens mal intentionnés qui pourraient égarer le peuple sur les vrais motifs des mesures de précaution qui avaient été prises.

« Si pourtant, ajoutait le roi, la présence nécessaire des troupes dans les environs de Paris causait encore de l'ombrage, je me porterais, sur la demande de l'assemblée, à transférer les états-généraux à Noyon ou à Soissons, et alors je me rendrais à Compiègne pour maintenir la communication qui doit avoir lieu entre l'assemblée et moi. »

Cette réponse, loin de calmer les craintes de l'assemblée et du public, ne servit qu'à multiplier les soupçons. Il paraissait évident à plusieurs députés qu'en cernant la capitale, en s'emparant des ponts et des routes, on avait voulu isoler la représentation nationale. Or, l'isolement aurait été bien plus complet si les députés étaient allés se placer à Noyon ou à Soissons; c'est alors qu'on aurait pu diriger contre eux la force armée, sans craindre de rencontrer aucun obstacle. Aussi, lorsque la réponse du roi fut portée à l'assemblée, Mirabeau fit-il observer qu'elle avait demandé la retraite des troupes, mais qu'elle n'avait pas demandé de fuir devant elles (1).

_____

(1) Je n'ai jamais connu d'une manière certaine, dit M. Necker, le but où l'on voulait aller; il y eut des secrets et des arrière-secrets, et je crois que le roi lui-même n'était pas de tous. On se proposait peut-être, selon les circonstances, d'en-

Les électeurs sachant qu'une multitude de malfaiteurs s'étaient introduits dans la ville et cherchaient à y exciter du trouble, et ayant appris le refus que faisait le gouvernement de faire retirer les troupes dont ils étaient environnés, mirent en délibération les moyens par lesquels ils pouvaient maintenir sans violence la sécurité publique. Dans la séance du 26 juin, M. de Bonneville leur avait fait deux propositions : il demandait d'abord qu'une adresse fût faite à l'assemblée nationale, pour la conjurer, si elle se croyait jamais obligée de changer le lieu de ses délibérations, de choisir de préférence la capitale ; il demandait en second lieu que l'assemblée nationale fût conjurée de sanctionner le vœu formé par la ville de Paris d'assembler leurs districts pour y voter une somme d'argent nécessaire aux frais d'asile des représentants, *et pour le rétablissement de la garde bourgeoise.* Aucune de ces propositions n'avait été approuvée : mais le 10 juillet, le danger étant devenu plus

traîner le monarque à des mesures dont on n'avait pas osé lui parler. « On peut voir par les mémoires de madame Campan et par ceux de Dumouriez que le projet de la cour était de s'emparer d'un grand nombre de députés et de les mettre en jugement ».

pressant, plusieurs membres firent des propositions nouvelles.

Un des électeurs, M. Bancal des Issarts, demanda 1° que l'assemblée fît une adresse au roi pour le supplier d'ordonner la retraite des troupes qui environnaient Paris, sous l'offre des électeurs de demander à la ville de Paris, par l'organe des districts, son vœu *pour le rétablissement de la garde bourgeoise*; 2° qu'il fût voté une adresse à l'assemblée nationale, afin de lui exprimer le vœu de l'assemblée des électeurs *pour le rétablissement de la commune de Paris et de la garde bourgeoise*, et qu'il en fût délibéré dans les districts, lesquels seraient incessamment assemblés à cet effet; 3° que l'assemblée nommât un comité de vingt-quatre membres pour s'occuper des moyens d'assurer la tranquillité publique; 4° que la délibération de l'assemblée fût imprimée, et envoyée à toutes les municipalités du royaume, avec invitation de joindre leurs justes réclamations.

Un troisième électeur fit une proposition plus énergique; après avoir exposé les principes qui servent de base à toute association, il conclut à ce que l'assemblée fît incessamment une déclaration conçue en ces termes :

« L'assemblée des électeurs de la ville de Paris, considérant que l'établissement des communes dans cette ville, ainsi que dans toutes les villes du royaume, est le véritable et premier principe de toute association civile et politique, et que ce principe, fondé sur l'égalité des droits et des devoirs de chaque citoyen, est un lieu de paix, d'union et de force ; considérant en outre que la ville de Paris, après avoir joui, sous les deux premières races, du droit de commune, n'aurait jamais dû en être privée, et que ce droit est imprescriptible par lui-même : déclare qu'elle reconnaît en elle l'assemblée réelle et active des communes de Paris, et qu'en cette qualité, elle reprend avec justice et s'attribue avec raison les droits qui y sont relatifs et inhérents, et qui comportent, 1° les usages relatifs à la propriété des communes; 2° les élections directes et immédiates des différents officiers de ces communes, ainsi que les formes de ces élections; 3° le pouvoir particulier de chacune des magistratures municipales; 4° la stipulation des franchises, droits et devoirs de la commune; 5° *la garde et la défense de la cité et des droits et propriétés de la commune.* »

M. de Bonneville, en persistant dans la proposition qu'il avait faite le 26 juin, fit une motion nouvelle. Il proposa aux électeurs de se constituer provisoirement en commune; et de convoquer les districts pour se donner une constitution municipale. D'autres propositions analogues furent faites et développées, mais aucune ne fut mise aux voix. Le lendemain, 11 juillet, plusieurs propositions sont faites, et l'assemblée prend la résolution suivante :

« L'assemblée des électeurs de la ville de Paris, ne pouvant se dissimuler que la présence d'un grand nombre de troupes dans cette capitale et aux environs, loin de calmer les esprits et d'empêcher les émotions populaires, ne sert, au contraire, qu'à donner des alarmes plus vives aux citoyens, et à occasioner des attroupements dans tous les quartiers, demeure convaincue que le seul et vrai moyen qu'elle puisse proposer dans une pareille circonstance, pour ramener la tranquillité, *serait de rétablir la garde bourgeoise;* que cette garde est suffisante pour prévenir tous les dangers; qu'elle est même nécessaire; et que les habitants de cette ville ont d'autant plus de raison *de désirer de se garder eux-mêmes,* que tout récemment la plupart des villes du Languedoc viennent d'y être autorisées par les ordres du roi, et que les communes voisines ont de même armé leurs bourgeois pour la police des marchés.

» Par tous ces motifs, l'assemblée a arrêté de supplier, par l'entremise de ses députés, l'assemblée nationale de procurer au plus tôt à la ville de Paris *l'établissement de la garde bourgeoise.* »

Cette délibération ayant été prise, on propose d'ajourner l'assemblée jusqu'au surlendemain ; mais un électeur demande la parole, et dit qu'il est informé que l'assemblée nationale et la ville de Paris sont menacées des plus grands malheurs ; que des troupes nouvelles viennent se joindre aux troupes déjà cantonnées à Saint-Denis et aux environs de Paris ; que ces apprêts de guerre doivent jeter l'alarme dans le cœur de tous les bons citoyens ; que Versailles n'est pas tranquille, malgré l'assurance qu'en vient de donner un honorable membre de l'assemblée ; qu'au lieu de renvoyer l'assemblée à jeudi prochain, il serait prudent de ne pas désemparer ; qu'enfin, si on ne prend pas les mesures les plus promptes et les plus sages, le lundi 13 juillet de cette année, sera un des jours les plus désastreux. Sur ces observations, l'assemblée s'ajourne au surlendemain lundi.

Pendant que les électeurs de Paris délibéraient sur les moyens d'établir la sécurité publique, l'assemblée nationale délibérait, de son côté, sur les moyens de se mettre à l'abri des violences. M. de La Fayette, prévoyant qu'un coup d'État pourrait les disperser, voulut du moins montrer à la nation le but vers lequel elle devait diriger ses efforts. Il présenta un projet de déclaration des droits, et le développa avec une force et une clarté qui firent dire à M. Lalli-Tolendal : « M. de La Fayette parle de la liberté comme il l'a défendue. » La cour, de son côté, prenait ses mesures pour assurer l'exécution de ses projets : elle renvoyait M. Necker, en lui enjoignant toutefois de cacher si bien son départ que personne ne pût en être averti. Les troupes s'avançaient toujours de plus en plus, et les députés, auxquels des avis sinistres avaient été donnés, s'attendaient à des violences, sans que cela leur fît suspendre leurs délibérations.

Les craintes de la population de Paris étaient plus vives encore que celles de l'assemblée nationale; on avait vu récemment des soldats tirer sur des attroupements qui n'offraient aucun danger; et jeter les mourants dans la rivière; on avait vu

une population cernée et massacrée dans deux
rues, quoiqu'elle n'opposât aucune résistance et
ne pût inspirer aucune crainte; à quel danger ne
devait-on pas se croire exposé en voyant l'appareil formidable dont on était environné, et en
songeant à la grandeur des obstacles que la cour
avait à vaincre! Ces terreurs qu'avait augmentées
l'apparition dans les rues d'une multitude armée
de brigands qui s'étaient récemment introduits dans
Paris, furent portées au comble par la nouvelle du
renvoi de Necker, et par les événements qui en
furent la suite.

Cette nouvelle se répandit le dimanche, 12 juillet. Aussitôt quelques individus s'emparèrent du
buste de ce ministre et de celui du duc d'Orléans,
qu'on disait exilé, et ils les promenèrent dans la
ville couverts d'un crêpe. La troupe se mit à leur
poursuite pour les disperser, et parvint à briser
le buste de Necker. Quatre pièces d'artillerie étaient
placées à l'entrée des Champs-Élysées, avec des
canonniers prêts et portant les mêches allumées, et
elles étaient soutenues par un régiment de dragons. Tout-à-coup un régiment de cavalerie, le
Royal-Allemand, parut en ordre de bataille, sous
les ordres du prince de Lambesc, et s'avança par

la place Louis XV. Un soldat du régiment des
gardes françaises, qu'on soupçonnait d'attachement à la cause populaire, est rencontré par un
cavalier du Royal-Allemand, et étendu sur la place
d'un coup de pistolet. Le prince de Lambesc fran-
chit le Pont-Tournant, et s'élance à cheval dans le
jardin des Tuileries, accompagné d'un détachement de cavaliers; et comme s'il voulait exercer sa
troupe ou éprouver son dévouement, il tombe à
coups de sabre sur une population de femmes,
d'enfants et de vieillards.

A cette agression que rien n'avait provoquée,
on croit voir le prélude d'un grand massacre. Les
uns se portent au Palais-Royal en criant *aux armes!* d'autres se portent en foule à l'Hôtel-de-Ville,
où les électeurs sont dans l'habitude de se réunir,
et demandent à grands cris qu'on leur donne des
armes et qu'on sonne le tocsin, ne voulant pas se
laisser égorger sans résistance. Les électeurs, qui
n'étaient d'abord qu'en petit nombre, résistent à
cette demande; mais la population, que la fureur
possède, ajoute bientôt la menace à la prière, et
se fait délivrer les armes des gardes de la ville.
L'assemblée électorale, s'étant successivement aug-
mentée, parvient à obtenir quelques intervalles de

tranquillité, et sur la demande du public, elle arrête que les soixante districts seront à l'instant assemblés, et que les électeurs se rendront dans les postes où des citoyens armés se trouvent assemblés, pour les prier, au nom de la patrie, de suspendre toute espèce d'attroupements et de voies de fait.

Quand le renvoi de Necker et de ses collègues fut connu par l'assemblée nationale, elle crut y voir l'annonce des violences qu'on lui avait présagées. Mounier dénonça publiquement le renvoi de ministres vertueux, et le choix d'hommes justement suspects. Il proposa une adresse pour demander au roi le rappel des premiers, pour lui exposer le danger des mesures violentes, et lui déclarer que l'assemblée ne consentirait jamais à une banqueroute infame. L'appareil de la violence nous environne, dit un député de la noblesse; l'assemblée ne craint point le danger; nous ne devons craindre que d'être emportés par notre courage. Exprimons nos regrets, faisons parvenir au roi la vérité des malheurs présents, et le danger des conseillers perfides. Réunis pour la constitution, faisons la constitution; resserrons nos liens mutuels, renouvelons, confirmons, consacrons ces glorieux arrêtés du 17 juin; unissons-nous à cette résolution célèbre du 20 du même mois. Jurons tous, oui tous, *tous les ordres réunis*, d'être fidèles à ces illustres arrêtés qui seuls peuvent aujourd'hui sauver le royaume. M. de Larochefoucault appuya cette motion : quant au serment, dit-il, il est inutile; la constitution sera faite ou nous ne serons plus.

Ce fut pendant cette séance qu'un député de Paris présenta la demande des électeurs de cette ville pour l'établissement des gardes bourgeoises. L'assemblée accueillit cette proposition sans discussion. Elle arrêta qu'il serait fait une députation au roi pour lui représenter tous les dangers qui menaçaient la capitale et le royaume, et la nécessité, soit de renvoyer les troupes dont la présence irritait le désespoir du peuple, soit de confier la garde de la ville à la milice bourgeoise. Elle arrêta de plus, que si elle obtenait la parole du roi pour le renvoi des troupes et l'établissement de la milice bourgeoise, elle enverrait des députés à Paris pour y porter ces nouvelles consolantes et contribuer au retour de la tranquillité.

Les hommes qui avaient eu assez d'influence pour environner de troupes Paris et la représentation nationale, en eurent assez pour faire repousser l'établissement d'une garde bourgeoise. Le roi répondit aux députés qu'il leur avait déjà fait connaître ses intentions sur les mesures que les désordres de Paris l'avaient forcé de prendre. Il dit que c'était à lui seul de juger de leur nécessité, et qu'il ne pouvait à cet égard apporter aucun changement; que quelques villes se gardaient elles-mêmes, mais que l'étendue de la capitale ne permettait pas une surveillance de ce genre. Je ne doute pas, ajouta-t-il, de la pureté des motifs qui vous portent à offrir vos services dans cette affligeante circonstance; mais votre présence à Paris ne ferait aucun bien; elle est nécessaire ici pour l'accélération de vos importants travaux, dont je ne cesse de vous recommander la suite.

Le refus de faire retirer les troupes et de confier la tranquillité publique à la garde des citoyens, surprit et affligea l'assemblée; mais loin de se laisser abattre, elle ne montra que plus d'énergie. M. de La Fayette proposa de décréter la responsabilité des ministres, et sur-le-champ sa proposition fut adoptée. L'assemblée, interprète des sentiments de la nation, déclara, à l'unanimité, que M. Necker, ainsi que les autres ministres qui venaient d'être éloignés, emportaient avec eux son estime et ses regrets ; que, effrayée des suites funestes que pouvait entraîner la réponse du roi, elle ne cesserait d'insister sur l'éloignement des troupes extraordinairement assemblées près de Paris et de Versailles, et sur l'établissement des gardes bourgeoises ; qu'il ne pouvait exister d'intermédiaire entre le roi et l'assemblée nationale ; que les ministres et les agents civils et militaires de l'autorité étaient responsables de toute entreprise contraire aux droits de la nation et aux décrets de l'assemblée ; que les ministres et les conseils de Sa Majesté, de quelque rang et état qu'ils pussent être, ou quelques fonctions qu'ils pussent avoir, étaient personnellement responsables des malheurs présents et de tous ceux qui pouvaient les suivre ; que la dette publique ayant été mise sous la garde de l'honneur et de la loyauté française, et la nation ne se refusant pas d'en payer les intérêts, nul pouvoir n'avait le droit de prononcer l'infame mot de banqueroute ; enfin qu'elle persistait dans ses précédents arrêtés, et notamment dans ceux du 17, du 20 et du 23 juin, et que la présente délibération serait remise au roi par le président de l'assemblée, et publiée par la voie de l'impression.

La terreur qui régnait dans Paris, le zèle avec lequel les troupes exécutaient les ordres de l'autorité contre le peuple désarmé, le renvoi des ministres populaires, et le refus du roi d'éloigner la force armée et d'autoriser la formation des gardes bourgeoises, avaient rempli les courtisans de joie; des fêtes avaient été données à des militaires, et il paraît qu'on y avait peu dissimulé les projets qu'on avait formés. Lorsque, pour la cinquième fois, l'assemblée envoya une députation au roi, Mirabeau invita, en effet, les députés à lui faire connaître les événements qui se préparaient : «Dites-lui, s'écria-t-il, que les hordes étrangères dont nous sommes investis ont reçu hier la visite des princes et des princesses, des favoris et des favorites, et leurs caresses, et leurs exhortations, et leurs présents; dites-lui que toute la nuit ces satellites étrangers, gorgés de vin et d'or, ont prédit dans leurs chants impies l'asservissement de la France, et que leurs vœux brutaux invoquaient la destruction de l'assemblée nationale. Dites-lui que, dans son palais même, les courtisans ont mêlé leurs danses au son de cette musique barbare, et que telle fut l'avant-scène de la Saint-Barthélemi. »

Nous avons vu que, dans la journée du dimanche,

le public assailli à coups de sabre dans le jardin des Tuileries par le prince de Lambesc et par un détachement de cavalerie, s'était répandu dans Paris en criant *aux armes*; et qu'une partie s'était portée au Palais-Royal, et l'autre à l'Hôtel-de-Ville; que les électeurs avaient été obligés de délivrer aux citoyens alarmés les armes des gardes de la ville, et qu'ils avaient convoqué les soixante districts, pour qu'ils eussent à veiller à la tranquillité publique, chacun dans son ressort. Cette résolution, rendue vers les six heures du soir, fut aussitôt mise à exécution; pendant la nuit, la ville fut dans les alarmes: les barrières furent brûlées et les commis dispersés.

Le lendemain, 13 juillet, le tocsin sonnait dans toutes les paroisses. Les électeurs s'étaient assemblés à l'Hôtel-de-Ville dès six heures du matin, et ils avaient pris un arrêté en vertu duquel chacun d'eux était allé convoquer son district. Les citoyens se présentant en foule pour demander des armes, les électeurs leur annoncent qu'ils ont eux-mêmes voté la garde bourgeoise, et ils les invitent à se rendre dans leurs districts, afin de la former. Les citoyens persistent à demander des armes, et ils assurent que la ville a un arsenal caché. Les électeurs répondent que les affaires de la ville leur sont inconnues, et qu'il faut s'adresser au prévôt des marchands et aux échevins. Aussitôt on demande qu'on aille chercher le prévôt des marchands; il arrive; on l'invite à présider l'assemblée en vertu de son titre; il répond qu'il n'exercera que les fonctions qui lui seront déférées par les habitans de la capitale. A l'instant, il est confirmé dans ses fonctions par acclamations de l'assemblée; sur la proposition d'un électeur et sur les conclusions du procureur du roi, on arrête :

1° Que tous les citoyens rassemblés à l'Hôtel-de-Ville se retireront dès à présent dans leurs districts respectifs;

2° Que le lieutenant de police sera invité à se rendre sur-le-champ à l'Hôtel-de-Ville pour donner les détails qui lui seront demandés;

3° Qu'il sera établi dès ce moment même un comité permanent composé des personnes qui seront nommées par l'assemblée, et dont le nombre sera augmenté par les électeurs, comme ils le jugeront convenable;

4° Qu'il sera établi sur-le-champ une correspondance entre le comité permanent et les districts;

5o Qu'il sera demandé, dans le moment même, à chaque district de former un état nominatif, d'abord de deux cents citoyens (lequel nombre sera augmenté successivement) ; que ces citoyens devront être connus et en état de porter les armes ; qu'ils seront réunis en corps de *milice parisienne*, pour veiller à la sûreté publique suivant les instructions qui seront données à cet effet par le comité permanent ;

6° Que les membres de ce comité permanent formeront autant de bureaux qu'il sera nécessaire à l'Hôtel-de-Ville, pour pourvoir tant à l'objet des subsistances, qu'à l'organisation et au service de la milice parisienne ;

7° Qu'au moment de la publication du présent arrêté, tout particulier qui se trouvera muni de fusils, pistolets, sabres, épées ou autres armes, sera tenu de les porter sur-le-champ dans les différents districts dont il fait partie, pour les remettre aux chefs des dits districts, y être assemblés et ensuite distribués, suivant l'ordre qui sera établi, aux différents citoyens qui doivent former la milice parisienne ;

8° Que, les attroupements ne pouvant servir qu'à augmenter le tumulte et la confusion et contrarier les effets des mesures nécessaires à la sûreté et à la tranquillité publique, tous les citoyens seront avertis de s'abstenir de former des attroupements, dans quelque lieu que ce puisse être;

9° Que les citoyens rassemblés dans les districts seront priés de sanctionner par leur approbation particulière ce qui vient d'être arrêté dans l'assemblée générale;

10° Enfin, que le présent arrêté sera imprimé, lu, publié et affiché avec le nom des personnes que l'assemblée aura choisies et nommées pour former le comité permanent, en attendant que l'assemblée des électeurs (des assemblées primaires), convoquée pour l'après-midi de cette même journée, ait de son côté choisi et nommé les membres qu'elle doit adjoindre à ceux nommés par l'assemblée générale.

Aussitôt que cet arrêté est rendu, l'assemblée procède à la nomination des membres du comité permanent. Les premiers désignés sont le prévôt des marchands, le procureur du roi et de la ville et les quatre échevins. A peine les membres du comité permanent sont installés dans leur bureau, qu'ils entendent la cloche de la ville sonner le tocsin, et que de toutes parts on leur porte des nouvelles alarmantes. Une foule de brigands pillent et incendient la maison de Saint-Lazare. D'autres mettent le garde-meuble au pillage. Les dragons et les hussards s'avancent vers la barrière du Trône, et semblent vouloir s'en emparer. Un nombre infini de voitures chargées de toute espèce de provisions sont arrêtées aux portes de Paris, et conduites sur la place de l'Hôtel-de-Ville. Les réclamations des personnes arrêtées au moment où elles sortaient de Paris, se mêlent aux cris des députés des soixante districts qui demandent des armes et des munitions, et qui veulent marcher contre les troupes. Le prévôt des marchands, M. de Flesselles, calme un instant l'impatience publique, en promettant de distribuer tout-à-l'heure douze mille fusils qui lui ont été promis par une personne intéressée dans la manufacture de Charleville, et en faisant espérer qu'il en distribuera trente mille dans trois ou quatre jours.

Pendant qu'on attend la distribution des douze mille fusils promis par le prévôt des marchands, le comité permanent des électeurs s'occupe de l'organisation de la milice parisienne. Jusqu'à nouvel ordre, le fonds en sera de quarante-huit mille citoyens. Le premier enregistrement fait dans chacun des soixante districts sera de deux cents hommes pour le premier jour, et ainsi successivement pendant les trois jours suivants. Les soixante districts, réduits en seize quartiers, formeront seize légions qui porteront le nom de chaque quartier. Douze légions seront composées de quatre bataillons, également désignés par le nom des districts; quatre seront composées de trois bataillons seulement, aussi désignés de la même manière. Chaque bataillon sera composé de quatre compagnies, et chaque compagnie de deux cents hommes. Il y aura un état-major général pour les seize légions, et un état-major particulier pour chacune d'elles. Le premier sera composé d'un commandant-général des seize légions, d'un commandant-général en second, d'un major-général, et d'un aide-major-général. L'état-major particulier de chaque légion sera composé d'un commandant en chef, d'un commandant en second, d'un major, de quatre aide-majors et d'un adjudant. Chaque compagnie sera commandée par un capitaine en premier, par un capitaine en second, par deux lieutenants et deux sous-lieutenants. Les compagnies seront composées de huit sergents dont le premier sergent-major, trente-

deux caporaux, de cent cinquante-huit factionnaires et de deux tambours.

Ayant réglé l'organisation de la milice parisienne, le comité permanent des électeurs s'occupe
de la nomination des officiers. Le commandant-général, le commandant-général en second et le major-général, seront nommés par lui-même. Il nom-
mera également l'aide-major-général et les états-
majors de chacune des seize légions; mais ce ne
sera que sur les désignations et renseignements
qui lui seront adressés par les chefs des districts.
Quant aux officiers des bataillons qui composent
les légions, ils seront nommés par chaque district,
ou par des commissaires députés à cet effet dans
chacun des districts et quartiers.

Les couleurs distinctives de la milice parisienne
seront celles de la ville; en conséquence chacun
portera la cocarde bleue et rouge, et tout homme
qui sera trouvé avec cette cocarde sans avoir été
enregistré dans l'un des districts sera remis à la
justice du comité permanent.

Le quartier-général de la milice parisienne sera
constamment à l'Hôtel-de-Ville.

Les officiers composant le grand état-major auront séance au comité permanent des électeurs.

Il y aura seize corps-de-garde principaux pour chaque légion, soixante corps-de-garde particuliers, correspondant à chaque district.

Les patrouilles seront portées partout où il sera nécessaire, et la force de leur composition sera réglée par les chefs.

Les armes, prises dans le corps-de-garde, y seront laissées par chaque membre de la milice parisienne à la fin de son service, et les officiers en seront responsables.

Chaque citoyen admis à défendre ses foyers s'astreindra, tant que les circonstances l'exigeront, à faire son service tous les quatre jours.

Cet arrêté est aussitôt publié et envoyé aux districts pour être mis à exécution. De tous côtés, les districts envoient au comité permanent leur adhésion aux mesures de sûreté qui ont été prises. Quelques-uns proposent des mesures nouvelles.

Les clercs du palais, ceux du Châtelet et les élèves en chirurgie offrent de former une garde auxiliaire, et prient le comité permanent de leur indiquer l'ordre qu'ils doivent observer.

Les soldats des gardes-françaises, qui avaient d'abord été employées à réprimer les mouvements populaires, mais qui s'étaient ensuite tournées du côté du peuple aussitôt qu'ils avaient vu qu'il avait assez de puissance pour résister, viennent faire offre au comité permanent des électeurs de leur zèle et de leur courage. L'assemblée applaudit avec transport à leurs sentiments et décide d'envoyer sur-le-champ aux casernes pour y porter les remerciements de la ville, et prendre avec les chefs les mesures nécessaires à la réunion projetée des gardes-françaises aux milices parisiennes.

Le commandant du guet de Paris, M. de Rulhières, se présente aussi pour déclarer au nom de la troupe qu'il commande, qu'elle est disposée à tout faire sous les ordres de l'assemblée, pour la défense de la ville et la sûreté des citoyens. Ces offres sont acceptées avec empressement.

Enfin, un individu vient annoncer que les Suisses campés au Champ-de-Mars offrent également leurs services à la ville. Cette nouvelle excite l'étonnement, et inspire des doutes. Cependant, des électeurs sont envoyés pour connaître les dispositions de ces troupes étrangères. Ils reviennent, et annoncent que la nouvelle qu'on leur a donnée n'a aucun fondement.

Le comité permanent des électeurs a organisé la milice parisienne; mais les citoyens manquent d'armes et de munitions. Au moment où on le presse de leur en donner, un soldat invalide, un garçon charpentier et un garçon perruquier viennent annoncer qu'ils ont fait une prise importante. Ils ont arrêté à l'Arsenal un bateau destiné pour Rouen, et chargé de cinq mille livres de poudre, de cinq mille livres de salpêtre et d'autres munitions. Le comité permanent ordonne aussitôt que les cinq milliers de poudre soient déposés dans une salle basse de l'Hôtel-de-Ville pour être distribués aux citoyens, suivant les besoins des différents postes à défendre. Les hommes rassemblés sur la place de l'Hôtel-de-Ville, instruits de l'existence de ces munitions, demandent sur-le-champ qu'on les leur distribue, et se disposent à enfoncer les barils, lorsqu'un coup de fusil parti par hasard les écarte, et donne ainsi le moyen de rétablir l'ordre.

L'espace de temps qu'a exigé le prévôt des marchands pour distribuer douze mille fusils aux citoyens s'écoule, et aucune arme n'est distribuée. L'inquiétude devient plus vive, et les mots de *perfidie*, de *trahison* commencent à se faire entendre. Enfin, l'on annonce que plusieurs caisses, étiquetées *artillerie*, sont arrivées. Le comité per-

manent, voulant prévenir une distribution dan-
géreuse des armes, fait descendre les caisses dans
les caves de l'Hôtel-de-ville. Il fait appeler des
gardes-françaises, pour le seconder dans la distribution. Un grand nombre d'électeurs et d'officiers se rendent dans les caves pour y assister.
On ouvre les caisses, et on les trouve remplies
de vieux linge et de bouts de chandelle.

Il était impossible de cacher cet événement aux
députés des soixante districts qui attendaient avec
impatience les armes promises. Il est à peine divulgué, qu'un cri de trahison se fait entendre
contre le prévôt des marchands, et même contre
le comité permanent des électeurs. Ne pouvant
obtenir des fusils pour armer la population, le
comité permanent ordonna aux districts de faire
fabriquer des hallebardes, et tel est le zèle avec
lequel on se livre à cette fabrication, que, dans
moins d'un jour et demi, on en fabrique cinquante
mille.

Le marquis de la Salle, lieutenant-colonel et
membre du comité permanent, fait observer qu'un
des inconvéniens les plus graves de la position où
l'on se trouve, est le défaut d'ordre et de subordination. Il propose, en conséquence, de nommer

4.

sur-le-champ les principaux chefs de la milice. Il est bien loin, dit-il, de se croire capable et digne de la première place ; mais, dans une occasion si glorieuse, tous les emplois sont sacrés, tous les postes honorables. Il offre donc à la commune ce qu'il peut offrir, sa fortune et sa vie. Le comité applaudit à son offre et adopte sa proposition. Le commandement général est déféré au duc d'Aumont, qui demande vingt-quatre heures pour réfléchir, avant que de l'accepter. Le commandement en second est déféré au marquis de la Salle, qui accepte avec reconnaissance. Sur-le-champ il entre en fonctions ; il nomme des chefs, et prend des mesures propres à prévenir le désordre.

Tous les ordres sont promptement donnés. Les soldats, suivant Bailly, sortent de dessous terre, ou plutôt des asiles de tous les citoyens ; les brigands sont poursuivis et désarmés ; les patrouilles nouvelles font le service dans les rues illuminées ; et la garde bourgeoise, déjà formée au moment de sa naissance, fait, dès cette première nuit, la sûreté de la capitale. Cette magie, ajoute Bailly, ce pouvoir de création était celui des électeurs. Leur sagesse avait déjà fait les meilleurs régle-

ments, et le courage des citoyens leur avait soumis des soldats (1).

Afin de prévenir toute surprise et toute intelligence avec les troupes campées aux environs de
Paris, on arrête aux barrières toutes les personnes
qui se présentent pour entrer ou sortir, et particulièrement celles qui viennent de Versailles, et
qui, par leur état ou par leur naissance, sont
censées avoir quelques relations avec les ministres :
hommes, femmes, voitures, chevaux, lettres,
malles et paquets, tout est amené ou apporté à
l'Hôtel-de-Ville. Au nombre des lettres saisies on
en trouve qui sont écrites par des officiers de
l'armée : ils vont marcher, disent-ils, sur l'ennemi, et ils invitent leurs parents ou leurs amis à
sortir de la ville.

A deux heures après minuit, plusieurs personnes se précipitent dans le bureau du comité
permanent, et annoncent avec un air d'effroi que
la ville est prise ; que la rue Saint-Antoine est
inondée de quinze mille soldats ; qu'ils s'avancent vers la place de Grève. Les membres du
comité restent à leur place, et s'aperçoivent

(1) Le témoignage de Bailly est d'accord avec le procès-verbal des électeurs.

bientôt qu'on leur a donné une fausse alarme ,
dans la vue peut-être de s'emparer de leur poste.

Dans le cours de la même nuit, l'abbé Lefebvre,
chargé de la garde des quatre barils de poudre
saisis à l'Arsenal, et de quatre-vingts autres barils
saisis dans la même journée sur le port Saint-
Nicolas, en distribue au public , conjointement
avec deux déserteurs canonniers , jusqu'à deux
heures après minuit. La foule commençant alors
à se dissiper , il ferme la première porte du magasin ; mais bientôt une foule nouvelle brisé la
porte à coups de hache, et lui demande des munitions. Un coup de pistolet part, la balle effleure
ses cheveux et va briser les carreaux de la fenêtre
qui se trouve derrière lui. Il recommence sa distribution à des hommes qui ne la demandent
qu'en lui présentant des sabres , des piques ou
d'autres armes.

Le lendemain , 14 juillet, les rues sont inondées, presque dès la pointe du jour , d'une innombrable multitude de personnes de tout état
et de tout âge, qui les parcourent en armes sans
aucun ordre, et qui manifestent la plus vive agitation. Pour prévenir les dangers qui peuvent résulter d'une telle situation, le comité permanent

des électeurs invite par des affiches les citoyens de tous les ordres à se rendre à l'instant chacun dans son district. Il invite en même temps les chefs des corporations de maintenir dans l'ordre tous les individus placés sous leur dépendance. Enfin, il invite ceux qui ont des armes et qui ne sont pas classés dans les districts, de les porter sur-le-champ dans les corps de la milice parisienne.

Les hommes auxquels des armes avaient été promises la veille par le prévôt des marchands, exigent qu'on leur en délivre ; ils s'abandonnent à des clameurs furieuses et à d'effrayantes menaces. Pour les satisfaire, le comité permanent arrête que le procureur de la ville sera invité à se transporter sur-le-champ à l'hôtel des Invalides pour y demander les armes de toute espèce qui pourront s'y trouver, et les apporter à l'Hôtel-de-Ville.

Pendant que cet ordre est mis à exécution, une foule effrayée vient annoncer que le régiment Royal-Allemand s'est mis en ordre de bataille à la barrière du Trône. Une autre foule non moins effrayée arrive en poussant des cris, et assure que les régiments Royal-Allemand et Royal-

Cravate s'avancent dans le faubourg St.-Antoine ; qu'ils massacrent tout ce qu'ils rencontrent sans distinction d'âge ni de sexe ; qu'ils placent des canons dans les rues ; que la rue Charonne est remplie de soldats et de carnage, et que le faubourg Saint-Antoine est menacé d'une destruction totale. Une troisième foule arrive et assure que les régiments placés à Saint-Denis se sont avancés jusqu'à la Chapelle, et qu'ils vont entrer dans le faubourg.

Sur ces nouvelles, le comité permanent ordonne que, dans chaque district, on sonne le tocsin ; qu'on dépave les rues ; qu'on creuse des fossés ; qu'on forme des barricades ; qu'on oppose enfin à l'entrée des troupes tous les obstacles que le zèle et le patriotisme sont capables d'inventer et de mettre en usage. En même temps, il fait assembler le plus grand nombre possible de gardes-françaises et de citoyens armés, pour combattre les troupes. Tous ces ordres sont exécutés.

Le comité permanent, avant que d'ordonner ces mesures, avait envoyé des courriers dans les faubourgs pour savoir d'une manière exacte ce qui s'y passait. Ces courriers reviennent bientôt après. Ils annoncent qu'à la vérité le régiment Royal-Allemand est monté à cheval et s'est avancé jusqu'à la barrière, mais qu'il n'a pas encore pénétré dans le faubourg, et que les régiments placés à Saint-Denis ne sont pas arrivés à la Chapelle.

Tandis que les régiments campés aux environs de Paris semblent disposés à assiéger la population, des multitudes de soldats de divers régiments désertent leurs corps avec armes et bagages. Ils se présentent aux barrières, déclarent qu'ils veulent faire cause commune avec la nation, et viennent offrir leurs services à l'Hôtel-de-Ville. Ces soldats sont répartis dans les gardes bourgeoises de manière que les citoyens n'aient rien à craindre de leurs dispositions.

Plusieurs personnes viennent annoncer que le faubourg Saint-Antoine est menacé d'un nouveau danger : déjà des hussards s'y sont présentés ; et le gouverneur de la Bastille a placé ses canons de manière à foudroyer les habitants. Le comité permanent envoie sur-le-champ plusieurs officiers vers ce gouverneur pour l'engager à faire retirer ses canons, et pour lui assurer que, s'il donne sa parole de ne commettre aucune hostilité contre la ville, aucune agression ne sera dirigée ni contre lui ni contre la forteresse qu'il commande.

Plusieurs officiers supérieurs viennent offrir leurs services au comité permanent qui les accepte. Quelques personnes font des offres pécuniaires qui sont également acceptées.

Afin de ne pas être pris à l'improviste et de correspondre facilement avec les citoyens, le comité permanent ordonne que les soixante districts continueront de s'assembler en armes dans les églises où ils se sont formés ; que tous les matins ils enverront d'ordonnance six hommes armés à l'Hôtel-de-Ville, et que tous les ordres seront envoyés aux districts par un de ces hommes d'ordonnance.

Le procureur de la ville s'était rendu à l'hôtel des Invalides, accompagné d'une foule immense, pour obtenir des armes. En y arrivant, il expose sa demande au gouverneur ; celui-ci répond qu'instruit dès la veille de la réquisition qui devait lui être faite, il a déjà sollicité l'autorisation d'y déférer, et qu'il espère avoir une réponse dans demi-heure. La foule paraît résignée à attendre un moment ; mais un individu fait observer que les dangers qui environnent la capitale ne permettent aucun retard : il faut, dit-il, que l'activité supplée au défaut de temps. A ces mots une foule d'hommes se précipitent dans les fossés, désarment les sentinelles, s'emparent des canons, et y attèlent les premiers chevaux qui se rencontrent. D'autres pénètrent dans l'intérieur, trouvent un dépôt de trente mille fusils, et ils sont livrés au pillage (1).

Les craintes qu'inspirait aux habitants du faubourg Saint-Antoine l'artillerie de la Bastille, avaient assemblé autour de cette forteresse une grande partie de la population armée. Les députés du comité permanent y avaient été introduits, et ils avaient obtenu du gouverneur la promesse qu'il ne tirerait pas sur le peuple, s'il n'était pas lui-même attaqué. Ces députés avaient déjà fait leur rapport, et le comité allait proclamer la promesse du gouverneur, quand tout-à-coup un coup de canon se fait entendre, A l'instant, une foule prodigieuse se précipite sur la place de l'Hôtel-de-Ville, en criant à la trahison.

(1) Le gouverneur, prévoyant cette invasion, avait voulu faire démonter les fusils ; mais les invalides qui tenaient pour le parti populaire n'avaient pas exécuté ses ordres.

Un moment après on apporte un soldat des gardes-
françaises expirant sur un cadre, et l'on amène
un homme blessé au bras par les coups de fusil
tirés de la Bastille. On annonce en même temps
que quinze ou vingt blessés ont été déposés dans
une maison de la rue de la Cerisaye.

Le comité permanent s'occupe aussitôt de prévenir l'effusion du sang; il envoie une seconde
députation au gouverneur pour l'inviter à ne
pas tourner contre le peuple des armes qui devaient être employées à sa défense. Les députés
sont chargés de lui demander s'il est disposé à
recevoir dans la place les troupes de la milice
parisienne qui la garderont de concert avec les
troupes qui s'y trouvent, et qui seront aux ordres
de la ville. Cette députation parvient à faire cesser
le feu des assiégeants, et fait divers signaux pour
déterminer la garnison à suspendre les hostilités.
Soit qu'elle reste inaperçue ou que le gouverneur ne
veuille point d'accommodement, le feu continue,
et les députés voient tomber plusieurs personnes
à leurs côtés. Les citoyens se montrent alors saisis d'indignation, et demandent à grands cris la
destruction de cette horrible prison, et la mort
du gouverneur.

Les membres du comité permanent, observant qu'ils ont envoyé une députation sans lui avoir remis aucun signe pour se faire reconnaître, se hâtent d'en envoyer une troisième, avant que la seconde soit de retour, et ils la font accompagner du drapeau de la ville et d'un tambour. Arrivés sur le lieu du combat, les parlementaires arborent leur drapeau, et bientôt après ils voient sur la plate-forme de la Bastille un pavillon blanc, et les soldats se montrent avec leurs fusils renversés. Les parlementaires invitent alors le peuple à se retirer, et la retraite commençait à s'effectuer, lorsque tout-à-coup les canonniers de la garnison pointent une pièce de canon sur le peuple, une charge de mousqueterie tue trois personnes à leurs pieds, une balle déchire l'épaulette d'un des parlementaires, et une autre perce le chapeau d'un citoyen auquel il parlait. Dès ce moment, la fureur populaire ne connaît plus de bornes. Un des parlementaires veut faire retirer la foule qui s'expose à périr inutilement : *Non, non*, s'écrie-t-on de toutes parts, *nos cadavres serviront à combler les fossés*. Cependant les soldats des gardes-françaises avec les pièces d'artillerie enlevées aux Invalides arrivent, suivis de milices bourgeoises commandées par Hullin, et la place est emportée. Le nombre des assaillants restés sur place est de quatre-vingt-trois ; quinze meurent des suites de leurs blessures ; treize sont estropiés, et soixante blessés.

Les vainqueurs veulent sauver les soldats faits prisonniers ; mais ils ne peuvent les soustraire tous à la vengeance de la multitude : le gouverneur est décapité, quatre officiers sont tués avant que d'être arrivés à l'Hôtel-de-Ville, un soldat invalide est blessé à mort, deux avaient été pendus pendant l'action. Cependant le plus grand nombre, parmi lesquels se trouvaient plusieurs Suisses, sont sauvés par les gardes-françaises ou par les milices bourgeoises. Un officier demande *grace* pour les prisonniers, et à l'instant les mots *grace! grace!* sont répétés par la multitude qui exigeait leur supplice. On leur fait prêter serment d'être fidèles à la nation et de défendre la liberté publique, et la réconciliation est opérée (1).

(1) Parmi les lettres qui furent saisies et portées au comité permanent des électeurs, il se trouva un billet adressé au gouverneur de la Bastille et conçu en ces termes : *M. de Launay tiendra jusqu'à la dernière extrémité; je lui ai envoyé des forces suffisantes. Ce 14 juillet 1789, signé le baron de Bezenval.*

La prise de la Bastille fournit de nouvelles munitions. On en fait enlever les poudres et on les transporte à l'Hôtel-de-Ville, sous la garde de l'abbé Lefebvre. Toute l'argenterie enfermée dans cette forteresse est enlevée et fidèlement rapportée. Les vainqueurs veulent la faire accepter à M. Élie, qui a commandé la garde-française; ce sont, disent-ils, les plus riches dépouilles de l'ennemi vaincu. Il refuse avec fermeté : ces dépouilles ne leur appartiennent point; le patriotisme, jaloux de gloire et d'honneur, rougirait d'une récompense pécuniaire. On remarque parmi les trophées enlevés à l'ennemi le règlement de la Bastille, porté au bout d'une baïonnette, et des prisonniers d'État, dont quelques-uns ont perdu la raison au fond des cachots.

On a vu que le prévôt des marchands avait promis de livrer douze mille fusils; qu'il était arrivé à l'Hôtel-de-Ville plusieurs caisses étiquetées *artillerie*, et que ces caisses ne renfermaient que du vieux linge et des bouts de chandelle. Le peuple ayant persisté à demander des armes, le prévôt des marchands avait donné une autorisation écrite d'aller en prendre dans la maison des Chartreux. On s'était rendu en foule dans cette maison, mais aucune arme n'y avait été trouvée. Il avait de plus donné un ordre d'aller prendre des munitions à l'Arsenal, et cet ordre n'avait rien produit. Ces faits avaient excité contre lui des accusations de trahison; le peuple s'était cependant contenu tant qu'il n'avait été l'objet d'aucune attaque de la part des troupes. Mais à l'instant où l'artillerie de la Bastille commença à jouer, la fureur populaire n'eut plus de bornes : une multitude armée se rend à l'Hôtel-de-Ville, s'empare de sa personne, et veut l'emmener au Palais-Royal pour lui faire rendre compte de sa conduite; mais tandis qu'on l'entraîne, un coup de pistolet part et lui donne la mort.

Pendant que ces événements se passaient à Paris, l'assemblée nationale insistait à Versailles sur la nécessité d'éloigner les troupes, et demandait vainement au roi la formation des gardes bourgeoises. Le bruit s'était répandu que Paris était en insurrection et que le peuple marchait sur Versailles. On disait que les troupes de Sèvres avaient ordre d'arrêter son passage, et l'on croyait entendre le canon. « Le moindre bruit, dit Bailly, était de l'artillerie. Nous portions l'oreille à terre pour entendre mieux. Les esprits étaient continuellement

tendus, et les alarmes sans cesse renaissantes. On
venait dire que le roi partirait dans la nuit; et en
effet, on assurait qu'une voiture était attelée tous
les soirs. Les gardes-du-corps, depuis quelques
jours, ne quittaient pas leurs bottes. Les gardes-
françaises, qui paraissaient nous être trop atta-
chées, allaient être renvoyées dès le soir même. Il
paraissait donc que le roi, en partant, nous laissait sous la garde et à la merci de plusieurs régiments suisses et allemands campés à l'Orangerie.
Si ces bruits étaient fondés, ils cachaient quelque
grand dessein, quelque projet désastreux; ils
étaient appuyés par un fait dont nous étions sûrs.»

Tel était à Versailles l'état des esprits, lorsqu'une
députation du comité permanent des électeurs de
Paris, partie pendant l'attaque de la Bastille, vint
exposer à l'assemblée nationale l'état dans lequel
se trouvait la capitale, les malheurs ou les crimes
qui déjà y étaient arrivés, et les résultats qu'on
avait obtenus de la formation spontanée de la
garde bourgeoise. M. de La Fayette, vice-président
de l'assemblée nationale, répondit aux députés des
électeurs que cette assemblée, pénétrée des malheurs publics, n'avait cessé de s'occuper, nuit et
jour, des moyens de les écarter; que, dans ce mo-

5

ment, le président, à la tête d'une députation nombreuse, était chez le roi, et lui portait les instances les plus vives pour l'éloignement des troupes. Il invita les députés des électeurs à rester dans l'assemblée pour entendre le rapport qui allait lui être fait.

Le roi, qui ignorait encore la plupart des événements qui venaient d'avoir lieu, répondit qu'il s'était sans cesse occupé de toutes les mesures propres à rétablir la tranquillité dans Paris; qu'il avait donné ordre au prévôt des marchands et aux officiers municipaux de se rendre à Versailles pour concerter avec eux les dispositions nécessaires; qu'instruit de la formation d'une garde bourgeoise, il avait donné des ordres à des officiers généraux de se mettre à la tête de cette garde, afin de l'aider de leur expérience, et seconder le zèle des bons citoyens; enfin, qu'il avait également ordonné que les troupes campées au Champ-de-Mars s'écartassent de Paris.

On a observé qu'on n'avait jamais eu connaissance à l'Hôtel-de-Ville de cet ordre, adressé par le roi au prévôt des marchands et aux échevins, et il n'en est fait aucune mention dans les procès-verbaux des électeurs. On avait été peu satisfait de

J'ordre prétendu donné à des officiers-généraux de se mettre à la tête des gardes bourgeoises. M. de La Fayette dit à ce sujet aux députés des électeurs que, si les habitants de Paris ne voulaient se porter que là où ils seraient appelés par leurs intérêts, ils feraient bien de nommer eux-mêmes leurs officiers. Cette observation fut communiquée au comité permanent, et elle ne fut pas perdue. ·

Dans la même journée, l'assemblée des électeurs, présidée par M. Moreau de Saint-Méry, reçut la demande d'un passeport par un député qui voulait se rendre à son poste. Nous vous prions, lui dit le président, de rendre compte à l'assemblée nationale de ce que vous avec vu, de lui dire que nous faisons tout ce que nous pouvons pour maintenir l'ordre, et que nous comptons sur son secours et son autorité pour y parvenir d'une manière efficace. Vous voudrez bien la prier de notre part de se joindre à nous, pour supplier sa majesté de faire revivre ici son autorité, en n'employant d'autre arme que l'amour des peuples : cette arme suffit, et toutes les autres seraient inutiles.

Le lendemain de la prise de la Bastille, les électeurs forment deux comités, l'un pour les subsis-

5.

tances, l'autre pour la police. Dans la même journée, ils reçoivent une nombreuse députation de
l'assemblée nationale. M. de La Fayette, portant la
parole, félicite l'assemblée des électeurs et tous
les citoyens de Paris de la liberté qu'ils ont con-
quise par leur courage, de la paix et du bonheur
dont ils ne seront redevables qu'à la justice d'un
monarque bienfaisant et détrompé.

Il dit que l'assemblée nationale reconnaît avec
plaisir que la France entière doit la constitution
qui va assurer sa félicité aux grands efforts que les
Parisiens viennent de faire pour la liberté publique.

Enfin, il ajoute que le roi, après avoir acquis
la connaissance de tout ce qui venait de se passer
dans la capitale, s'est rendu sans gardes, et accompagné seulement de Monsieur et de M. le
comte d'Artois, dans le sein de l'assemblée nationale; qu'il s'est montré plein de confiance dans la
représentation nationale; qu'il leur a annoncé qu'il
a donné des ordres aux troupes de s'éloigner de
Paris et de Versailles, et qu'il les a autorisés et
même invités à faire connaître ses dispositions à
la capitale.

Un des membres de la députation annonce en-

suite que le roi confirme et autorise le rétablissement de la milice bourgeoise. Mais un troisième,
en parlant des gardes-françaises, ayant prononcé
le mot de pardon, excite un murmure général. Un
soldat prend alors la parole : il dit qu'il ne veut
point de pardon; qu'il n'en a pas besoin ; qu'en
servant la nation, il a entendu servir le roi, et que
ses intentions, aujourd'hui manifestées, prouvent
assez à toute la France qu'eux seuls peut-être ont
été véritablement fidèles au roi et à la patrie (1).

L'archevêque de Paris, membre de la députation, exhorte tous les habitants à la paix, et il
propose qu'avant de se séparer l'assemblée tout
entière se rende à l'église métropolitaine pour y
rendre graces à la Divinité par un *Te Deum* solennel.

Au moment où les députés de l'assemblée nationale se disposent à sortir, un électeur ayant
proposé de nommer un commandant général de

(1) Une ordonnance du 25 mars 1776, confirmée par un réglement du 1er juillet 1788, avait établi que les soldats seraient
punis à coups de plat de sabre. Le jour de la prise de la Bastille, le roi rendit une ordonnance par laquelle il supprima les
punitions des coups de plat de sabre dans ses troupes. Ainsi,
c'est au courage des citoyens que les soldats ont dû la suppression d'un châtiment ignominieux.

la milice parisienne, M. de La Fayette est élu par acclamations. Dans une précédente séance, au moment où l'on s'occupait de cette nomination, un électeur s'était borné à montrer du doigt le buste du général La Fayette qui avait été donné à la ville de Paris par l'État de Virginie, et cette indication avait été unanimement accueillie; mais la rapidité des événements avait empêché qu'on n'y donnât suite. M. de La Fayette, ayant accepté sa nomination avec des signes de respect et de reconnaissance, tire son épée et fait serment de sacrifier sa vie à la conservation de la liberté dont on lui confiait la défense.

Au même instant, Bailly est proclamé prévôt des marchands; mais une voix s'écria : *Point de prévôt des marchands, maire de Paris.* En effet il est nommé par acclamation MAIRE DE PARIS.

Il n'existe dans l'histoire aucune révolution aussi remarquable et aussi féconde en conséquences que celle dont nous venons d'être témoins. Une population de six ou sept cent mille ames, étrangère à toute habitude de la liberté et qui n'a jamais connu d'autre autorité que celle de la police, de la force armée ou des cours judiciaires, est divisée par ordonnance en soixante fractions. On lui ordonne de nommer un certain nombre de personnes qui choisiront elles-mêmes une vingtaine de députés, et leur donneront les instructions qu'elles croiront favorables aux intérêts publics. Ces ordres sont exécutés ; mais l'assemblée des électeurs, sans autre dessein que de continuer ses instructions à ses députés, continue de se réunir. Dans ce moment, on annonce que la sécurité publique est menacée par quelques centaines de brigands qu'on a introduits dans Paris, et que le gouvernement veut revenir sur les mesures qu'il a prises. A l'instant, cette assemblée de bourgeois qui n'a pas eu d'autre mission que de nommer quelques députés, se trouve investie de l'autorité souveraine, sans réfléchir si elle reprend un pouvoir légitime, ou si elle commet une usurpation : toutes les anciennes autorités sont anéanties, sans qu'il leur vienne dans l'esprit de se défendre ; le lieutenant de police abdique ses fonctions, les espions se cachent, l'intendant disparaît, les cours de justice sont oubliées, les ministres gardent le silence, la force armée chargée de la garde de la ville se rallie au nouveau pouvoir.

L'autorité royale, qui ne se fait plus sentir dans l'intérieur de la ville, paraît encore pleine de vie à la distance de quelques lieues ; elle commande à

de nombreuses armées qui sont d'autant plus redoutables, qu'elles sont pour la plupart étrangères
au pays. Elle fait donc avancer ces armées, soutenues par une artillerie formidable ; et déjà elles
cernent de toutes parts une multitude dépourvue
d'armes et complètement étrangère aux manœuvres
militaires. Aussitôt, cette assemblée de marchands,
de littérateurs, d'avocats, de médecins, se trans-
forme en une assemblée de législateurs; elle organise la force armée, avant même que d'avoir des
armes; elle établit, sous le nom de comité permanent, un pouvoir exécutif ; elle ordonne que tous
les citoyens se rassemblent dans leurs districts;
et une ville, où le pouvoir royal était naguère sans
bornes, se trouve ainsi transformée en une grande
république, sans que personne ait formé le dessein
de porter atteinte à la royauté.

En même temps que la population s'organise
comme par instinct, la présence du danger excite
les citoyens à se procurer des armes et des munitions. Des hommes obscurs, de simples ouvriers,
de vieux soldats qui n'aspirent à aucun grade, et
pour lesquels tous les régimes devraient paraître
égaux, veillent à l'intérêt public avec autant de
zèle que les citoyens les plus éclairés. Ils décou-

vrent des barils de poudre et de salpêtre , et les amènent aux hommes qui forment le nouveau gouvernement et qui paraissent ne pas douter qu'ils gouvernent. D'autres vont enlever des canons à de vieux soldats ; ils découvrent un vaste magasin d'armes et se distribuent trente mille fusils , sans autre dessein que de les employer à la défense publique. D'autres encore s'occupent à faire des piques , et dans l'espace d'un jour et demi , ils en ont fabriqué cinquante mille. Quelques individus annoncent que des soldats s'avancent dans les faubourgs et qu'ils y commettent des violences : aussitôt on dépave les rues , on creuse des fossés , on établit des barricades , et pas une seule personne ne propose de se soumettre : Paris sera libre , ou il s'ensevelira sous ses ruines.

Il existe au sein de la ville une forteresse qui paraît imprenable , qui menace un des quartiers les plus populeux , et qui est occupée par une garnison qu'on suspecte. On exige qu'elle soit livrée et placée sous le pouvoir des citoyens ; le gouverneur refuse , et tandis que les magistrats négocient pour l'obtenir , la foule impatiente s'y porte avec fureur , s'expose aux feux de la mousqueterie et de la mitraille , l'emporte d'assaut et s'y établit.

Au milieu de cette agitation, on passe alternativement d'un extrême à l'autre : on crie vengeance ou l'on demande grace, on frappe son
ennemi ou l'on se dévoue pour le sauver, on crie à
la trahison, ou l'on se livre à une aveugle confiance;
toutes les passions se déchaînent, la cupidité est
la seule qui n'oserait se montrer ; le pauvre qui n'a
que son arme se croirait avili si l'on pouvait supposer qu'il a fait quelque chose pour de l'argent (1).

(1) « L'un de nous traversant la place de Grève offrit un écu
à un pauvre citoyen mal armé qui l'avait soutenu dans la foule.
« Y songez-vous? lui dit-il, l'argent aujourd'hui ne sert à rien,
et vous allez le voir. Qui veut cet écu? ajouta-t-il, c'est monsieur qui le donne. — Point d'argent! point d'argent! s'é-
crièrent ses camarades. »

(*Dussaulx, l'œuvre des sept jours.*)

Les électeurs voulant accorder une indemnité aux citoyens
qui avaient été blessés à la prise de la Bastille, écrivaient leurs
noms et leurs blessures sur un registre. Un jeune ouvrier, manquant de tout et sans support, leur fut amené ayant la main
gauche estropiée. Nous enregistrâmes ses blessures, dit Dussaulx. Il ne nous parlait pas du bras droit qu'il portait en
écharpe. « Ce n'est rien, nous dit-il, ce n'est qu'un coup de
feu dans les chairs; mais les doigts remuent, j'entends donc que
ce bras ne soit pas dans votre procès-verbal. »

« Quant à la probité, ajoute le même écrivain, on ne cessait
de la vanter, tandis qu'on la laissait se morfondre. Mais qu'est
devenu le butin rapporté de la Bastille et de plusieurs autres
maisons royales? Que sont devenues les deux cent mille livres
enlevées du trésor de la ville, dans un moment d'effervés-

Les hommes qui s'imaginent qu'il n'existe dans les nations aucun principe d'action ni de vie, et qui veulent trouver les causes de tous leurs mouvements dans des rois, des princes ou des ministres, ont supposé que la population parisienne avait été soulevée par une influence qui lui était étrangère. Mais où se trouvait cette influence, et en quoi consistait-elle? Ici, nous voyons agir la population tout entière dans le même sens. Ce n'est pas l'assemblée qui excite les citoyens; elle les retient au contraire, et souvent elle s'entend accuser de trahison, parce que ses opinions sont moins prononcées et ses mesures moins rapides que ne le désirent les citoyens : c'est par eux qu'elle a été produite, et c'est à eux qu'elle obéit. On peut sans doute avec de l'or produire quelques mouvements parmi

cence? L'or, l'argent, les diamants et les billets encore plus précieux, sont-ils restés dans les mains du peuple qui les avait conquis? Il nous a tout rapporté.

« Maître pendant cinq ou six jours de nos fortunes et de nos vies, nous a-t-il fait la moindre violence? Maître de cette ingrate et superbe capitale, qui lui doit toute sa splendeur, l'a-t-il pillée? L'a-t-il brûlée? On y marchait plus sûrement pendant ces nuits orageuses, à travers de longues et lugubres illuminations, que du temps des espions et des satellites de la police arbitraire. »

(La prise de la Bastille.)

des misérables ; mais ce n'est pas avec de l'or que l'on soulève une population industrieuse, riche et éclairée ; ce n'est pas avec de l'or qu'on soulève depuis les artisans les plus pauvres, jusqu'aux plus riches capitalistes, depuis les hommes qui ne savent pas lire, jusqu'à ceux qui ont consacré leur vie à la culture des sciences ; ce n'est pas avec de l'or que l'on détermine une ville de près de sept cent mille ames à braver les calamités les plus effroyables pour repousser la tyrannie militaire.

Il est un phénomène qui n'est guère moins étonnant que l'insurrection des habitants de Paris : c'est l'indifférence apparente de la cour et l'inaction des troupes, pendant que la population délibère, s'organise, et prend les armes. Certes, on ne peut pas douter qu'il n'ait été dans l'intention de la cour de prévenir la révolution aussitôt qu'elle l'a vu paraître ; le renvoi de M. Necker et de ses collègues, l'appel de nombreux régiments autour de Versailles et de Paris, le refus d'autoriser les gardes bourgeoises, les lettres saisies, les révélations faites dans divers mémoires, rendent cette vérité incontestable. Cependant, à peine les troupes sont campées aux environs de Paris qu'elles semblent paralysées, et que le gouvernement paraît frappé de mort! Une multitude désarmée se porte à l'hôtel des Invalides, pour s'emparer des canons et de trente mille fusils qui s'y trouvent, et non-seulement ces vieux soldats se laissent désarmer sans défense, mais le régiment campé au Champ-de-Mars ne vient pas les protéger. Des régiments de cavalerie sont campés devant la barrière du Trône, des coups de canon leur annoncent que la Bastille est assiégée, et ils ne viennent pas au secours des assiégés, auxquels on a donné l'ordre de résister jusqu'à la dernière extrémité. L'influence secrète qu'on suppose avoir mis les Parisiens en mouvement s'était-elle étendue sur les troupes et sur le gouvernement lui-même?

Un seul fait explique cette immobilité : l'esprit qui régnait dans la population régnait aussi dans l'esprit des soldats français. On s'en aperçut aussitôt qu'ils furent aux portes de Paris. Si on avait tenté de les faire agir, ils auraient suivi l'exemple des gardes-françaises. Le gouvernement se serait alors trouvé réduit à n'avoir pour appui que des régiments allemands et suisses, et si le combat se fût engagé, il est aisé de voir quelle en eût été l'issue (1).

(1) Voici ce qu'on lit sur le procès-verbal des électeurs sous

Les hommes qui sont en possession du pouvoir ne s'aperçoivent d'une révolution que lorsque le résultat matériel en est accompli; ce n'est même qu'à compter de cette époque qu'elle date à nos yeux, parce que ce n'est qu'alors que nous en avons une preuve incontestable. Mais, avant que de se manifester par des faits extérieurs, il faut qu'elle s'opère dans les esprits; et quand elle est complète dans les idées, on peut en suspendre plus ou moins la manifestation; mais le résultat en est infaillible. Les mesures qu'on prend pour l'arrêter ou pour la faire rétrograder, ne servent qu'à la rendre plus complète et plus irrésistible au moment où elle se déclare. Que les hommes qui sont investis aujourd'hui de l'autorité publique examinent quelle est leur marche, qu'ils la comparent

la date du 14 juillet : « Sur les trois heures ou environ, plus de deux mille hommes, tant citoyens armés que gardes-françaises, sont arrivés devant l'Hôtel-de-Ville, conduisant en triomphe un nombre considérable de soldats de l'armée du maréchal de Broglie, cavaliers et fantassins, beaucoup de chevaux, des canons, des trains d'artillerie et des chariots chargés de bagages de toute espèce. » On voit d'ailleurs, par des lettres saisies, que les officiers n'avaient aucune confiance dans leurs soldats, et que ceux-ci déclaraient hautement qu'ils ne tireraient jamais sur les citoyens, à moins que ce ne fût pour leur défense personnelle.

à ce qui se passe dans les esprits, et qu'ils nous disent ensuite quel est l'avenir qu'ils préparent à leur pays, et au prince qui les a honorés de sa confiance. Louis XVI n'était pas un mauvais prince; les ministres de son temps valaient bien ceux du nôtre, et la population d'aujourd'hui n'est ni plus lâche ni plus ignorante que celle de la fin du dix-huitième siècle. Si elle est plus paisible, c'est qu'elle se croit moins asservie; mais on ferait un mauvais calcul si l'on s'imaginait que, pour augmenter sa docilité, il faut accroître sa servitude.

DEUXIÈME ÉPOQUE.

Lorsqu'une population nombreuse a été soulevée tout entière, et que le besoin de sa conservation l'a mise sous les armes, il est difficile qu'elle tombe subitement dans le calme, et que chacun des individus dont elle se compose, restant toujours maître de lui-même, conserve dans toutes les occasions l'empire de sa raison. Les hommes mêmes qui ont montré le plus de courage dans la chaleur du combat, ne voient pas sans quelque effroi, quand le péril est passé, les dangers auxquels ils se sont exposés, ou qu'ils ont fait courir à leurs amis ou à leurs familles. Ils peuvent pardonner sincèrement, pourvu qu'on ne les menace pas de nouveau ; mais s'ils ont quelques raisons de croire qu'ils vont être exposés aux mêmes périls, ils sont très-disposés à se montrer terribles. Ils y sont portés et par les sentiments de vengeance qui se rallument, et par la terreur que leur inspirent les dangers qu'ils ont courus et auxquels ils ne veulent plus s'exposer. Nous ne devons donc pas être surpris si nous trouvons quelques hommes soupçonneux et prompts à frapper les individus qu'ils considèrent comme leurs ennemis, et si les chefs de la milice sont obligés de mettre un frein à des vengeances populaires (1).

On aurait quelque peine à s'expliquer les événements qui vont suivre la prise de la Bastille, si on ne se faisait pas des idées exactes de l'état dans lequel se trouva la population de Paris, à

(1) Le lendemain de la prise de la Bastille, M. de La Fayette rencontre une foule immense qui se précipite avec impétuosité vers le carrefour Bétizy; il demande ce que c'est : « Ce n'est rien, lui dit-on, c'est un abbé qu'on va pendre. » Il sauva l'abbé, qui s'appelait *Cordier* et qu'on prenait pour un abbé *Roy,* accusé d'intelligence avec la cour pour faire massacrer les citoyens. Beaucoup de personnes étaient arrêtées par suite d'erreurs de cette espèce.

6

compter du moment où elle s'insurgea pour veiller elle-même à sa propre conservation, jusqu'au moment où elle fut organisée : qu'on se figure, dit un écrivain contemporain, la population immense de la ville et des villages environnants, dans la première chaleur qu'augmentaient les intrigues des divers partis, armée de tout ce qui s'était rencontré sous sa main, accrue de six mille soldats patriotes qui avaient quitté les drapeaux de l'armée royaliste pour se réunir aux citoyens de la capitale, de quatre à cinq cents gardes-suisses, et six bataillons de gardes-françaises, sans officiers; la ville et les alentours destitués à dessein de provisions et de moyens de s'en procurer; toute l'autorité, toutes les ressources de l'ancien gouvernement détruites; les tribunaux, les magistrats, les agents de l'ancien régime, haïs, soupçonnés et presque tous malveillants; la grande majorité des ecclésiastiques contraire à la révolution; les instruments de l'ancienne police excités et intéressés à tout confondre pour rétablir leur despotisme et leurs places; les aristocrates poussant au désordre pour se venger et pour se rendre nécessaires; les orléanistes y poussant de leur côté avec plus de fureur encore pour détruire tout ce qui s'opposait à leurs projets ; tous ayant à leur disposition et remuant à leur gré plus de trente mille étrangers ou gens sans aveu qui attendaient le signal du pillage, et l'on aura une faible idée du spectacle que Paris présentait ; et pour diriger tous les éléments confus et agités, pour les animer à la liberté, et en même temps les contenir dans ces bornes de l'ordre public, il n'y avait encore ni organisation civile, ni organisation militaire, ni instruction préparatoire qui pût guider ce peuple que le despotisme s'était plu à corrompre ; il n'y avait ni lois nationales, ni formes juridiques indiquées pour les procédures. Le maintien de la chose publique n'était appuyé que sur une foule armée et délibérante dans chacun des soixante districts et à l'Hôtel-de-Ville ; que sur des électeurs qui, sans autre droit que le patriotisme, avaient heureusement saisi les rênes de l'administration ; que sur des chefs chargés comme eux par acclamation de veiller à tout, dont la personne était aimée, respectée, quoique leur visage fût inconnu à l'immense majorité de cette multitude dont la totalité n'obéissait que par confiance (1).

(1) J'ai pris cette description dans des mémoires inédits

6.

Les milices parisiennes encore inorganisées, après s'être rendues maîtresses de la Bastille, en avaient pris possession au nom de la ville de Paris. Mais convenait-il de garder cette place qui avait si long-temps servi de prison d'État, ou fallait-il la détruire? Cette question fut agitée le 16 juillet par le comité permanent des électeurs, en présence de plusieurs députés de l'assemblée nationale et de M. de La Fayette, commandant général de la milice parisienne. Il fut résolu à l'unanimité que cette forteresse serait démolie jusque dans ses fondements. Mais au moment de la signature de l'arrêté, on se demande s'il convenait de le faire signer par M. de La Fayette. Il fut décidé que l'autorité du commandant général des milices se bornait à faire exécuter les ordres de l'autorité civile, et qu'en conséquence il ne devait que faire exécuter l'ordre de démolition. Cet ordre fut proclamé par les trompettes dans tous les carrefours de Paris, au nom du commandant général et en présence des députés de plusieurs districts.

Dans la même séance M. de La Fayette exposa

qu'un des membres les plus distingués de l'assemblée constituante a laissés en mourant, et qu'on a bien voulu me communiquer.

qu'il était urgent d'organiser la milice parisienne
et de la soumettre à un réglement stable et régulier ; que cette réunion de citoyens armés ,
déjà célèbres par leur courage , si elle restait sans
ordre et sans discipline, guidée par la seule impression du moment , serait exposée à perdre le
fruit de ses efforts par la confusion de ses mouvements , et qu'elle pourrait même sans le vouloir
renfermer dans son sein des semences de trouble
et de division.

Il ajouta que toutes les communes de France
se proposeraient probablement , à l'exemple de
Paris , de confier leur défense intérieure à un
corps de citoyens armés , et qu'il désirait que la
ville de Paris donnât la première le titre qui convenait à ces troupes citoyennes , armées pour la
défense de la constitution nationale; que le titre
le plus convenable lui paraissait être GARDE NA-
TIONALE , en y joignant le nom de chaque ville
à laquelle la garde serait attachée , et par exemple
pour Paris , GARDE NATIONALE DE PARIS ; enfin,
que l'organisation de ce corps militaire , qui serait
nommé *Garde nationale de Paris* , ne lui semblait
légale et possible que sur un plan qui serait étu-
dié et concerté avec lui , par les députés de tous

les districts, qui apporteraient et réuniraient à l'Hôtel-de-Ville le vœu général de la commune.

Sur ces propositions, l'assemblée arrêta que le corps militaire auquel seraient confiées la garde et la tranquillité de la ville, serait désormais nommé GARDE NATIONALE DE PARIS, et que chaque district serait invité à députer à l'Hôtel-de-Ville une personne chargée de sa confiance, pour concourir avec M. de La Fayette à la confection d'un travail qui établirait l'organisation et le régime de ce corps militaire et citoyen.

Immédiatement après la prise de la Bastille, beaucoup de personnes avaient manifesté le désir de voir le roi à Paris, et ce voyage avait été résolu à Versailles; il fut décidé qu'il y viendrait le 17 juillet. La garde nationale commandée par M. de La Fayette n'avait encore reçu aucune organisation. Aussitôt qu'on fut instruit que le roi allait arriver, Paris se mit sous les armes pour le recevoir; environ deux cent mille hommes armés de fusils, d'épées, de sabres, de piques, de lames, de faux et d'autres armes, se forment en haie, sur quatre ou cinq rangs de file, depuis l'Hôtel de-Ville jusqu'à la barrière de la Conférence. On voyait dans cette foule des capucins et d'autres moines portant sur l'épaule l'épée ou le mousquet, des femmes et même de jeunes filles d'un rang honnête ayant également des armes. Derrière les hommes armés était une multitude de femmes, d'enfans, de vieillards; toutes les fenêtres étaient garnies; les toits même étaient couverts de spectateurs. La subordination et le bon ordre furent tels, que, suivant le procès verbal des électeurs, un signe de M. de La Fayette suffisait pour exécuter sans tumulte le plus grand mouvement. La population n'avait qu'une ame, n'était mue que par une pensée.

C'est à travers cette armée qui présentait un spectacle tout à la fois bizarre et terrible, que le roi, accompagné d'une nombreuse députation de l'assemblée nationale, arriva jusqu'à l'Hôtel-de-Ville. Bailly, qui était allé à sa rencontre en qualité de maire pour lui présenter les clefs de la ville, fit un discours dont les premières phrases firent une impression profonde sur les personnes de la cour qui accompagnaient le monarque. «J'apporte à Votre Majesté, dit-il, les clefs de sa bonne ville de Paris. Ce sont les mêmes qui ont été présentées à Henri IV; il avait reconquis son peuple: ici c'est le peuple qui a reconquis son roi. » En effet, ici le peuple se montrait vainqueur, et la cour, marchant à la suite de l'artillerie qui avait battu la Bastille, s'avouait vaincue. Bailly n'avait innocemment voulu faire qu'une phrase académique; mais ses paroles pénétrèrent jusqu'au fond de l'ame des vaincus.

Dans le long trajet que le cortége eut à parcourir, quelques rares acclamations se firent entendre; mais la population ne présenta partout qu'un aspect froid et sévère. Arrivé devant l'Hôtel-de-Ville, le roi reçut des mains de Bailly la cocarde de la ville, qui était devenue le signe de l'insurrection; il l'accepta, la mit sur son chapeau, et se montra ainsi à la fenêtre. Cette déférence, qui semblait une approbation de la conduite des citoyens, fut reçue par des applaudissements universels, qui ne cessèrent que quand le roi eut repassé les barrières. Dans l'Hôtel-de-Ville, des discours furent prononcés par diverses autorités : tous les orateurs firent des protestations d'amour, de dévouement, d'admiration, de reconnaissance. Mais on voit par l'exagération et l'emphase des paroles que la magie du pouvoir avait disparu : le roi n'était plus qu'un homme, plein de bonté sans doute, mais semblable du reste à tous les

autres, et n'ayant par lui-même aucune puissance.
Ces philosophes, ces académiciens, ces administrateurs qui parlent froidement d'enthousiasme,
de tendresse et de larmes, ressemblent à ces prêtres dont la ferveur et la foi sont éteintes, et qui,
pour soutenir un culte qu'ils jugent nécessaire,
cherchent de bonne foi à se faire illusion par l'exagération de leurs discours : on traite déjà la royauté
comme la religion ; on en veut une pour le peuple.

Après avoir entendu tous ces discours, le roi
répondit d'une manière aussi juste que ferme :
« Je suis très-satisfait ; j'approuve l'établissement
de la garde bourgeoise ; mais la meilleure manière
de me prouver votre attachement, est de rétablir
la tranquillité, et de remettre entre les mains de
la justice ordinaire les malfaiteurs qui seront arrêtés. M. Bailly, instruisez l'assemblée de mes intentions. Je suis bien aise que vous soyez maire,
et que M. de La Fayette soit commandant général. »
En arrivant à sa voiture, le roi, ayant rencontré
M. de La Fayette, lui dit qu'il le cherchait pour lui
dire qu'il confirmait sa nomination à la place de
commandant général. Il reprit la route de Versailles
et y arriva à travers la foule qui avait formé la
haie des deux côtés de son passage. Les chevaux,

les panneaux et jusqu'à l'impériale de sa voiture étaient couverts de cocardes de l'insurrection.

M. de La Fayette avait été nommé par acclamations de l'assemblée des électeurs, commandant-général de la garde nationale, et sa nomination avait été confirmée par le roi ; mais cette nomination lui parut manquer de régularité ; il se présenta devant les électeurs pour en faire l'observation ; il dit qu'il ne pourrait se considérer comme véritablement investi de l'autorité nécessaire pour exercer, avec succès et tranquillité de conscience, les fonctions dont on l'avait honoré, qu'autant que le plus grand nombre des citoyens de la capitale s'expliqueraient d'une manière favorable sur son élection ; il désira en conséquence que l'assemblée prît les moyens les plus sûrs et les plus prompts pour connaître le vœu du peuple sur la nomination, et sur la composition désormais nécessaire de l'administration municipale, civile et militaire. Bailly fit une observation et une demande semblables pour ses fonctions de maire.

L'assemblée, reconnaissant la justesse des principes sur lesquels ces demandes étaient formées, arrêta que tous les districts seraient invités à délibérer en assemblée générale sur le choix fait de

M. Bailly, pour la place de maire de la ville de Paris, et sur le choix fait de M. de La Fayette, pour la place de commandant-général de la garde nationale parisienne, et à faire parvenir à l'un et à l'autre le résultat de ces délibérations.

L'observation faite par M. de La Fayette relativement à sa nomination à la place de commandant général de la garde nationale parisienne, porta tout-à-coup l'attention de l'assemblée des électeurs sur l'origine de leurs fonctions, et comme s'ils étaient frappés par un trait de lumière, il s'aperçurent pour la première fois qu'ils exerçaient des pouvoirs que personne ne leur avait délégués. En conséquence, on proposa que tous les membres remissent leurs pouvoirs aux districts qui les avaient élus, et qui nommeraient des représentants de la commune, toutes choses restant provisoirement dans l'état où elles se trouvent.

Sur cette observation, l'assemblée des électeurs arrêta à l'unanimité que les soixante districts seraient convoqués et assemblés dans la forme prescrite par le réglement qui avait fixé leur première réunion, et que tous les citoyens de la commune, y compris les ecclésiastiques et les nobles, en feraient partie ; qu'ils nommeraient des députés chargés de

former le corps municipal ; que ces députés seraient
autorisés à régler la formation de l'administration
municipale, et à faire exécuter dans la ville et les
faubourgs tous les réglements civils et militaires
qui émaneraient de l'assemblée des représentants de
la commune ; enfin qu'ils manifesteraient leur vœu
sur la nomination de Bailly, comme maire, et de
La Fayette, comme commandant général de la
garde nationale. L'assemblée ordonna en même
temps que le comité permanent, ayant été formé
avec une extrême précipitation, serait remplacé
par un comité de soixante membres. Ce comité
devait être divisé en quatre bureaux : un bureau
de distribution, un bureau de police, un bureau
de subsistances et un bureau militaire.

On a vu que les trente mille fusils déposés dans
l'hôtel des Invalides avaient été abandonnés au
pillage ; il résulta de là qu'un grand nombre tom-
bèrent dans les mains d'individus sans domicile.
Des patrouilles de la garde nationale parisienne
furent chargées en conséquence d'enlever les
armes de tous les individus qui ne seraient pas
inscrits dans leurs districts. L'exécution de ces
ordres détermina plusieurs des individus contre
lesquels ils étaient donnés à sortir de la ville avec

leurs armes, et alors on craignit un autre danger, celui de voir des vagabonds armés se répandre dans les campagnes et y répandre le trouble et la désolation. Les électeurs arrêtèrent donc que le commandant général de la garde nationale parisienne donnerait et ferait exécuter des ordres convenables pour arrêter et désarmer aux barrières les personnes inconnues et non inscrites dans la garde nationale, qui voudraient emporter des armes hors de Paris. Cet ordre fut donné et exécuté.

Le service dans la garde nationale est un impôt que toute personne n'est pas en état de supporter ; les hommes qui appartiennent à la classe ouvrière et qui, pour vivre, ont besoin de leur travail de chaque jour, peuvent difficilement se livrer à un service gratuit, surtout s'il devient fréquent. Les ouvriers qui avaient pris les armes pour la défense commune furent donc invités à les porter à leurs districts et à reprendre leurs occupations habituelles. Une indemnité leur fut assurée pour le temps qu'ils avaient consacré au service public.

Depuis le jour où les habitants de Paris se crurent menacés par la force armée jusqu'à celui où la sécurité fut établie, tous les travaux qui n'eurent

pas pour objet la défense de la liberté furent suspendus. La population fut constamment assemblée
dans les districts ou sur les places publiques, ou
employée à faire des patrouilles. D'un autre côté,
l'existence des troupes aux environs de Paris,
les troubles de l'intérieur et ceux qui se manifestèrent dans les villes ou les campagnes voisines,
suspendirent ou diminuèrent l'arrivage des subsistances. Une partie de la population et particulièrement la classe ouvrière éprouva un commencement
de disette. Beaucoup de personnes firent des offres
d'argent, et l'assemblée des électeurs ordonna
des distributions publiques; mais ces moyens
furent insuffisants pour calmer tous les besoins.
Les souffrances arrivèrent au point que, pendant
un moment, on eut lieu de craindre une insurrection du faubourg Saint-Antoine.

Ce fut dans ces circonstances que les officiers
municipaux de Compiègne annoncèrent qu'ils
avaient fait arrêter l'intendant de Paris, Berthier
de Sauvigny, et demandèrent aux électeurs de les
éclairer sur la conduite qu'ils avaient à tenir à
son égard. Berthier était depuis plusieurs jours
l'objet des clameurs publiques; il avait été l'intendant de l'armée campée aux environs de Paris; il

était allé à Versailles le jour même de la prise de la Bastille, et ces circonstances le faisaient considérer comme un ennemi. Les habitants de Compiègne dans les mains desquels il se trouvait, étaient eux-mêmes très-irrités contre lui, et ils demandaient qu'il fût livré à la justice, ou pour sa condamnation s'il était coupable, ou pour sa justification s'il était innocent. Les députés de Compiègne ne dissimulèrent pas qu'il n'y avait pas d'autres moyens de le sauver que de le conduire à Paris. Voulant le garantir des dangers auxquels il était exposé, les électeurs arrêtent qu'il lui serait envoyé une troupe de deux cent quarante hommes de garde nationale à cheval, et que cette troupe, sous le commandement de deux électeurs, le ramènerait à Paris.

Le lendemain, des habitants du village de Viri amenèrent à Paris Foulon, beau-père de Berthier, et le firent conduire à l'Hôtel-de-Ville; il était plus impopulaire encore que son gendre ; il avait été nommé adjoint au ministère de la guerre deux jours avant la prise de la Bastille. On prétendait qu'il avait dit dans un moment de disette, que le peuple pouvait manger du foin. Enfin, il était accusé d'accaparement de grains,

accusation terrible dans un moment où une population nombreuse manque de pain; il était lui-même
si convaincu de la haine qu'il inspirait au peuple,
qu'après la prise de la Bastille, il avait fait courir
le bruit de sa mort, avait fait faire un simulacre
d'enterrement, et ses domestiques avaient pris le
deuil. Les habitants de Viri, auxquels il n'inspirait
pas moins de haine qu'aux Parisiens, avaient
répandu la nouvelle de son arrivée, immédiatement
après l'avoir amené à Paris, et plusieurs personnes
l'avaient déjà reconnu; des rassemblements avaient
donc commencé à se former aux environs de
l'Hôtel-de-Ville.

L'assemblée des électeurs, présidée par Moreau de Saint-Méry, eut à examiner ce qu'il convenait de faire à son égard et à l'égard de toutes autres
personnes qui seraient accusées par la clameur publique. Après de longs débats, elle rendit un arrêté
par lequel elle ordonna que les accusés seraient conduits dans les prisons de l'Abbaye; que le commandant général de la garde nationale parisienne donnerait les ordres nécessaires pour garantir la sûreté de
tous les prisonniers prévenus de crimes contre l'É-
tat, et que l'assemblée nationale serait suppliée
d'établir un tribunal pour les juger. Comme des

clameurs populaires s'élevaient déjà contre Foulon, les électeurs décidèrent qu'afin d'éloigner tout danger de sa personne, il serait conduit à l'Abbaye le plus secrètement possible, à l'entrée de la nuit. Les dangers que courait Foulon firent craindre pour la sûreté de son gendre Berthier, qui devait arriver dans la journée. Pour prévenir les actes de violence dont il pourrait être l'objet, les électeurs envoyèrent sur-le-champ aux gardes nationaux chargés de le conduire et de veiller à sa sûreté, l'ordre de s'arrêter au lieu même où le courrier le rencontrerait, et d'y attendre un ordre ultérieur.

Le commandant-général de la garde nationale arriva à l'Hôtel-de-Ville, au moment où ces résolutions venaient d'être prises. Les électeurs les lui communiquèrent et lui firent observer que la prudence exigeait que, pendant le jour, aucun mouvement extraordinaire autour de l'Hôtel-de-Ville n'indiquât la présence d'un prisonnier important. Ils l'invitèrent aussi à donner des ordres pour qu'à l'entrée de la nuit une escorte sûre accompagnât Foulon jusqu'à l'Abbaye. Mais avant que ces ordres pussent être exécutés, une nombreuse multitude se forma sur la place de l'Hô-

7

tel-de-Ville, et demanda à grands cris la mort de
Foulon. Aussitôt, sur la décision de l'assemblée,
les plus vénérables d'entre eux par leurs fonctions
et par leur costume, tels que les curés et le président lui-même, se portèrent devant cette multi-
titude, et tâchèrent de lui inspirer des sentiments
de modération et de justice; et pendant un moment, le calme se rétablit en effet. Bientôt, les
cris devinrent plus effrayants; les électeurs firent
encore une tentative pour calmer le peuple, mais
cette fois leurs efforts furent sans effet. On avait
répandu le bruit que l'assemblée avait favorisé l'é-
vasion de Foulon ; on demandait à le voir, si non
l'on allait mettre le feu à l'Hôtel-de-Ville.

On détermine Foulon à se montrer à la fenêtre,
et à sa vue des cris d'une joie féroce se font entendre. Tout-à-coup, les gardes de l'Hôtel-de-Ville
sont forcées, les barrières sont brisées, et la multitude inonde la salle, les escaliers et la cour.
Des électeurs tâchent de faire comprendre que
tout coupable doit être jugé avant que d'être
puni : on les écoute, et après les avoir entendus
on s'écrie : *Oui, jugé tout de suite et pendu.* Un
électeur leur dit que pour juger il faut des juges,
et qu'il faut attendre que l'assemblée nationale en

ait institué. *Non, non, jugé tout de suite et pendu.*
Un autre électeur observe que, si on ne veut pas
des juges ordinaires, il faut en nommer d'autres;
on lui répond que les électeurs peuvent les choisir eux-mêmes. L'assemblée, qui ne cherchait qu'à
gagner du temps pour donner au commandant-
général de la garde nationale parisienne le temps
d'arriver, propose à la multitude de nommer elle-
même des juges. Plusieurs voix désignent sur-le-
champ le curé de Saint-Étienne-du-Mont, et le
curé de Saint-André-des-Arts, tous les deux membres de l'assemblée des électeurs, et cette désigna-
tion est approuvée. D'autres juges sont nécessaires, et la multitude en désigne quatre parmi les
hommes les plus respectables de l'assemblée :
deux échevins, un juge auditeur et un maître de
pension. Il faut un procureur du roi; elle nomme
un avocat que l'assemblée des électeurs a choisi
pour son secrétaire.

L'avocat, nommé procureur du roi, demande
alors quels sont les crimes dont on accuse le
prisonnier : on répond qu'il a voulu vexer le
peuple; qu'il a dit qu'il lui ferait manger de
l'herbe, qu'il a voulu faire faire la banqueroute;
qu'il est dans le projet; qu'il a accaparé les blés.

7.

Après avoir entendu ces accusations, les deux curés mis au rang des juges font observer que puisqu'il s'agit de crimes, ils sont obligés de s'abstenir parce que les lois de l'Église leur défendent de prononcer des condamnations à mort. Ce scrupule est approuvé par quelques-uns; mais d'autres s'en irritent, et veulent que l'accusé soit jugé sur-le-champ. Cependant la foule consent à nommer deux autres juges : elle désigne M. Bailly et M. de La Fayette. Mais Bailly n'est point présent; il faut aller le chercher. Aussitôt, on le remplace par M. Moreau de Saint-Méry, président des électeurs. M. de La Fayette et un des électeurs désigné pour juge sont aussi absents, et il faut les remplacer. Alors l'agitation et l'impatience redoublent; cependant on nomme un autre juge à la place de l'électeur. La foule demande alors à grands cris qu'on amène le prisonnier : les électeurs consentent à le faire venir; mais ils exigent d'elle qu'elle ne lui fasse éprouver aucun mauvais traitement. Tous en font à l'instant la promesse, et ceux qui sont les plus près de lui forment une chaîne pour empêcher les autres d'avancer et pour le garantir de leurs outrages.

Au moment où l'on va procéder à un simulacre

de jugement, des cris redoublés annoncent l'arrivée du commandant général de la garde nationale. La foule lui ouvre un passage, et il va se placer à côté du président. A son aspect, un silence profond succède à un tumulte effrayant. Il prend la parole : il dit à ceux qui demandent la mort de Foulon qu'il est connu d'eux tous, qu'ils l'ont nommé pour leur général, et que ce choix qui l'honore lui impose le devoir de leur parler avec liberté et franchise. Vous voulez faire périr sans jugement cet homme qui est devant vous, leur dit-il; c'est une injustice qui vous déshonorerait, qui me flétrirait moi-même, qui flétrirait tous les efforts que j'ai faits en faveur de la liberté, si j'étais assez faible pour la permettre : je ne la permettrai pas cette injustice. Mais je suis bien loin de prétendre le sauver s'il est coupable ; je veux seulement que l'arrêté de l'assemblée soit exécuté, et que cet homme soit conduit en prison pour être jugé par le tribunal que la nation indiquera. Je veux que la loi soit respectée, la loi sans laquelle il n'est point de liberté, la loi, sans le secours de laquelle je n'aurais point contribué à la révolution du Nouveau-Monde, et sans laquelle je ne contribuerai pas à celle qui se prépare.

Ce que je dis en faveur des formes et de la loi, ajoute M. de La Fayette, ne doit pas être interprété en faveur de M. Foulon. Je ne suis pas suspect à son égard ; et peut-être même la manière dont je me suis exprimé sur son compte dans plusieurs occasions, suffirait seule pour m'interdire le droit de le juger. Mais plus il est présumé coupable, plus il est important que les formes s'observent à son égard, soit pour rendre sa punition plus éclatante, soit pour l'interroger légalement, et avoir de sa bouche la révélation de ses complices. Ainsi, je vais ordonner qu'il soit conduit à l'Abbaye.

Ce discours, dont on n'a conservé que quelques traits, produit une impression profonde sur tous ceux qui sont à portée de l'entendre. Ceux-là sont d'avis qu'il faut conduire Foulon en prison ; mais ceux qui sont placés à une plus grande distance paraissent ne pas partager cette opinion. Foulon veut prendre la parole, et balbutie quelques mots sans liaison, ni suite, qui, loin de calmer l'effervescence, ne servent qu'à l'augmenter. Le commandant général de la garde nationale prend la parole trois fois consécutives, et l'on espérait qu'il allait sauver le prisonnier, lorsque des cris plus effrayants partent de la place de l'Hôtel-de-Ville. On

annonce que le faubourg saint-Antoine et le Palais-
Royal s'avancent pour enlever le prisonnier, et la
foule se précipite avec plus de violence dans la
salle. M. de La Fayette fait un dernier effort pour
le sauver. Il ordonne avec fermeté qu'on le conduise en prison. Foulon est amené par des hommes
du peuple qui ne lui font aucune violence ; mais à
peine est-il sorti de la salle, qu'il est enlevé par
d'autres et pendu (1).

(1) Le mémoire manuscrit que j'ai précédemment cité, et
que la famille de l'auteur a cru ne pas devoir publier encore,
décrit la mort de Foulon de la manière suivante : « La Fayette,
averti, y accourut ; il traversa la multitude armée et furieuse
qui remplissait la place ; se jeta au milieu de celle qui se pres-
sait autour de Foulon dans la grande salle de l'Hôtel-de-Ville.
Je ne dirai pas que, dans cette circonstance, il compta pour
rien sa popularité et sa vie ; il les a exposées cent fois pour des
objets moins importants ; je me contente d'attester tous ceux
qui étaient présents (et il en reste encore beaucoup) que ce
jour-là il se surpassa lui-même, et que son éloquence, qui, en
général, a moins de véhémence et de chaleur que de logique
et de clarté, fut pendant près de deux heures vraiment entraî-
nante. Mais la tâche qu'il avait entreprise était le travail des
Danaïdes ; à peine avait-il réussi à calmer les plus furieux de
cette horde cannibale, qu'à mesure que ceux ci se retiraient
apaisés, ils étaient remplacés par de nouveaux flots d'enragés
qu'il fallait adoucir et convaincre à leur tour. Cependant le
succès de La Fayette s'annonçait d'une manière sensible ; aux
rugissements de ces tigres, succédaient déjà des applaudissements tumultueux ; lorsque Foulon, qui, ainsi que son défen-

En demandant la mort de Foulon, la multitude irritée semblait si persuadée qu'elle ne demandait qu'un acte de justice, qu'elle ne lui avait donné pour juges que des hommes d'une conduite irréprochable, et connus par leur intégrité et leur indépendance. C'était Bailly, La Fayette, Moreau de Saint-Méry, deux respectables ecclésiastiques, ou des magistrats nommés par le roi. Quand l'exécution fut terminée, les mêmes hommes qui venaient de donner un exemple de férocité donnèrent un exemple de probité non moins remarquable. Un homme apporta au comité des électeurs une tabatière en or, et un soulier avec une boucle d'argent, et il en demanda un reçu. Un autre apporta un chapeau, un mouchoir, une paire de gants, deux montres en or, une bourse renfermant douze louis, deux pièces de six sols et un médaillon, des flacons garnis en or, et quelques autres objets. Il s'en fit également délivrer un reçu, pour qu'on ne soupçonnât pas qu'il eût pu détourner quelque chose à son profit.

seur, était fort en vue, dans un moment de joie et de reconnaissance, eut la funeste pensée d'applaudir lui-même. A ce geste, toutes les espérances s'évanouirent. Une voix s'écria : *Voyez-vous, ils s'entendent.* Ces mots, qui furent répétés de toutes parts, furent l'arrêt de la victime. »

On a vu que les électeurs avaient envoyé à Compiègne 240 hommes de gardes nationales à cheval,
pour escorter l'intendant Berthier, et qu'en apprenant le danger qu'il courait, ils avaient expédié un
courrier à cette escorte pour arrêter sa marche.
Sur la route, six-cents autres cavaliers s'étaient
joints aux premiers, et cette troupe n'avait pas
voulu s'arrêter au Bourget, où les deux électeurs
qui accompagnaient Berthier avaient voulu le faire
coucher. Aussitôt que l'assemblée des électeurs
reçut cette nouvelle, elle expédia un second courrier pour prévenir l'arrivée du prisonnier à l'Hôtel-
de-Ville, et le faire conduire immédiatement dans
la prison de l'Abbaye. Mais la foule qui s'était portée au devant de cet intendant fut si immense, que
le courrier ne put la traverser pour arriver jusqu'aux chefs de l'escorte. Le prisonnier arriva donc
à l'Hôtel-de-Ville. Le maire et le commandant général de la garde nationale s'y rendirent à l'instant.
Ce dernier avait déjà fait mettre sous les armes une
garde nombreuse. La cour et les escaliers de l'Hôtel-de-Ville étaient garnis de gardes nationales
armées; cependant Berthier ne put être sauvé; au
moment où on le conduisit à l'Abbaye, il fut enlevé
à ses gardes et massacré (1).

(1) On a prétendu que le peuple avait été excité à ces deux

Le lendemain de ces horribles scènes, M. de La Fayette écrivit au maire de Paris, qu'appelé par la confiance des citoyens au commandement militaire de la capitale, il n'avait cessé de déclarer que, dans la circonstance actuelle, il fallait que cette confiance, pour être utile, fût entière et universelle; qu'il n'avait cessé de dire au peuple qu'autant il était dévoué à ses intérêts jusqu'au dernier soupir, autant il était incapable d'acheter sa faveur par une injuste complaisance. Vous savez, ajoutait-il, que de deux hommes qui ont péri hier, l'un était placé sous une garde, l'autre avait été mené par une troupe, et tous les deux étaient destinés par le pouvoir civil à subir un procès régulier. C'était le moyen de satisfaire à la justice, de connaître les complices et de remplir les engagements solennels pris par tous les citoyens envers l'assemblée nationale et le roi. Le peuple n'a pas écouté mes avis, et le jour où il a manqué à la confiance qu'il m'a-

meurtres par des agents secrets; les uns ont cru qu'un parti voulait souiller la révolution de crimes pour la rendre odieuse; d'autres ont pensé avec plus de raison que Foulon et Berthier étaient dépositaires de secrets importants, et qu'on les avait fait assassiner pour en prévenir la révélation. Suivant madame Campan, cette opinion était celle de la reine.

vait promise, je dois, comme je l'ai dit d'avance, quitter un poste où je ne peux plus être utile.

M. de La Fayette envoya le même jour une copie de sa lettre aux soixante districts ; il annonça qu'il avait pris toutes les précautions qui dépendent de lui pour veiller à la tranquillité publique, et leur demanda d'y veiller de leur côté ; enfin, il les supplia de ne point tarder à le rendre à lui-même, en s'occupant d'un nouveau choix.

Ces lettres ayant été communiquées à l'assemblée des électeurs, tous les membres se levèrent par un mouvement général, et se portèrent au bureau des subsistances, où se trouvait M. de La Fayette ; ils l'environnèrent et lui assurèrent, dit le procès-verbal des électeurs, que le salut de la ville était attaché à la conservation de son général. M. de La Fayette répondit que l'utilité publique elle-même semblait exiger sa retraite ; que les exécutions sanglantes et illégales de la veille, et l'impossibilité dans laquelle il s'était trouvé de les empêcher l'avaient trop convaincu qu'il n'était pas l'objet d'une confiance universelle ; qu'il n'avait pas cette autorité qui seule pouvait prévenir ou réprimer les plus grands désordres ; que la démarche touchante de l'assemblée des électeurs était bien faite pour sus-

pendre sa résolution; qu'il promettait de se rendre
à six heures du soir à l'assemblée, pour y concerter
avec MM. les électeurs ce qui conviendrait à la
situation des affaires, et à l'avantage commun, dont
il ferait toujours sa première loi.

Les districts qui ne s'étaient pas encore prononcés sur la nomination de M. de Lafayette, aux
fonctions de commandant général de la garde nationale, s'empressant d'imiter la conduite des électeurs, tous sans exception lui envoyèrent des dé-
putations avec des adresses pour le supplier de ne
pas refuser le commandement. Toutes ces adresses,
dit le procès-verbal des électeurs, exprimaient de
la manière la plus énergique la consternation dans
laquelle tous les citoyens avaient été plongés à la
lecture de la lettre de M. de La Fayette, et à la nouvelle de sa démission proposée. Elles étaient terminées par le serment solennel d'exécuter à la rigueur tous les ordres que la prudence et le patriotisme de M. de La Fayette lui dicteraient pour le
salut public, et d'employer tous les moyens possibles
pour seconder ses intentions.

Ayant entendu la lecture de ces adresses, M. de
La Fayette répondit que des preuves si signalées de
l'estime et de l'attachement de ses concitoyens,

exigeaient le sacrifice de sa vie, et qu'il la consacrait tout entière au service de la commune. A l'instant les cris de *vive la nation*, *vive la liberté*, *vive La Fayette!* firent retentir la salle ; les électeurs le pressèrent dans leurs bras, et le prièrent de recevoir la déclaration suivante, signée par eux tous, et par les députés des districts présents.

« Nous, électeurs et députés des districts de la ville de Paris, en nous conformant au vœu et à l'acclamation unanime de tous les citoyens de cette capitale, et par une suite de notre confiance entière dans les vertus, les talents et le patriotisme de M. de La Fayette, l'avons de nouveau proclamé général de la garde nationale de Paris, et lui promettons, tant en notre nom qu'en celui de nos frères armés dans nos districts, et dans les autres corporations militaires, subordination et obéissance à tous ses ordres, pour que son zèle, secondé de tous les efforts de tous les citoyens patriotes, conduise à sa perfection le grand œuvre de la liberté publique. »

Ainsi, la nomination du commandant général de la garde nationale parisienne faite par l'assemblée des électeurs se trouva confirmée par les soixante districts.

L'exemple donné par la ville de Paris ne tarda

pas à être imité par la plupart des communes de France : presque partout les municipalités s'organisèrent et les gardes nationales se formèrent spontanément. De nombreuses adresses ne tardèrent pas à féliciter les Parisiens de leur patriotisme et de leur courage.

La garde nationale était divisée par districts, et avait nommé un commandant général; mais elle n'était pas encore régulièrement organisée. Le 26 juillet, le comité provisoire, voulant régler les points les plus importants, arrêta 1° Que le service de la garde nationale parisienne serait considéré comme une obligation personnelle; 2° Que tout bourgeois domicilié à Paris, de quelque condition, qualité ou état qu'il fût, serait obligé personnellement à ce service; 3° Que, dans les districts, ceux qui étaient chargés d'indiquer et d'avertir les citoyens qui étaient en tour de faire leur service, enverraient les avertisements chez les présents comme chez les absents; 4° Que les districts étaient autorisés à faire faire le service aux frais des citoyens qui étaient absents ou qui pourraient s'absenter, sans avoir pris la précaution de se faire représenter convenablement par une personne chargée par eux de faire leur service.

Bientôt après le comité chargé de l'organisation de la garde nationale parisienne présenta un projet de réglement aux représentants de la commune, qui le renvoyèrent à la sanction des districts. A la cocarde rouge et bleue, qui était devenue celle de l'insurrection, après avoir été celle de Paris, on ajouta l'ancienne couleur blanche : dès ce moment on eut la cocarde tricolore. En présentant cette cocarde à la commune de Paris en même temps que l'organisasion de la garde nationale, M. de La Fayette prononça ces paroles : « Je vous apporte, Messieurs, une cocarde qui fera le tour du monde, et une institution tout à la fois civique et militaire qui changera le système de la tactique européenne, et réduira les gouvernements absolus à l'alternative d'être battus s'ils ne l'imitent pas, et d'être renversés s'ils osent l'imiter (1). » Les districts, après avoir examiné le projet de réglement qui leur était proposé, l'acceptèrent tous provisoirement. L'exécution en fut en conséquence ordonnée. Ainsi la garde nationale parisienne, qui s'était en quelque sorte formée spontanément et par la nécessité des circonstances, se donna elle-même des lois : car les citoyens qui délibéraient dans les districts

(1) Mémoires de Bailly, t. 2, p. 194.

comme législateurs de la commune, étaient les mêmes qui en devenaient ensuite les défenseurs sous le nom de gardes nationaux.

La garde nationale parisienne fut d'abord composée d'un état-major général et de sept divisions dont six d'infanterie et une de cavalerie. Bientôt elle eut cent quarante pièces d'artillerie.

Chaque division fut composée de dix bataillons, d'une compagnie de grenadiers et d'une compagnie de chasseurs soldés. Chaque bataillon portait le nom d'un district ou d'une section de la ville, et il se composait de cinq compagnies de fusiliers d'environ cent hommes chacune. Une de ces compagnies était soldée et était dite compagnie du centre. Il y avait en outre une autre compagnie soldée destinée à donner main-forte à la police des halles. Chaque bataillon avait un drapeau, et chaque compagnie une flamme.

Le commandant général était élu par l'assemblée des représentants de la commune; les officiers de l'état-major général et les majors de division étaient élus par la municipalité, sur la présentation du commandant général; les chefs de division et chirurgiens-majors par les dix districts ou sections de la division réunis, chaque district ayant trois représentants; les commandants de bataillon, capitaines-aides-majors par la commune de chaque district à la pluralité des voix; les sous-officiers, les grenadiers et chasseurs volontaires par les fusiliers.

La cavalerie formait une division composée d'un état-major et de huit compagnies soldées de cent hommes chacune : chaque compagnie était composée d'un capitaine, d'un lieutenant, d'un sous-lieutenant, d'un maréchal-de-logis-porte-étendard, de quatre maréchaux-de-logis, de quatre brigadiers, de quatre sous-brigadiers, de quatre-vingt-trois maîtres et d'un trompette.

La municipalité nommait l'état-major sur la présentation du commandant général. Les remplacements des capitaines se faisaient par tour d'ancienneté, de manière que le plus ancien lieutenant était le premier à devenir capitaine, et le plus ancien sous-lieutenant le remplaçait; le remplacement des sous-lieutenants était à la nomination de la municipalité.

L'uniforme était tel à peu près qu'il existait encore à la chute du gouvernement impérial (1).

(1) La commune de Paris se donna une organisation civile peu de jours après qu'elle se fut donné une organisation mili-

8

L'exécution de ce réglement fut ordonnée le 7 août. Le 20 l'assemblée des représentants de la commune détermina le serment des gardes nationaux. Ce serment consistait à jurer fidélité à la nation, à la loi, au roi et à la commune. Il fut prêté peu de jours après qu'il eut été ordonné. Dès ce moment, le service de la garde nationale fut régulier; mais dès ce moment aussi elle fut attaquée par les hommes qui voulaient empêcher par des troubles l'établissement de la liberté. Voici ce que Bailly écrivait le premier octobre, cinq jours avant que la garde nationale détournât du sein de Louis XVI et des membres de sa famille les poignards d'une bande de brigands.

On parle aujourd'hui d'une caricature intitulée : *Le patrouillotisme chassant le patriotisme du Palais-Royal;* on y voit des patrouilles dans le jardin, les soldats un bandeau sur les yeux, se promenant à tatons, la baïonnette en avant; ils ont à leur tête des espèces de monstres coiffés de mitres et chargés de cordons et de croix, un de ces chefs tient l'épée nue sur la poitrine à un bourgeois

taire. La liberté de la presse se trouva établie de plein droit, sans discussion et même sans déclaration. On ne comprenait pas encore les libertés octroyées.

d'une figure honnête et un peu triste, qui a dans sa main un pamphlet sur lequel est écrit : *constitution*, *liberté*. On voit le but de cette caricature qui montrait la garde nationale vendue à l'aristocratie des prêtres et des nobles. On voulait l'empêcher d'agir en armant le peuple de défiance contre elle : on voulait enchaîner la force armée, au moment où l'on allait tenter une insurrection (1).

Le réglement portant organisation de la garde nationale parisienne ayant été accepté par les citoyens, les représentants de la commune s'occupèrent des dépenses que cette garde occasionait au commandant général. Par un arrêté du 2 octobre, ils lui accordèrent un traitement de cent vingt mille francs ; et considérant les dépenses énormes et forcées que les circonstances l'avaient mis dans la nécessité de faire, et qui étaient inséparables d'un premier établissement, ils lui offrirent, au nom de la commune, une somme de cent mille francs à titre d'indemnité. Cet arrêté lui fut porté par une députation.

Le commandant général, après avoir témoigné sa reconnaissance de la députation qui lui

(1) Mémoires de Bailly, *t.* 2, p. 403.

8.

avait été envoyée, répondit que le traitement
du commandant général à cent vingt mille livres
lui paraissait beaucoup trop fort, non-seulement
en lui-même et dans son rapport avec les circonstances, mais aussi par l'obligation qu'il impose pour les appointements de la mairie dont la
supériorité doit être marquée sans cesse par une
représentation plus considérable. Il ajouta que,
dans ce moment de trouble, la dépense du commandant général était difficile à régler, et que
le délai qu'il sollicitait était d'accord avec sa situation personnelle; que si elle exigeait un secours
pécuniaire, il le leur aurait demandé, et qu'il
les suppliait de croire qu'il ne mettait pas plus
d'importance à le refuser qu'à le recevoir; mais
que dans un moment où tant de gens souffraient,
et où tant de dépenses étaient nécessaires, il lui
répugnait de les augmenter inutilement; que sa
fortune suffisait à l'état qu'il tenait, et que son
temps ne suffisait pas à plus de représentation.
D'après ces motifs, disait-il, en terminant sa
lettre, je me borne à souhaiter que les cent mille
livres ajoutées pour cette année aux quarante
mille écus contribuent au soulagement de ceux
qui ont le plus souffert pour la patrie, et je vous

conjure d'approuver la résolution où je suis de renvoyer à une autre époque ma proposition sur la solde du commandant général.

Il peut nous paraître aujourd'hui extraordinaire qu'une grande commune qui, depuis des siécles, était soumise à un régime arbitraire, se donne elle-même et sans autorisation une organisation militaire, et qu'elle reprenne les pouvoirs que la plupart des communes exercèrent au moyen âge après leur affranchissement ; mais, en 1789, cela paraissait si naturel et si simple que personne n'en était surpris, et que les hommes les plus dévoués à la monarchie ne songeaient pas à le trouver mauvais ; dans les écrits du temps, on ne rencontre pas une seule observation, pas une pensée qui ait pour objet de blâmer cette manière de procéder ; le roi lui-même, loin d'improuver que la garde nationale s'organisât elle-même, lui fit distribuer six mille fusils dix jours après qu'elle se fut donné une organisation militaire. La liberté de la presse se trouva établie de plein droit, et chacun en usa comme il jugea convenable. Les représentants de la commune pensèrent qu'on n'avait pas plus besoin d'une autorisation pour user de la faculté d'écrire, d'impri-

mer et de publier ses opinions, que pour user
de la faculté de penser et de parler.

Depuis le jour où elle fut organisée, jusqu'au
commencement d'octobre, la garde nationale parisienne ne prit part à aucun événement remarquable ; son service se borna à maintenir l'ordre
public déjà menacé par des agitateurs, et à prévenir quelques mouvements populaires. Mais, dans
les journées des 5 et 6 octobre, elle eut à remplir des devoirs de la plus haute importance. La
part qu'elle prit aux événements d'alors a fait époque dans l'histoire. Il faut, pour bien les comprendre, rappeler les circonstances diverses qui
les amenèrent.

L'assemblée nationale avait déclaré la France
une monarchie héréditaire, de mâle en mâle et par
ordre de primogéniture dans la famille des Bourbons. Elle avait déclaré la personne du roi inviolable. Dans la célèbre nuit du 4 août, elle avait
détruit presque tous les restes du régime féodal;
elle avait fait cesser les usurpations des corps,
détruit les inégalités qui régnaient entre les provinces, réintégré le peuple dans l'exercice des
droits dont il avait été dépouillé par les classes
privilégiées, réglé le mode de réprésentation na-

tionale, et fixé l'autorité de chacune des deux branches dont le pouvoir législatif était composé. Le gouvernement ne niait point les principes qu'avait proclamés l'assemblée, mais il en craignait les conséquences ; il hésitait à les adopter, et son hésitation inspirait de la méfiance au parti populaire. Les jacobins n'existant point encore comme faction organisée, le peuple ne voyait de contraire à ses intérêts que les hommes qui vivaient des abus du pouvoir absolu, et qu'on nommait les aristocrates. Les hommes qui étaient attachés à la cause populaire observaient donc tous les mouvements de ce parti, le seul qui leur inspirât des craintes. Il existait déjà une faction qui agissait dans l'ombre, qui ne considérait la liberté que comme un objet secondaire, qui considérait la famille régnante comme un obstacle à ses desseins, et qui tenait à sa solde un certain nombre de malfaiteurs qu'on voit se mêler à tous les mouvements populaires.

Les craintes que les événements du 14 juillet avaient inspirées aux hommes qui vivaient d'abus, et que nous pouvons désigner le parti contre-révolutionnaire, s'étaient déjà dissipées. Ce parti se persuadait que, s'il n'avait pas réussi à étouffer

la révolution dès son origine, sa maladresse en
avait été la seule cause. Il ne se doutait pas que
si on avait mieux choisi les troupes destinées à
cette expédition, si on les avait laissées moins
longtemps exposées aux séductions de Paris, si
on les avait mises plus en contact avec la cour,
elles n'eussent aveuglement exécuté tous les ordres
qui leur auraient été donnés. Pour prévenir leur
désertion ou leur insubordination, il aurait fallu,
disaient les gens de ce parti, les placer dans une
province frontière, dans des villes de guerre,
dans des lieux enfin où l'exemple et la discipline
militaire n'auraient pas même permis aux citoyens
de concevoir l'idée de débaucher les troupes ; c'est
là que le roi, maître de son armée, aurait été
maître de tout. Afin de réparer les fautes qu'on
s'imaginait avoir commises, il ne s'agissait donc
que d'entraîner Louis XVI dans une place de
guerre, et de lui donner ainsi le moyen de commander aux rebelles.

Partant de ces raisonnements, d'anciens privilégiés résolurent de réunir autour du roi une force
militaire capable de lui rendre les avantages qu'il
avait perdus au 14 juillet; et comme l'expérience
leur avait appris à ne pas se fier aveuglément

à la fortune, ils se flattaient qu'en cas d'échec
dans cette nouvelle entreprise, ils seraient du
moins assez forts pour enlever le roi de Versailles
et le conduire à l'une des places des frontières.
Là ils comptaient appeler auprès de lui tout ce
qu'ils pourraient rassembler de troupes de ligne
et de gentilshommes disposés à soutenir leur entreprise. On va voir le moyen qu'ils prirent pour
l'exécution de ce plan.

Depuis l'éloignement des troupes qu'on avait
rassemblées autour de Versailles et de Paris, le
roi avait conservé pour sa garde une partie des
gardes-françaises. Ces soldats lui avaient été laissés
sur la demande qu'il en avait faite au commandant général de la garde nationale parisienne, et
ils étaient ensuite retournés à Paris également sur
sa demande. En revenant dans la capitale, ces
gardes-françaises furent remplacées par les gardes
nationales de Versailles. Le régiment des gardes-
suisses faisait son service accoutumé. Les gardes-
du-corps, qui avaient d'abord mécontenté la cour
en manifestant l'intention de s'adresser à l'assemblée nationale pour obtenir le redressement de
quelques prétendus griefs, étaient rentrés en faveur. Les quatre compagnies servaient par *guet*.

c'est-à-dire, que, tous les trois mois, elles fournissaient chacune le quart des hommes dont elle était composée, et les quatre détachements se réunissaient à Versailles, et y faisaient le service de la cour, sous l'un des quatre capitaines. A l'arrivée du *guet* d'octobre, celui de juillet n'avait pas été renvoyé, de sorte qu'à cette époque la garde à cheval se trouvait double.

Il y avait à Versailles, outre ces gardes et le régiment des Suisses, un petit renfort de cavalerie dans un escadron de chasseurs nouvellement arrivé; mais ces forces étaient insuffisantes pour former une seconde tentative. On songea donc à faire venir deux nouveaux bataillons, et ce fut au régiment de Flandre qu'on donna la préférence. Afin de colorer cette mesure, on assembla, en grand mystère, les officiers municipaux et les officiers de la garde nationale de Versailles, et on leur communiqua des lettres de Bailly et de La Fayette, desquelles il résultait qu'il régnait de la fermentation dans Paris. L'air d'appareil et le ton mystérieux de cette communication lui donnèrent une importance qu'elle ne méritait pas; car le maire et le commandant de la garde nationale de Paris ne faisaient aucun secret de leur correspondance.

et tous les deux avaient soin de tenir journelle-
ment les ministres au courant de ce qui se passait
à Paris. Cependant on recommanda un secret inviolable aux officiers auxquels on venait de communiquer ces lettres, de peur, disait-on, de
compromettre le commandant de la garde nationale parisienne. On obtint ainsi le consentement
de la municipalité de Versailles et des officiers de
la garde nationale de faire venir le régiment de
Flandre ; on réussit même à leur faire solliciter
cette mesure. Il ne fut pas difficile alors d'obtenir
le consentement de l'assemblée nationale, à qui
ces arrangements importaient fort peu. Le maire
et le commandant général de la garde nationale
parisienne furent instruits de l'usage qu'on avait
fait de leurs lettres, mais quoiqu'ils ne l'approu-
vassent pas, ils ne s'en plaignirent point.

Ce premier pas étant fait, il fut question d'en
faire un second ; il fallut mettre de l'harmonie
entre ces différentes troupes qui ne se connaissaient pas, et leur donner un esprit commun, afin
de les faire marcher ensemble vers le même but.
On n'aimait pas la garde nationale de Versailles,
et on paraissait ne pas la craindre ; cependant,
comme elle aurait pu être un obstacle, on pensa

qu'il pouvait être utile de la gagner. Il fut résolu
que les gardes-du-corps donneraient un grand repas à tous les officiers de cette garde, à ceux du
régiment de Flandre et à ceux des chasseurs. La
fête fut superbe ; rien de ce qui pouvait exalter
les têtes ne fut épargné : tous les vins y furent
prodigués ; la musique joua les airs de théâtre
les plus propres à enflammer les esprits en faveur
de la cause royale ; on reproduisit enfin une fête
analogue à celle que Mirabeau avait publiquement
dénoncée la veille de la prise de la Bastille. Au
moment où les convives étaient le plus animés,
ceux qui avaient fait préparer cette fête y conduisirent le roi, la reine et leurs enfants. La
bruyante joie devint alors du délire : il n'y eut
plus de réserve dans les propos contre l'assemblée
nationale : la cocarde tricolore que le roi avait
prise et qu'il n'avait jamais quittée, fut foulée
aux pieds en sa présence. Le lendemain des officiers des gardes nationales de Paris et de Versailles reçurent des propositions directes de s'associer au complot dont le dîner de la veille leur
avait révélé l'existence (1).

Ces propositions et les scènes qui les avaient

(1) A son retour de son ambassade de Russie, M. de Ségur

précédées furent divulguées ; on en parla à la
tribune et dans les journaux, et dès ce moment, il ne fut plus question que des projets
qu'on attribuait à la cour. En même temps
on vit paraître à Paris une multitude de gens
portant des cocardes noires, et les femmes de la
cour distribuèrent des cocardes blanches dans la
grande galerie qui séparait l'appartement du roi
de celui de la reine. Des dénonciations multipliées
et secrètes avertirent la municipalité de Paris

s'arrêta à Vienne. Dans une conférence qu'il eut avec l'empereur, il lui demanda s'il ne daignerait pas le charger d'une
lettre pour la reine de France, sa sœur. L'empereur refusa de
lui en donner une, dans la crainte de le compromettre s'il était
arrêté. « Si vous croyez que votre lettre courrait risque d'être
compromise, reprit M. de Ségur, ne pouvez-vous, au moins,
faire parvenir verbalement, par moi, au roi et à la reine, ce que
vous jugerez utile pour eux dans de si graves circonstances ? »
　« Eh ! quels conseils, répliqua l'empereur avec un peu de
brusquerie, quels conseils voulez-vous que je leur donne,
lorsque je les vois entourés de gens qui leur persuadent qu'a-
vec un régiment, une compagnie de gardes-du-corps, quelques
acclamations, et des cocardes arborées au milieu d'une orgie,
on peut arrêter et anéantir une révolution ? Je les plains ; mais
je ne pourrais leur indiquer, de si loin, d'autre moyen pour
se tirer d'un si mauvais pas, que beaucoup de prudence et de
fermeté : s'ils en ont, tout s'arrangera peut-être ; s'ils en manquent, je n'ai rien à leur dire. »
　Mémoires ou Souvenirs et Anecdotes, par le comte de Ségur, t. 3, p. 555 et 556.

qu'on se proposait d'entraîner les gardes-françaises et une partie de la garde nationale, de
mêler avec eux le plus grand nombre possible
d'habitants des faubourgs, de *mettre en déroute*
l'assemblée nationale, et si l'on n'y réussissait pas,
d'inspirer des alarmes au roi et de le conduire à
Metz.

Les circonstances étaient favorables pour amener la classe ouvrière à Versailles, et pour la tourner contre l'assemblée nationale. Depuis le mois de
juin 1789, les habitants de Paris souffraient d'une
disette de grains. L'assemblée nationale en formant un *comité de subsistances*, et en s'emparant
ainsi d'une partie des attributions du pouvoir exécutif, avait naturellement assumé sur elle la responsabilité qu'entraîne l'exercice de cette autorité,
et fourni aux ministres un prétexte pour l'accuser
d'avoir mis des entraves à l'exercice de leurs fonctions. D'un autre côté, une longue soumission au
pouvoir absolu ayant habitué le peuple à chercher
des ressources, en cas de détresse, non en lui-
même puisqu'il n'avait pas la disposition de ses
moyens, mais dans le gouvernement qui disposait
de tout, il était naturel que dans sa misère la population ouvrière de Paris tournât les yeux vers

une assemblée qui lui semblait avoir pris la place
du pouvoir royal. Il suffisait d'un mot pour entraîner à Versailles une nombreuse population, et
ce mot fut prononcé.

La faim et le bruit des complots qu'on supposait se tramer à Versailles agitaient violemment
les esprits ; dans la journée du 4 octobre, des rassemblements avaient commencé à se former dans
l'intérieur de Paris ; mais de nombreuses patrouilles
de la garde nationale étaient parvenu à les dissiper.
Le lendemain, le pain manquant chez les boulangers, des rassemblements plus nombreux se formèrent dès le matin ; des femmes coururent à l'Hôtel-
de-Ville pour se plaindre aux représentants de la
commune. Ces représentants n'étaient pas encore
arrivés ; mais un bataillon de garde nationale était
placé devant l'Hôtel-de-Ville pour en empêcher l'invasion. Le chevalier d'Hermigny, commandant de
ce bataillon, ne trouva pas de meilleur moyen de
prévenir toute espèce de violence, que d'engager
ces femmes de se joindre à lui contre des hommes
armés qui arrivaient, et de défendre elles-mêmes
l'Hôtel-de-Ville. Elles acceptèrent cette mission et
s'en acquittèrent avec fermeté ; plusieurs se placèrent sur le perron de l'Hôtel-de-Ville, laissèrent en-

trer les personnes de leur sexe, mais repoussèrent
avec fermeté une multitude d'hommes armés de
piques et de bâtons, qui voulaient s'y introduire.

Une porte de l'Hôtel-de-Ville, qu'on n'avait sans
doute pas songé à garder, parce qu'elle était fer-
mée, est enfoncée ; dès ce moment la défense de
l'autre devient inutile. Des brigands se précipitent
dans l'intérieur de l'Hôtel, armés de bâtons , de
piques et de torches ardentes. Les portes de la
salle où les armes étaient déposées sont enfoncées et les armes pillées. La caisse qui renferme
le trésor de la ville est brisée ; des billets pour une
somme de cent mille francs sont enlevés. Des torches
enflammées sont promenées dans les salles par les
brigands qui veulent incendier l'Hôtel. Un homme
de la classe ouvrière s'attache à eux, leur arrache
les torches et les éteint. Des femmes irritées contre
l'abbé Lefebvre, qui refuse de leur livrer des armes
et de la poudre, prennent une corde et le pendent.
D'autres se précipitent sur elles , les repoussent,
coupent la corde ; l'abbé tombe, se relève et reprend
ses fonctions. Pendant cet effroyable tumulte,
le son lugubre du tocsin appelle la population aux
armes, et porte la terreur dans les ames. Le major
général , M. de Gouvion, secondé d'un administra-

teur et de la garde nationale, parvient cependant à arrêter le désordre et à sauver du pillage le trésor de la ville. Alors, se fait entendre le cri : à *Versailles !* et la multitude répète : à Versailles, à Versailles (1)!

La tendance générale de la population était de se rendre dans cette ville; mais tout le monde ne voulait pas s'y porter par les mêmes motifs. Les femmes qui, les premières, s'étaient rendues à l'Hôtel-de-Ville, se proposaient d'aller exposer leur misère à l'assemblée nationale. La plupart des gardes nationaux voulaient être rassurés contre les complots dont on ne faisait plus un mystère ; ils voulaient mettre la représentation nationale à l'abri des attentats dont ils la croyaient menacée. Quant aux brigands que nous venons de voir apparaître, on a supposé qu'ils étaient mus par un sentiment qui ne leur était point personnel.

---

(1) Environ cent mille francs en billets avaient disparu au moment où les portes du trésor avaient été enfoncées ; mais cette somme fut rapportée deux jours après par un homme qui l'avait enlevée pour la soustraire au pillage. On offrit des récompenses à Charles Monnoyer, qui avait sauvé de l'incendie l'Hôtel-de-Ville et peut-être aussi une partie considérable de Paris. Il ne voulut accepter pour toute récompense qu'une place de garde de la ville.

9

On les a considérés comme les instruments d'une faction dont la liberté était loin d'être le principal objet, et qui ne manquait jamais l'occasion d'attaquer la famille royale.

Dès que le mot *à Versailles* est prononcé, un homme nommé Maillard, qui s'était déjà signalé à la prise de la Bastille, se présente pour y conduire les femmes qui demandent du pain ; il prend un tambour et marche à leur tête. Un grand nombre d'entre elles sont armées de bâtons, de manches à balai, de fusils ou d'autres armes. Arrivées aux Champs-Élysées, Maillard leur fait une harangue ; il leur fait entendre qu'il leur convient de se présenter comme des suppliantes et non comme des furies ; et elles jettent leurs armes. Tandis que ce rassemblement se porte à Versailles, d'autres plus nombreux et surtout plus redoutables se forment dans divers quartiers de Paris, sur la place de l'Hôtel-de-Ville, dans le faubourg Saint-Antoine, et dans d'autres lieux, et tous veulent aller à Versailles.

Le commandant général de la garde nationale va prendre les ordres de la commune, et ces ordres, conformes en tout point à son opinion, sont qu'il retienne la garde nationale à Paris, et qu'il

l'emploie à arrêter le mouvement qui vient d'éclater, autant du moins qu'il en aura la puissance.
Du moment que la multitude avait manifesté l'intention de se rendre à Versailles, la commune avait
expédié des courriers pour en porter la nouvelle à
l'assemblée nationale et à la cour. Les gardes nationaux de cette ville, les gardes-du-corps, le régiment suisse et le régiment de Flandre étaient une
force plus que suffisante pour maintenir dans
l'ordre une multitude de femmes qui allaient exposer leur misère, du moment surtout qu'on était
prévenu de leur arrivée. Le commandant général
de la garde nationale parisienne résista donc à
toutes les instances qui lui furent faites, tantôt par
les hommes de sa propre garde, et tantôt par la
multitude insurgée. Le sentiment qui entraînait
à Versailles une grande partie de la population de
Paris était la crainte des attentats auxquels on
supposait l'assemblée nationale exposée de la part
de l'aristocratie, et la crainte de l'enlèvement du
roi. Ces craintes avaient été produites par les scènes
du repas des gardes-du-corps, par les distributions
publiques de cocardes noires ou blanches, et surtout par les jactances de quelques insensés. Mais
comme le général La Fayette ne voyait dans ces

.9

actes que la manifestation d'une dangereuse folie,
il n'éprouvait pas le même genre de crainte que le
public; et parce que les projets des courtisants ou
de quelques gentilshommes ne lui inspiraient aucune crainte pour la représentation nationale, on
supposait qu'il refusait d'y croire : le grenadier
Mercier, devenu depuis colonel dans l'armée de
ligne, lui criait : « Général, vous ne nous trompez
pas, mais on vous trompe. »

Le commandant général de la garde nationale
avait déjà lutté pendant huit heures contre le vœu
de sa propre garde et contre les vociférations de la
foule qui voulait courir au secours des représentants de la nation, lorsqu'on vient lui apprendre,
sur la place de l'Hôtel-de-ville, qu'une multitude
d'hommes et de femmes armés et traînant à leur
suite quelques pièces de canon, sont sortis de
Paris par des routes détournées, et se sont rendus
à Versailles. Dès ce moment, il n'hésite plus ; il fait
prévenir les magistrats ; il donne des ordres et
distribue des troupes pour la sûreté de Paris pendant son absence ; il prend des mesures pour procurer à ses troupes les subsistances dont elles auront besoin ; il demande un ordre à la commune
et au maire ; il se fait donner deux commissaires

civils pour être à la tête de sa colonne, et part au bruit des applaudissements universels. Avant que d'entrer à Versailles; il fait faire halte : la garde nationale renouvelle le serment de fidélité à la nation, à la loi et au roi, et il arrive à onze heures du soir et par une pluie battante.

Au moment de l'arrivée de la garde nationale parisienne à Versailles, la partie de l'attroupement que la faim dirigeait s'était déjà portée à l'assemblée nationale pour lui demander du pain. Les individus qui s'étaient joints à la multitude dans des vues criminelles, s'étaient dirigés vers le château. L'entrée leur en avait été refusée. Les gardes-du-corps s'étaient mis en ordre de bataille sur la place d'armes; une rixe s'était élévée; on avait répondu à des coups de plat de sabre par quelques coups de fusil; un des insurgés avait été blessé; un garde-du-corps avait eu un bras cassé d'un coup de feu; mais là s'étaient arrêtés les désordres. Ils étaient apaisés à l'arrivée de la garde nationale parisienne.

Avant que de faire avancer la garde nationale, son commandant va offrir ses respects au président de l'assemblée, et prendre les ordres de Louis XVI. Le roi, après avoir entendu le commandant et le rapport des deux commissaires, ordonne au premier d'occuper seulement les postes extérieurs des anciennes gardes-françaises. Ces postes sont en effet occupés par la garde nationale ; un bataillon de cette garde est placé devant l'hôtel des gardes-du-corps ; de nombreuses patrouilles sont ordonnées dans la ville et dans les cours. Enfin, l'ordre paraît si bien établi que la plupart des officiers des gardes-du-corps abandonnent le château, se répandent dans la ville, et vont se coucher. Quatre cents gardes à cheval qu'on aurait pu employer à faire des patrouilles sont envoyés à Rambouillet à deux heures du matin. Du reste, toutes les troupes employées au château, les gardes-du-corps, les Suisses et quatre cents gardes à cheval conservent leurs postes et restent sous les ordres de leurs chefs accoutumés. La porte de la chambre du roi est même refusée au commandant de la garde nationale ; mais il resta long-temps chez M. de Montmorin, cour des ministres, pour être à portée de ses grenadiers. Enfin, à cinq heures du matin, il va à l'hôtel de Noailles, très-voisin du château où l'état-major reçoit ses rapports. Il prend quelque nourriture, et se dispose à se livrer au repos que près de vingt-quatre heures de fatigues lui ont rendu nécessaire, lorsque tout-à-coup un officier de ronde vient lui annoncer qu'une bande de brigands ont fait une irruption soudaine dans l'intérieur du château.

Les brigands qui étaient arrivés la veille, confondus dans la foule, s'étaient cachés pendant la nuit dans les bosquets du jardin. Au point du jour, à l'instant où les chefs de la force armée commencent à se reposer des fatigues de la nuit, ils se précipitent par le côté dont la garde a été refusée aux troupes parisiennes, et vers une grille que des individus ont laissée ouverte ; ils poignardent les deux premiers gardes-du-corps qui se rencontrent sur leur passage; ils montent un escalier que personne ne défend ; ils se dirigent droit vers l'appartement de la reine, dont ils paraissent connaître parfaitement le chemin ; ils sont arrêtés par deux autres gardes-du-corps, qui défendent le terrain avec courage ; cependant, ils avancent toujours, se précipitent dans la chambre et vont droit au lit; mais la reine, avertie par les cris de ses gardes, s'est sauvée épouvantée auprès de son mari; ils veulent la poursuivre et pénétrer dans la chambre du roi ; là, d'autres gardes-du-corps leur en disputent le passage. Avertie par le tumulte, la garde nationale parisienne accourt; les premiers qui arrivent sont les gardes-françaises commandées par leur sergent Hoche, devenu plus tard un de nos plus grands généraux : les brigands se sauvent et se confondent dans la foule d'où ils sont sortis, et pas un seul n'est arrêté (1).

Cependant le général La Fayette est déjà à cheval; il se met à la tête de la garde nationale parisienne, et se précipite dans la mêlée. Il dégage dix-sept ou dix-huit gardes-du-corps qui allaient être égorgés, ordonne à sa troupe de courir au château, et demeure presque seul au milieu d'une foule armée de piques, de croissants et de faux, dans laquelle les brigands se sont dispersés. Un d'eux s'avance vers lui, le désigne comme un traître, et excite le peuple à le massacrer. Le général ordonne qu'on lui amène cet homme; à l'instant d'autres le saisissent, le font mettre à genoux,

(1) On trouva un homme de la classe ouvrière qui avait été tué d'un coup de fusil, au point du jour, près le château, sans qu'on ait su par qui, ni pourquoi. On supposa que c'était un garde-du-corps qui l'avait tué, et ce fut une des principales causes qui firent courir la population aux armes.

et le forcent à demander pardon en lui frappant la tête contre le pavé.

En arrivant au château, le général en trouve les appartements occupés par des gardes nationaux, et sur son ordre les grenadiers qui environnent le roi jurent de périr pour lui jusqu'au dernier. Pendant ce temps, d'autres gardes nationaux arrivent et bordent les cours ; enfin, le péril se dissipe. Les gardes-du-corps, que la garde nationale vient de sauver, font retentir les airs du nom de son général ; la cour tout entière reconnaît qu'elle leur doit la vie. Madame Adélaïde, tante du roi, accourt, serre M. de La Fayette dans ses bras et lui dit : «Général, je vous dois plus que la « vie ; vous avez sauvé mon neveu. »

En partant de Paris, la garde nationale n'était agitée que par la crainte des attentats qui se méditaient, disait-on, contre l'assemblée nationale, par la crainte de voir le roi enlevé et conduit à Metz, et par le ressentiment de l'outrage qu'elle croyait avoir reçu dans le repas donné par les gardes-du-corps. La cocarde qu'ils portaient tous, et que le roi lui-même avait acceptée, avait été foulée aux pieds, du moins les journaux l'assuraient; une autre cocarde, signe de la contre-révolution, avait été distribuée et portée publiquement, et ces offenses de la part des gardes-du-corps avaient profondément blessé les vainqueurs de la Bastille. Cependant, la garde nationale parisienne arrive à Versailles, et avant que d'entrer dans la ville, elle fait serment d'être fidèle à la nation, à la loi et au roi ; on lui ordonne de faire des patrouilles pour la sûreté de la cour, et elle obéit ; on lui ordonne de garder un poste extérieur du château, et elle le garde avec une active vigilance ; on place un de ses bataillons devant l'hôtel des gardes-du-corps pour les garantir des fureurs de la multitude, et ce bataillon veille à leur sûreté ; enfin, une troupe de brigands pénètrent dans l'intérieur du château, égorgent les deux premiers gardes-du-corps qui s'opposent à leur passage, et vont immoler tous les autres pour arriver jusqu'à la famille royale ; le bruit de cet attentat se fait entendre à l'extérieur, et aussitôt la garde nationale tout entière arrive, disperse les brigands, et sauve la cour et les gardes-du-corps. Et dans tout ce mouvement, pas une plainte, pas un reproche ne se fait entendre ; tous les outrages sont oubliés ! L'amour de la liberté qui a mis les armes dans les mains de tant de citoyens, a élevé toutes les ames ; il n'est pas un homme qui ne se crût avili, s'il laissait apercevoir les indices d'un sentiment qui ne serait pas généreux.

La cour n'ignorait point quels étaient les sentiments qui avaient entraîné à Versailles la plus grande partie de la population parisienne ; elle savait qu'on craignait que le roi ne fût enlevé, et qu'un attentat ne fût commis contre la représentation nationale. Elle savait de plus qu'on avait un vif désir de voir la cour établie à Paris, et que la tranquillité publique ne serait pas assurée aussi long-temps que ce désir ne serait pas satisfait ; il fallut donc mettre en délibération si le roi se rendrait au vœu du peuple. Le conseil fut assemblé à cet effet ; mais le commandant général de la garde nationale parisienne refusa d'y paraître, afin que l'opinion du chef d'une force armée n'eût aucune influence sur la résolution qui serait prise. Le voyage fut résolu et annoncé au public, qui reçut cette nouvelle avec joie.

Avant le départ, mais après que la nouvelle en eut été rendue publique, on détermina le roi à se présenter sur le balcon du château. Il fut reçu par une multitude immense aux cris de *vive le roi !* La reine se trouvait dans une position plus difficile ;

elle ne possédait point l'art de cacher les sentiments que lui inspirait la révolution; elle avait des
ennemis particuliers et puissants ; enfin, c'était
principalement à elle qu'on avait attribué les projets manifestés dans le repas donné par les gardes-
du-corps; quel que fût le parti qu'elle prît de rester
à Versailles ou d'aller à Paris, elle pouvait être exposée à des attentats semblables à celui auquel elle
venait d'échapper. Le commandant général de la
garde nationale parisienne fut touché de sa position, et lui demanda respectueusement et en hé-
sitant quel était le dessein qu'elle avait formée. Elle
répondit qu'elle suivrait son mari à Paris. M. de
La Fayette lui ayant demandé si sa résolution était
bien prise, elle répliqua, avec autant de dignité
que de courage, qu'elle était résolue à mourir à
côté de son mari et de ses enfants. Alors le général
l'invita à se montrer sur le balcon et à lui permettre de l'y accompagner ; elle hésita d'abord,
mais bientôt elle y consentit. M. de La Fayette aurait voulu parler au public ; mais, ne pouvant s'en
faire entendre, il prit avec respect la main de la
reine et la baisa. Aussitôt le cri unanime de *vive
la reine! vive La Fayette!* se fit entendre. Alors le
roi, qui les avait suivis avec sollicitude, s'appro-

cha du balcon, et dit : « Ne ferez-vous rien pour mes gardes? — Faites en venir un, répondit le général. » Il ôta la cocarde de son chapeau, la plaça sur celui du garde-du-corps qu'on lui avait amené, et l'embrassa. Cette scène fut accueillie par de vives acclamations : le peuple cria *vivent les gardes-du-corps!* comme il avait crié vive la reine, et la réconciliation fut opérée (1).

La municipalité de Versailles n'avait pu prendre aucune mesure pour assurer la subsistance de

---

(1). Les brigands qui étaient allés à Versailles dans le dessein de massacrer la famille royale, étaient retournés à Paris immédiatement après avoir manqué leur coup. On a écrit que les têtes des deux gardes-du-corps qui avaient été tués furent portées devant la voiture du roi : c'est une erreur ou un mensonge. Pendant que la garde nationale parisienne ne songeait qu'à sauver les autres gardes-du-corps et surtout la famille royale, les brigands qui avaient commis ces deux meurtres trouvèrent le moyen de s'échapper avec les infames trophées de leurs crimes. Ils étaient arrivés au Palais-Royal, et l'autorité publique les avait fait disparaître avant même que le roi fût parti de Versailles.

La procédure faite pour découvrir les auteurs de cet attentat n'amena aucune découverte. Une femme, nommé Teroigne de Méricourt, fut décretée de prise de corps; mais elle ne put être arrêtée. Elle se retira dans les Pays-Bas, et fut prise par les Autrichiens, qui l'envoyèrent à Vienne, où elle fut admise à un entretien avec l'empereur Léopold. Elle reparut tout-à-coup, au 10 août, à l'attaque du château des Tuileries.

cette immense multitude de peuple qui s'y était portée; cependant, quoiqu'elle y eût passé plus de vingt-quatre heures sans aliments, aucun désordre n'y fut commis pour s'y procurer des subsistances. Il était difficile de ramener sans trouble une population d'environ soixante mille personnes. Le commandant général fit partir d'abord la foule qui était arrivée la veille; la garde nationale venait ensuite, et enfin la cour, entourée des chefs de cette garde, arrivait la dernière. La marche fut lente et souvent embarrassée, mais aucun accident ne la troubla. La population qui formait l'avant-garde présentait un spectacle qui n'était pas moins étrange que celui que nous avons vu à la première entrée du roi : des femmes montées sur des affûts de canon, d'autres placées sur des chariots couverts de feuillage, d'autres marchant fièrement à pied avec leurs armes en bandouillère, et parmi elles des Cent-Suisses, des gardes-du-corps et des soldats du régiment de Flandre. Le roi fut reçu aux barrières par le maire de la commune et accompagné par lui jusqu'à l'Hôtel-de-Ville. De là, il alla prendre possession du château des Tuileries. Deux jours après, il écrivit à l'assemblée nationale pour lui faire part de la ré- ..

solution qu'il avait prise de fixer sa résidence à Paris, et pour l'inviter à s'y transporter elle-même. Elle s'y transporta en effet bientôt après, et Paris devint ainsi le siége du gouvernement (1).

Depuis le moment de l'insurrection, la garde nationale parisienne avait été chargée presque exclusivement de la police de Paris; elle avait été souvent obligée de faire des arrestations, et ces arrestations avaient depuis long-temps fait naître des scrupules dans l'esprit du commandant général. La justice ne s'administrait encore que dans le secret; les accusés ne pouvaient pas avoir de défenseurs, et les juges n'inspiraient pas une entière confiance. Convenait-il à une milice formée pour le maintien de la liberté, de livrer des citoyens à des tribunaux aussi mal constitués, à une justice qui présentait si peu de certitude? Déjà dès le mois de septembre, le commandant général avait soumis

(1) Dans ces circonstances, une députation des femmes de la halle demanda à être présentée à la reine, et elle fut admise. Voulant dissiper les préventions qui existaient contre la cour, la reine essaya de démentir les projets qui lui avaient été attribués, et de rassurer le peuple sur ses intentions. Une de ces femmes fut touchée de sa position : *Ne parlons pas de ça, ma bonne reine*, lui dit-elle, *tout est oublié.* — Quelles paroles, dans le palais de Louis XIV !

à la commune de Paris ses scrupules ; il lui avait dit
que, si elle ne voulait point que le zèle de cette
garde fût paralysé, il fallait que les citoyens eussent la certitude que les individus qui seraient arrêtés seraient jugés d'une manière impartiale et
juste. Ces observations, auxquelles Bailly lui-
même avait résisté, tant on était encore peu avancé
dans ces matières, furent cependant soumises à
l'assemblée nationale, et discutées le 8 octobre ;
le lendemain, il fut ordonné que la justice serait
administrée publiquement et que les accusés auraient des défenseurs. Ainsi, par le choix que la
garde nationale avait fait de son commandant général, elle contribua à établir une des garanties les
plus nécessaires à la justice et à la liberté (1).

(1) La publicité des débats obtenue de l'assemblée nationale
par le commandant de la garde nationale parisienne fut reçue
avec enthousiasme par les avocats : voici en quels termes
en parlait peu de temps après dans l'affaire du baron de Bezenval, M. de Sèze, son défenseur, aujourd'hui premier
président de la Cour de cassation :
    « Le baron de Bezenval n'est plus accusé par l'opinion. Tous
les citoyens aujourd'hui s'honorent de prendre sa défense. Les
libelles mêmes semblent gémir de n'avoir plus de mal à lui faire.
    « Mais à qui faut-il attribuer ce retour presque subit de l'o-
pinion à la vérité ? Ne nous le dissimulons pas ; à la publicité
de la procédure. Le public a entendu la déposition de tous les
témoins. Toutes les pièces lui ont été lues. Tous les interroga-

Du moment que la garde nationale eut été organisée et que la publicité des débats judiciaires et la faculté de la défense eurent inspiré de la sécurité aux citoyens, les troubles commencèrent à cesser, et il ne fut plus possible de se livrer impunément à des excès. Depuis le 6 octobre 1789 jusqu'à la fin de février 1790, un seul crime fut commis par suite d'un mouvement populaire, et ce crime fut le résultat de la disette. Un boulanger

toires du baron de Bezenval ont été lus devant lui. Il connaît maintenant ce procès comme la justice. Il est bien impossible qu'il croie le baron de Bezenval coupable lorsqu'il est témoin lui-même qu'il est innocent.

« Ah ! rendons bien grace à l'assemblée nationale de ce beau présent qu'elle a fait à la législation française. Que de reconnaissance lui est due pour ce seul bienfait ! Que d'innocents elle a sauvés d'avance par ce magnifique droit !

« Si la procédure du baron de Bezenval eût été secrète, n'en doutons pas, ce malheureux accusé serait encore sous le joug des inculpations les plus atroces, malgré son innocence même démontrée, et les magistrats auraient besoin de courage pour être justes envers lui. Mais heureusement ce courage n'est plus nécessaire. La loi nouvelle a rendu le ministère des magistrats bien facile. Elle le leur a même rendu bien glorieux. L'opinion vient de toutes parts à leur aide. Ils n'ont presque qu'à proclamer le jugement qu'elle a proclamé elle-même. » (*Moniteur du 4 janvier* 1790.)

Il est agréable de voir un homme aussi éminent que M. de Sèze rendre aux bienfaits de la révolution une justice si éclatante.

dont on croyait avoir à se plaindre fut pendu;
mais les auteurs de ce crime furent arrêtés, jugés
et exécutés publiquement (1).

Dans les derniers jours de février 1790, on
chercha à agiter les ouvriers du faubourg Saint-
Antoine. Il existait à Vincennes un vieux donjon
qui avait jadis servi de succursale à la Bastille,
mais qui était déjà ouvert et vide au commencement de la révolution. On persuada aux ouvriers
qu'ils devaient aller le démolir comme ils avaient
démoli la Bastille ; ils s'y portèrent en foule et
commencèrent la démolition. Cet acte était injus-
tifiable, puisque les arrestations arbitraires avaient
cessé, que la justice était régulièrement adminis-

(1) Je ne parle pas de la conspiration dont le marquis de
Favras était le chef réel ou apparent. Cette conspiration, qui
devait commencer par l'assassinat du maire et du commandant
général de la garde nationale de Paris, fut réprimée sans l'in-
tervention de la garde nationale. Le marquis de Favras fut pendu en vertu d'une sentence du Châtelet.

Pendant le cours de la procédure, il se forma, pour le faire
périr avant le jugement, des émeutes qu'on crut suscitées par
des complices qui craignaient ses révélations; mais il fut constamment protégé par la garde nationale. Il fut un des premiers
qui jouit des avantages de la publicité et de la liberté de la défense. On peut voir les détails de sa conspiration ou de son
projet de contre-révolution dans le Journal de Paris du 25
janvier 1790.

trée, que les citoyens étaient représentés par des hommes de leur choix, et qu'ils ne couraient aucun danger. La garde nationale parisienne se porta donc à Vincennes sous les ordres de son commandant général, et comme elle ne pouvait agir de sa propre autorité, elle prit les ordres du maire de la commune, et fit cesser la démolition. Quatre-vingts ouvriers furent arrêtés, conduits à Paris, et mis en liberté le lendemain; on vit aisément qu'ils avaient été trompés. Durant cette expédition, quelques coups de fusils étaient partis du milieu du bois de Vincennes, et avaient été tirés sur un aide-de-camp du commandant général de la garde nationale. Cette espèce d'émeute avait-elle été suscitée pour attirer le chef de la garde nationale dans le bois de Vincennes? Les brigands qui avaient tiré sur son aide-de-camp s'étaient-ils trompés et avaient-ils cru tirer sur lui? Le bruit de sa mort, répandu dans le même temps, pourrait le faire croire; mais ce sont des faits que l'histoire n'a point encore éclaircis.

Pendant qu'une partie de la garde nationale se transportait à Vincennes sous les ordres de son commandant-général, les gardes nationaux employés aux Tuileries faisaient dans ce château la

10.

découverte d'un complot tellement ridicule, qu'il n'a jamais pu être bien expliqué. Le roi, quoiqu'invité par la commune de Paris à reprendre ses gardes-du-corps, n'avait pas voulu y consentir, de sorte qu'il n'était gardé que par les Suisses et par un détachement de gardes nationales (1). Il avait conservé les anciens usages et les anciennes consignes; mais comme le nombre des hommes employés au service était beaucoup plus considérable, et qu'il n'était plus possible de les reconnaître puisque tous les gardes nationaux étaient appelés par tour, on imagina de donner des cartes d'entrée, signées par le premier gentilhomme de la chambre, à toutes les personnes qui étaient appelées dans l'intérieur du château. Le duc de Villequier, qui n'aurait dû donner de ces cartes qu'aux gens déjà présentés chez le roi, à ceux qui étaient de service à la cour, ou tout au plus à des personnes connues de lui, en distribua à quelques vieux gentilshommes et à une foule d'aventuriers, au moyen desquels on prétendait opérer la contre-révolution. A peine le commandant général de la garde nationale était-il en chemin pour Vincennes, que tous ces aventuriers arrivèrent successivement chez le premier gentil-

(1) Voyez les journaux et les mémoires du temps.

homme, et furent secrètement introduits dans les appartements qui étaient intermédiaires entre la salle des gardes et l'appartement du roi. Au moment où le bruit d'une insurrection, dans le faubourg Saint-Antoine, se répandait, et où l'on assurait que le commandant général de la garde nationale avait été tué, la porte de la salle des gardes s'étant entr'ouverte, laissa voir aux gardes nationaux étonnés un homme armé d'un pistolet, et cet homme eut l'imprudence de les menacer et de proférer contre eux des injures. On s'aperçut bientôt que cet homme n'était pas seul.

A l'aspect imprévu d'une troupe armée, la garde nationale de service se crut d'abord trahie, et ne put cacher son inquiétude et son indignation. La nouvelle en fut sur-le-champ portée aux troupes qui occupaient les cours, et à celles auxquelles le commandant général avait ordonné de se tenir prêtes en cas d'alarmes. Quelques-uns de ces hommes furent arrêtés; on les fouille; on les trouve munis de poignards, et la fermentation en devient plus vive. Comme la garde nationale répondait de la sûreté du roi, l'expulsion de cette troupe inconnue fut résolue, et il fallut la faire déloger. Le roi qui, après les avoir visités, était résté tranquille dans ses appartements intérieurs, craignit que cette affaire ne devînt sérieuse, et ordonna à ces braves chevaliers de déposer leurs armes. Ils se retirèrent alors avec d'autant plus de rapidité que la garde nationale qu'ils avaient insultée les poursuivit de ses sarcasmes, et qu'elle les accompagna de quelques coups de pieds; mais personne du reste ne reçut la moindre blessure dans cette expédition. Ce fut dans ce moment que le commandant général de la garde nationale arriva; lorsqu'il apprit ce qui venait de se passer, il en fit de vifs reproches au premier gentilhomme. Le roi, à qui il en parla, rejeta tout sur l'officieuse extravagance de quelques courtisans, qui le compromettaient sans cesse malgré lui; et il ajouta avec douleur : ces gens-là finiront par me perdre.

A peine les gardes nationaux eurent expulsé ces chevaliers inconnus, qu'ils découvrirent dans un appartement un amas d'armes de toute espèce, au milieu desquelles on remarqua plusieurs poignards.

Cette découverte accrut leur indignation, et lorsque leur commandant général sortit de l'appartement du roi, il les trouva fort agités. S'en étant fait expliquer la cause, il envoie deux officiers supérieurs pour s'emparer de ces armes. On refusa de les leur livrer à moins que le roi n'en donnât l'ordre. Cet ordre fut demandé et accordé sur-le-champ. Les armes furent descendues dans deux grandes mannes, et étalées au milieu de la cour. Puis elles furent brisées par les gardes nationaux en grande cérémonie. Comme les poignards en formaient une partie, le nom de *chevaliers du poignard* est resté à la troupe qui les avait apportés dans le château (1).

L'objet de cet absurde complot n'a jamais été bien expliqué, par la raison toute simple qu'une absurdité n'est pas susceptible d'une explication raisonnable. Il est des hommes qui ont prétendu qu'on se proposait d'enlever le roi en l'effrayant; d'autres ont pensé qu'on voulait tenter une contre-révolution après la mort du commandant général de la garde nationale. Tous ces projets sont invraisemblables, parcequ'il n'y en a pas un qui ne soit une insigne folie; mais l'invraisemblance d'un pro-

(1) Dans un ordre du jour publié le lendemain de cette ridicule affaire, le commandant général de la garde nationale en rejeta les torts sur *le chef de la domesticité*. Cette expression choqua singulièrement quelques courtisans. On discuta longuement sur l'indépendance des officiers de bouche et des officiers de la garde robe, et le complot avorté n'en devint que plus ridicule.

jet n'en prouve pas nécessairement la non-existence.

Les services que rendait la garde nationale à l'ordre public lui donnèrent tant de popularité que tout le monde voulut en être, et qu'il se forma des bataillons d'enfants et de vieillards. Le bataillon de vieillards parisiens, désignés sous le nom de vétérans de la garde nationale, fut porté à 664 hommes.

Le 10 avril, ce bataillon envoya une députation à l'assemblée nationale : l'orateur portait un costume tout-à-fait approprié à sa mission et à son âge : une barbe épaisse et longue, blanchie par le temps, partait presque du bord de ses yeux, et descendait jusque sur sa poitrine. « Un bonnet de grenadier, dit le narrateur de cette scène, surmontait cette tête vénérable; sa voix avait quelque chose de profond, comme il arrive à celle des vieillards, lorsqu'ils ont conservé de la force. Son discours, loin d'avoir la langueur du vieil âge, a eu l'exaltation même de la jeunesse. En quoi il a ressemblé à l'ancien Nestor, c'est dans les regards qu'il a jetés sur le passé et sur sa vie entière : il a fait jour par jour le compte des jours heureux qu'il a goûtés depuis qu'il est sur la terre : ce compte n'était pas long; il n'en a eu que soixante-quatre, et le plus heureux de tous, est celui où il s'est présenté à l'assemblée nationale. »

Une des plus précieuses fonctions de la garde nationale parisienne, était de garantir l'assemblée nationale de toute atteinte, et d'assurer la liberté de ses délibérations. Un membre de cette assemblée, M. de Foucault, prétendit cependant, dans une séance du mois d'avril, qu'elle n'était pas libre, parce qu'elle était environnée par la garde nationale. « Nos commettants, disait-il, ne nous ont pas envoyés ici pour délibérer *le sabre à la main*. Je dis donc au maire de Paris : éloignez ces citoyens qui entourent nos portes ; je dis au commandant général : renvoyez ces soldats qui nous assiégent. » M. de La Fayette répondit que quelques personnes ayant témoigné au maire de Paris des craintes sur la tranquillité de la capitale, il avait pensé à ordonner quelqu'augmentation à la garde citoyenne dont l'assemblée nationale avait daigné s'entourer. « Permettez-moi, ajouta-t-il, de saisir cette occasion pour répéter à l'assemblée, *au nom de la garde nationale*, qu'il n'est aucun de nous qui ne donnât jusqu'à la dernière goutte de son sang pour assurer l'exécution de ses décrets, la liberté de ses délibérations, et garantir l'inviolabilité de chacun de ses membres. »

Des applaudissements redoublés accueillirent cette déclaration, et prouvèrent que l'assemblée ne se croyait jamais plus libre que lorsqu'elle se voyait placée au milieu des citoyens sous les armes (1).

Depuis le jour de sa formation, la garde nationale parisienne n'avait été soumise qu'au réglement municipal que les citoyens s'étaient eux-mêmes donné, ou pour mieux dire, qu'ils avaient

(1) Le Mis de Foucault qui ne se croyait pas libre au milieu de la garde nationale de Paris, et qui voulait que cette garde fût éloignée de la capitale, par la raison que des régiments étrangers en avaient été éloignés, était un partisan très-zélé de l'ancien régime. Il avait été chargé de faire cette motion par un de ses amis du côté droit, qui lui avait dit que les représentants ne pouvaient pas délibérer le *sabre sur la tête*; il oublia sa leçon et dit qu'on ne pouvait pas délibérer *le sabre à la main*. Ce M. de Foucault était le père d'un autre M. de Foucault que nous avons vu plus tard commandant de gendarmerie, et que nous avons entendu disant à ses gendarmes au sein d'une assemblée représentative, et en parlant d'un député : *Gendarmes, qu'on l'empoigne !* — Noblesse, éloquence, principes, tout est héréditaire dans certaines familles.

Dans la séance du 19 juin, lorsqu'il fut question de la destruction des titres de noblesse, le même député demanda ce qu'on mettrait à la place de ce titre de noblesse d'une famille du Périgord qui porte en substance : *Un tel fait noble et comte pour avoir sauvé l'État un tel jour.* — On supprimera, répliqua M. de La Fayette, ces mots : *fait noble et comte*, et on dira simplement : *Un tel a sauvé l'État un tel jour.*

(Journal de Paris du 21 juin.)

accepté tel qu'il leur avait été présenté. Mais le 12 juin 1791, l'assemblée nationale commença à s'occuper des devoirs des citoyens à cet égard, et sur le rapport de M. Alexandre Lameth, président du comité militaire, elle rendit un décret par lequel elle ordonna,

1° Que tous les citoyens actifs des villes, bourgs et autres lieux du royaume qui voudraient conserver l'exercice des droits attachés à cette qualité seraient tenus d'inscrire leur nom chacun dans la section de la ville où ils seraient domiciliés, ou à l'hôtel de la commune, sur un registre qui y serait ouvert à cet effet pour le service des gardes nationales.

2° Que les enfants des citoyens actifs, âgés de 18 ans, s'inscriraient pareillement sur le même registre, faute de quoi ils ne pourraient ni porter les armes, ni être employés en remplacement de service.

3° Que les citoyens actifs qui, en raison de la nature de leur état, ou à cause de leur âge, infirmités ou autres empêchements, ne pouvant servir en personne, devraient se faire remplacer, ne pourraient être remplacés que par ceux des citoyens actifs et de leurs enfants qui seraient in-

scrits sur ces registres en qualité de gardes nationales.

4° Qu'aucun citoyen ne pourrait porter les armes
à moins qu'il ne fût inscrit de la manière prescrite
par la loi, et qu'en conséquence, tous corps particuliers de milice bourgeoise, d'arquebusiers ou autres,
sous quelque dénomination que ce fût, seraient
tenus de s'incorporer dans la garde nationale, sous
l'uniforme de la nation, sous les mêmes drapeaux,
le même régime, les mêmes officiers, le même
état-major; que tout uniforme différent, et toute
cocarde autre que celle de la garde nationale, demeuraient réformés aux termes de la proclamation
du roi.

Déjà des gardes nationales s'étaient formées dans
la plupart des villes de France; presque partout
les citoyens avaient suivi l'exemple que leur avait
donné la ville de Paris; mais ce décret de l'assemblée nationale acheva de mettre tous les citoyens
sous les armes, et de les faire concourir au maintien de la sûreté et de l'ordre public. Le résultat de cet armement général et de cette influence
donnée à la population sur sa propre destinée, devait faire naître la sécurité publique; on avait peu
à craindre en effet les troubles intérieurs, quand

tous les citoyens intéressés au bon ordre étaient armés et qu'ils avaient une autorité suffisante pour réprimer les malfaiteurs; on avait peu à craindre les attaques de l'étranger, quand on avait quatre millions d'hommes sous les armes.

Nous approchons maintenant d'une des époques les plus glorieuses de la garde nationale parisienne; je veux parler de sa fédération avec toutes les gardes nationales de France et de l'anniversaire de la prise de la Bastille.

Dans un espace d'environ six mois, l'assemblée nationale avait déterminé la division territoriale de la France, institué le jury, aboli la confiscation des biens, établi des administrations, et fait cesser une multitude d'abus. Ces réformes pouvaient blesser quelques préjugés et quelques intérêts, mais peu de personnes osaient s'en plaindre, et l'immense majorité de la population les avait accueillies avec la plus vive reconnaissance. Dans ces circonstances et à l'approche de l'anniversaire de l'insurrection du 14 juillet, Bailly, en sa qualité de maire de Paris, avait proposé à l'assemblée nationale une fédération de tous les corps civils et de toutes les gardes nationales de France. Dans la séance du 5 juin, il avait fait connaître les motifs de sa proposition.

« Un nouvel ordre de choses, avait-il dit, s'élève
et va régénérer toutes les parties du royaume,
comme toutes les branches de l'administration.
Déjà la division des provinces ne subsiste plus,
cette division qui faisait en France comme autant
d'états séparés et de peuples divers. Tous les noms
se confondent dans un seul. Un grand peuple ne
connaît plus que le nom de Français : c'est le nom
d'un peuple; il n'y a plus qu'un devoir, celui de
la soumission à la loi et au roi; il n'y a plus qu'un
sentiment, celui de l'amour et de la fraternité.
C'est sur ces bases que vont reposer et la paix et
la prospérité de cet empire. Notre union fait notre
force; il est donc important pour la chose publique que cette union soit de plus en plus étendue. »

Après cet exposé, le maire de Paris rappelait
que déjà des assurances de fraternité circulaient
dans toutes les villes du royaume; que des fédérations particulières s'étaient établies entre les gardes
nationales; que la Capitale avait reçu de toutes
parts et des gages d'amitié et des promesses de
secours. Ensuite il ajoutait :

« La commune de Paris est empressée de rendre
et ces promesses et ces témoignages d'amitié; elle
a adhéré à plusieurs de ces fédérations; elle est
jalouse d'en proposer une à son tour. Toutes nos

sections se sont réunies pour un même sentiment et pour un seul vœu, c'est celui d'une fédération générale de tous les départements, celui de ne plus former qu'une garde nationale, animée d'un même esprit pour défendre la liberté publique....

« La fédération de tous les corps civils et de toutes les gardes nationales du royaume doit être faite et jurée par des députés réunis dans une seule ville; et si nous osons proposer l'enceinte de nos murs pour cette auguste réunion, c'est qu'elle doit être établie sans la protection de la loi, en présence des législateurs qui en sont la source, et du meilleur des rois qui est dépositaire de la force publique.....

« Nous proposons à nos frères de venir par députés des districts et des départements se réunir à nous, dans nos murs, en votre présence, et d'ajouter au serment civique déjà prêté par tous les Français celui d'être tous inséparablement unis, de nous aimer toujours et de nous secourir en cas de nécessité d'un bout de la France à l'autre; et nous proposons que cette réunion, que cette fédération générale soit jurée le 14 juillet prochain, que nous regardons tous comme l'époque de la liberté : ce jour sera destiné à jurer de la défendre et de la conserver. »

Cette proposition ayant été adoptée, l'assemblée nationale détermina, dans sa séance du 9 juin, le nombre des députés que chaque corps civil et militaire de France enverrait à la fédération.

Parmi les nations que le monument élevé sur la place des Victoires représentait enchaînées aux pieds de Louis XIV, on remarquait la Franche-Comté. Un membre de l'assemblée, M. Alexandre Lameth, proposa de faire disparaître cet emblème de l'esclavage avant le jour de la fédération : Souffrirons nous, dit-il, que les regards des braves Francs-Comtois soient exposés à tomber, dans la place des Victoires, sur ce monument élevé par la flatterie d'un courtisan à l'orgueil d'un despote, et dans lequel la Franche-Comté est figurée parmi les esclaves qui sont enchaînés aux pieds de la statue de Louis XIV ? Cette proposition fut adoptée par acclamation (1).

(1) Ce fut à cette occasion qu'un député observa que, si l'on voulait effacer tous les monuments de l'orgueil, il ne fallait pas abattre seulement des statues, mais qu'il fallait supprimer tous ces titres de ducs, de comtes, de marquis.... Il n'avait pas encore terminé sa phrase, qu'il fut pris au mot par MM. Charles de Lameth et de La Fayette. Il ne se trouva, sur une assemblée de douze cents membres, qu'un seul député qui prit la paroles en faveur de la conservation des titres, et ce fut

L'assemblée nationale n'avait pu détruire tous les privilèges qui blessaient les intérêts de la masse de la population sans froisser un grand nombre d'intérêts individuels. Le peuple, en rentrant dans l'exercice de ses droits, semblait se rendre coupable d'usurpation, aux yeux de toutes les classes de privilegiés. Ce fut donc une idée heureuse que celle d'une fédération de tous les habitants de la France; car les gardes nationales renfermaient tous les citoyens. Aussi on l'adopta avec une ardeur extrême, et l'on vit régner alors en France une harmonie et un désintéressement qu'on n'y avait jamais vus, et qui n'ont pas reparu depuis cette époque. Les anciens privilégiés parurent avoir perdu le souvenir de leurs priviléges, les partisans et les satellites de l'arbitraire semblèrent avoir oublié qu'il avait existé une Bastille.

Le Champ-de-Mars était assez vaste pour contenir la garde nationale parisienne et les fédérés des départements; mais il était difficile de placer la masse des spectateurs de manière qu'ils pussent

M. de Foucault. Qui eût dit alors que, vingt ans plus tard, il viendrait un conquérant qui ramasserait ces guenilles féodales rebutées par tous les membres de la plus ancienne noblesse; qu'il les jetterait aux hommes de la révolution, et que les coryphés des sans-culottes seraient les premiers à les ramasser!

embrasser d'un coup d'œil tous les membres de
la fédération. On conçut donc le projet de transporter de la terre du milieu sur tous les bords, et
d'élever ainsi un vaste amphithéâtre d'où le public
pourrait dominer sur l'assemblée. Douze mille
ouvriers furent aussitôt employés à y travailler
sans relâche; mais quelle que fût leur activité, on
ne tarda pas à s'apercevoir qu'il était impossible qu'ils eussent terminé leurs travaux le 14
juillet. La municipalité de Paris prit le parti d'inviter les citoyens à se joindre aux travailleurs; afin
d'éviter le désordre, elle voulait leur distribuer
des cartes et leur désigner les lieux où ils devaient
se porter. Le général La Fayette fit observer que le
meilleur moyen de maintenir l'ordre était de laisser
les hommes se classer eux-mêmes comme ils l'en-
tendraient. Ce conseil fut suivi, et l'on se borna à
faire une simple invitation au public.

Dès que cette invitation eut été publiée, tout le
monde voulut se joindre aux travailleurs; hommes
de lettres et négociants, religieux et militaires,
tous enfin saisirent la pelle et la bêche; des femmes
élégantes voulurent prendre part aux travaux et
menèrent la brouette. On s'y rendait par sections
au son du tambour, et avec des bannières de

diverses couleurs; arrivé, on se mêlait et on travaillait en commun; la journée finie, chacun rejoignait les siens à un signal donné et on revenait chez soi comme on était parti : rien ne troubla cette union pendant la durée des travaux.

Tandis que la population parisienne préparait le lieu de la fête, les députés des gardes nationales des départements se rendaient à Paris. Le 10 juillet, ils se réunirent sur l'invitation de l'état-major de la garde nationale parisienne. Leur première opération fut de nommer un président et des secrétaires; la présidence fut dévolue à M. de La Fayette. L'assemblée arrêta ensuite : 1° Que chacun de ses membres justifierait de sa mission par un certificat signé des députés de son district; 2° Qu'il serait fait, au nom de toutes les gardes nationales du royaume, une députation à l'assemblée nationale et au roi, pour leur offrir les hommages de leur respect et de leur reconnaissance; et 3° Que les représentants des différents districts partageraient le service avec l'armée nationale parisienne.

Dans cette séance, plusieurs propositions relatives au commandant général de la garde nationale parisienne furent faites et vivement accueillies. On demanda particulièrement qu'il fût nommé

11.

commandant général de toutes les gardes nationales de France. Mais le président refusa de mettre
aucune de ces propositions aux voix et leva la
séance (1).

Le 13 juillet, la députation des gardes nationales
de France fut admise par l'assemblée nationale.
La nation, voulant enfin être libre, dit son président,
vous a chargés de lui donner une constitution.
Mais en vain elle l'aurait attendue, si la volonté
éclairée dont vous êtes les organes n'avait suscité
cette force obéissante qui repose en vos mains,
et si l'heureux concert de l'une et de l'autre,
remplaçant tout-à-coup cet ordre ancien que les
premiers mouvements de la liberté faisaient disparaître, n'avait été la première des lois qui succédaient à celles qui n'étaient plus.

Le président de la députation des gardes nationales, après avoir reconnu que l'assemblée des
représentants avait exaucé les vœux des citoyens
en leur donnant une constitution, ajoutait : « Les
droits de l'homme sont déclarés ; la souveraineté du peuple est reconnue ; les pouvoirs sont

(1) L'assemblée nationale, sur la proposition du général La
Fayette, décréta que nul ne pourrait avoir le commandement
des gardes nationales de plus d'un département.

délégués ; les bases de l'ordre public sont établies.
Hâtez-vous de rendre à la force de l'état son énergie. Le peuple vous doit la gloire d'une constitution libre ; mais il vous demande, il attend enfin
ce repos qui ne peut exister sans une organisation
ferme et complète du gouvernement.

« Pour nous, voués à la révolution, réunis au
nom de la liberté, garants des propriétés indivi-
duelles, comme des propriétés communes, de la
sûreté de tous et de la sûreté de chacun : nous qui
brûlons de trouver notre place dans vos décrets
constitutionnels, d'y lire, d'y méditer nos devoirs
et de connaître comment les citoyens seront armés
pour les remplir ; nous, appelés de toutes les parties de la France, par le plus pressant de tous,
mesurant notre confiance à votre sagesse, et nos
espérances à vos bienfaits : nous portons, sans hé-
siter, à l'autel de la patrie, le serment que vous
dictez à ses soldats. »

Le président de l'assemblée nationale répondit
que le jour où le pouvoir absolu avait cessé d'être ;
le jour où les anciens ressorts qui comprimaient
les volontés avaient cessé de les tenir enchaînés ; le
jour enfin où vingt-cinq millions d'hommes, qui s'é-
taient endormis esclaves, s'étaient réveillés libres,

il était à craindre qu'ils n'abusassent d'un bienfait trop nouveau pour eux, et que l'anarchie ne
remplaçât les malheurs du despotisme ; mais qu'à
l'instant les gardes nationales avaient paru et que
la France rassurée avait vu en elles le génie destiné à défendre de ses propres excès, comme de
ses ennemis, la liberté naissante.

« Que vos fonctions sont nobles et pures ! ajoutait le président de l'assemblée nationale ; l'amour
de votre pays est à la fois le mobile et la seule récompense de vos travaux. Que vos devoirs sont
grands et utiles ! veiller constamment à la sûreté
des personnes et des propriétés , c'est-à-dire
donner à tous les citoyens cette sécurité, sans
laquelle il n'est point de bonheur ; protéger partout la libre circulation des grains et des subsistances , et prévenir par là ces prix inégaux , ces
renchérissements subits et violents qui n'ont que
trop souvent causé les malheurs ou les désordres
du peuple ; enfin , assurer la perception des contributions publiques , et maintenir ainsi le trésor
dans cette abondance, si heureuse, si désirable , si
nécessaire ; telles sont vos obligations civiles , l'assemblée nationale sait que vous les remplirez. C'est
à sa voix que vous êtes nés tout armés, tels que

ce symbole ingénieux du courage et de la sagesse. »

Le discours adressé au roi par la députation des gardes nationales de France, et la réponse faite à ce discours par le roi, renfermaient des principes analogues à ceux qui avaient été professés devant l'assemblée nationale.

Enfin, le 14 juillet arrive. Tous les fédérés députés des provinces et de l'armée, rangés sous leurs bannières, partent de la place de la Bastille, et se rendent au jardin des Tuileries où ils reçoivent dans leurs rangs la municipalité et l'assemblée nationale. Un bataillon d'enfants, avec les armes et le costume de gardes nationaux, précédait l'assemblée; un groupe de vieillards marchait à sa suite. Tout était couvert de spectateurs qui applaudissaient : les quais, les maisons et jusqu'aux arbres. Un pont flottant jonché de fleurs, conduisant d'une rive à l'autre, aboutissait au champ de la fédération.

Au fond, était un amphithéâtre destiné à recevoir l'assemblée et les autorités nationales. Le roi et le président étaient assis à côté l'un de l'autre sur des siéges pareils. Les députés étaient rangés des deux côtés. La reine et la cour étaient dans un balcon élevé derrière le roi. Au centre, s'élevait un vaste autel, dont trois cents prêtres vêtus de blanc et portant des écharpes tricolores couvraient les marches. Soixante mille fédérés étaient rangés autour ; et sur l'amphithéâtre de la circonférence environ quatre cent mille spectateurs.

Aussitôt que chacun eut pris sa place, des détachements de chaque département et un détachement de troupes de ligne portèrent les bannières et l'oriflamme sur l'autel où elles furent bénies. L'évêque d'Autun célébra la messe au son de dixhuit cents instruments. M. de La Fayette, en sa qualité de major-général de la confédération, après avoir pris les ordres du roi, prêta serment en ces termes : « Nous jurons d'être à jamais fidèles à la nation, à la loi et au roi ; de maintenir de tout notre pouvoir la constitution décrétée par l'assemblée nationale, et acceptée par le roi ; de protéger, conformément aux lois, la sûreté des personnes et des propriétés ; la circulation des grains et subsistances dans l'intérieur du royaume ; la perception des contributions publiques, sous quelques formes qu'elles existent ; et de demeurer unis à tous les Français par les liens indissolubles de la fraternité. » Au même instant, tous les fédérés crièrent : *Je le jure.*

Le président de l'assemblée nationale fit serment d'être fidèle à la nation, à la loi et au roi, et de maintenir de tout son pouvoir la constitution décrétée par l'assemblée et acceptée par le roi. Le roi jura d'employer tout le pouvoir qui lui était délégué par la loi constitutionnelle de l'État, à maintenir la constitution décrétée par l'assemblée nationale et accceptée par la loi, et de faire exécuter les lois.

La cérémonie fut terminée par un TE DEUM à grand orchestre. Les députés des départements, des troupes de ligne et de la marine se rendirent ensuite au château de la Muette, où la commune de Paris leur avait fait préparer un banquet de vingt-cinq mille couverts. Une illumination générale éclaira la ville. Un bal champêtre se forma sur la place où fut la Bastille : on lisait sur l'entrée du bosquet artificiel sous lequel se réunissaient des danseurs de tous les rangs : ICI L'ON DANSE. Non loin de là, l'on voyait des ruines de la Bastille, des fers, des grilles et le bas relief représentant des esclaves enchaînés, qui décorait l'horloge de cette fameuse prison.

Le sentiment de joie qui animait la population pendant la durée de cette fête fut si vif, qu'il ne fut pas un instant troublé par la pluie qui tomba par torrents, depuis le moment où l'on se mit en marche jusqu'à ce que chacun eût pris sa place.

Le lendemain, les députés des gardes nationales des départements se réunirent et votèrent des adresses à diverses autorités. La seule qui se rattache à cette histoire est celle qui fut faite le surlendemain au commandant général de la garde nationale parisienne. Ils rappelèrent les services qu'il avait rendus à la liberté, lui témoignèrent leurs regrets de n'avoir pu le nommer leur commandant général, puis ils ajoutèrent : « Mais, si vous ne pouvez être notre chef, vous serez toujours notre ami, notre guide, notre modèle : accoutumés à voir en vous l'homme qui a tant contribué à la révolution française, nous n'oublierons jamais les grands exemples que vous nous avez donnés. »

Les gardes nationales, n'ayant encore reçu aucune organisation de la puissance législative, les costumes variaient avec les goûts de chaque département; mais par un décret du 19 juillet, l'assemblée nationale les assujétit toutes à porter le même uniforme. Le même jour, elle décréta que les bannières données par la commune de Paris aux quatre-vingt-trois départements, et consacrées à la fédération, seraient placées dans les lieux où le conseil de l'administration de chaque département tiendrait ses séances.

Dans la dernière séance que tinrent les députés des gardes nationales des départements, ils prièrent M. de La Fayette de témoigner à la garde nationale parisienne leurs regrets de ne pouvoir demeurer plus long-temps avec elle, et de leur renouveler tous leurs sentiments d'estime, d'amitié et de fraternité.

Le commandant de la garde nationale parisienne prit alors la parole :

« Au moment où nous allons nous quitter, leur dit-il, je ne vous entretiendrai ni de ma profonde et éternelle reconnaissance, ni de mon dévouement pour la cause du peuple et le maintien de ses droits auxquels ma vie a été consacrée. Sûr de votre confiance comme vous l'êtes de mes sentiments, je ne vous parlerai que de nos devoirs.

« Il faut, Messieurs, nous dire ce dernier mot de frères qui se séparent, mais qui, séparés, doivent agir uniformément; qui, solidaires d'obligations comme de gloire, sont liés par un même serment, dont la plus légère infraction serait douloureusement sentie d'un bout à l'autre de cette grande famille.

« Que l'amour de la liberté soit notre guide. Ce mot dit tout : amour de l'ordre, respect des lois et des mœurs; avec lui la propriété est inviolable, la vie de l'innocent est sacrée, il n'est de coupables que devant la loi; par lui tout est garanti, tout prospère. Ne l'oublions jamais, Messieurs, la liberté, sévère dans ses principes, craint la licence autant que la tyrannie, et la conquérir, la conserver surtout, est moins encore le prix du courage que le triomphe de la vertu.....

« L'égalité, Messieurs, n'est point blessée par ces autorités que l'utilité publique nécessite et que la constitution a établies; mais elle l'est par la plus légère prétention qui sort du cercle tracé par la loi. Que l'ambitieux n'ait pas de prise sur vous. Aimez les amis du peuple; mais réservez l'aveugle soumission pour la loi, et l'enthousiasme pour la liberté. Pardonnez ce conseil; vous m'en avez donné le droit glorieux lorsque, réunissant tous les genres de faveurs qu'un de vos frères puisse recevoir de vous, mon cœur, au milieu de sa délicieuse émotion, n'a pu se défendre d'un mouvement d'effroi..... »

Les hommes qui, par leur courage, sont parvenus à conquérir leur liberté, peuvent consentir à oublier l'oppression qui a pesé sur eux, mais il est plus difficile que ceux qui ont perdu des privilèges qu'ils étaient habitués à considérer comme des droits, oublient aussi facilement les pertes qu'ils ont faites. Le sentiment d'un bien-être nouveau détruit promptement le souvenir d'anciennes souffrances; mais des privations nouvelles ne sont propres qu'à donner plus de prix aux biens qu'on a perdus. Nous ne devons donc point être surpris si, dans la fédération, il y eut plus d'effusion de cœur de la part des classes populaires que de la part des classes privilégiées, et si les querelles ne tardèrent pas à renaître. Les hommes assemblés se conduisent souvent comme les enfants; ils se laissent aller aux premières impressions qu'ils éprouvent; mais aussitôt qu'ils se trouvent isolés et que la réflexion arrive, ils ne tardent pas à se repentir; comme des enfants, ils voudraient qu'on leur rendît ce qu'ils ont donné dans un excès de générosité.

La réconciliation qui s'était opérée le 14 juillet, et les serments dont elle avait été accompagnée, étaient sans doute de très-bonne foi; mais le lendemain les querelles et les méfiances avaient déjà recommencé. D'un côté, les hommes qui appartenaient aux classes privilégiées, désespérant de rentrer par

leurs propres forces dans la possession de ce qu'ils
considéraient comme leurs droits, ils passaient en
pays étrangers. Ils portaient dans l'émigration la
même légèreté qu'ils avaient mise dans toutes leurs
conspirations : ils ne pouvaient pas se figurer que
des armées plébéiennes qui ne seraient pas commandées par des gentilshommes, osassent les re-
garder en face. Ils croyaient que les manufactu-
riers allaient être obligés de fermer leurs ateliers,
et les marchands leurs boutiques, le jour où il
n'y aurait plus ni de nobles ni de laquais pour consommer leurs richesses. Si la France ne se hâtait
pas de les rappeler pour son propre intérêt, il
leur suffirait d'un régiment étranger pour mettre
à la raison ce peuple de révoltés. D'un autre côté,
des agitateurs qui n'étaient pas satisfaits de l'abolition des privilèges et de l'établissement de la
liberté, ou qui voulaient des troubles pour ramener le pouvoir arbitraire, cherchaient à soulever les classes ouvrières en leur inspirant des
craintes, ou en faisant naître dans leur esprit
d'injustes prétentions. Aux yeux de ces hommes,
l'assemblée nationale n'était point assez démocratique ; elle était trop timide dans ses réformes.

Ainsi, tandis qu'une partie de la population

allait soulever les puissances étrangères contre la France, par la raison que l'assemblée nationale ne ménageait point assez les intérêts des classes privilégiées, une autre partie était disposée à se révolter contre cette assemblée, par la raison qu'elle ne consultait pas assez les intérêts du peuple. C'est entre ces deux extrêmes que la garde nationale parisienne se trouvait placée ; et le temps n'était pas loin où elle aurait à combattre tout à la fois les ennemis étrangers et les démagogues de l'intérieur. Quinze jours, en effet, s'étaient à peine écoulés depuis la fédération, qu'on observa dans Paris une fermentation nouvelle, et que divers attroupements se portèrent aux environs du lieu où délibérait l'assemblée nationale. Dans ces circonstances, le commandant général publia un ordre pour engager les gardes nationaux à être en uniforme le jour même où ils ne seraient pas de service, et à déjouer les tentatives des séditieux. C'est en redoublant, s'il est possible, d'activité, leur disait-il, et en manifestant plus que jamais notre détermination de réprimer tout désordre, que nous assurerons sur ses véritables bases la liberté publique, la prospérité et la tranquillité générales (1).

(1) On trouve dans l'ordre du commandant général de la

La fédération avait uni entre elles toutes les gardes nationales de France ; elles étaient ainsi devenues en quelque sorte solidaires, et elles prenaient part à leur gloire mutuelle comme à leurs revers. La garde nationale parisienne eut bientôt une occasion de donner des preuves de cette fraternité qui les unissait toutes. Une révolte

garde nationale parisienne, publié le 1er août 1790, non-seulement la description des désordres dont on avait à se plaindre, mais l'indication des moyens et du but des perturbateurs.

« Depuis quelques jours, y est-il dit, les poignards de la calomnie se sont multipliés ; les conseils les plus incendiaires ont été répandus dans les écrits et les lieux publics ; on a prêché l'insurrection contre les décrets de l'assemblée nationale, et contre l'autorité constitutionnelle du roi : de coupables manœuvres et un argent corrupteur ont été employés, et tandis que les citoyens de Paris soupirent après cet ordre public, fruit essentiel d'une constitution libre qui garantisse à chacun sa sûreté, son repos, sa propriété et les moyens de faire valoir son industrie, on ne voit pas sans étonnement cette effervescence factice qui cherche à compromettre ici, comme dans plusieurs parties du royaume, la fortune publique et le sort des créanciers de l'état, par des terreurs, des désordres, ou le refus de l'impôt ; qui, mettant à profit tous les événements, inventent, à leur défaut, d'absurdes mensonges, essayant d'éveiller toutes les prétentions, toutes les jalousies, n'ont évidemment pour but que de renverser la constitution naissante, et d'y substituer les horreurs de l'anarchie et de la division intestine. »

militaire se manifesta à Nancy ; les soldats s'emparèrent de leurs officiers et les enfermèrent ; puis ils se rendirent maîtres des caisses, des drapeaux et des tambours. La garde nationale de Nancy fut appelée à combattre les rebelles conjointement avec des troupes de ligne. Elle resta victorieuse ; mais ce ne fut point sans perdre un nombre assez considérable des siens. Aussitôt que la garde nationale parisienne eut connaissance de cet événement, elle résolut de faire célébrer un service solennel au champ de la fédération en l'honneur des soldats qui étaient morts en défendant la cause de la patrie et de la liberté.

Les devoirs de la garde nationale parisienne étaient de maintenir l'ordre public, d'assurer l'indépendance de l'assemblée nationale, de garantir les autorités publiques de tout outrage et de donner main forte à la loi. Elle s'en acquitta si bien que, pendant long-temps, les ennemis du régime constitutionnel n'osèrent manifester, dans Paris, le dessein de porter atteinte à l'ordre établi. Mais il n'était ni dans ses attributions ni dans sa puissance d'arrêter l'émigration, de dissoudre les rassemblements que les émigrés formaient en pays étranger, ou de faire disparaître la résistance que

12

le clergé opposait à l'exécution des lois rendues par l'assemblée nationale. Ces causes de trouble entretenaient dans les esprits une agitation continuelle, et contribuaient à accroître la méfiance qu'inspirait la cour; on pouvait difficilement se persuader qu'un prince qui n'avait jamais vécu qu'avec des nobles et des prêtres, et qui tenait d'eux ses idées et ses habitudes, ne fût pas du parti de la noblesse et du clergé; on craignait sans cesse qu'en allant se mettre à leur tête, il n'augmentât leur puissance.

La méfiance qu'on éprouvait à cet égard éclata d'une manière évidente le 18 avril. Le roi se proposait d'aller à Saint-Cloud passer la semaine sainte pour y remplir, disait-on, les devoirs de sa religion : n'ayant pas foi dans les prêtres constitutionnels, il voulait éviter sa paroisse, et se mettre sous la direction d'un prêtre qui n'eût rien promis à la constitution.

Au moment où il partait, des personnes qui voulaient amener une émeute dans la vue peut-être de prouver qu'il n'était pas libre, répandirent le bruit qu'il se proposait de sortir de France. Une multitude de personnes, parmi lesquelles étaient beaucoup de gardes nationaux commandés par

Danton, se portèrent sur son passage et empêchè-
rent la voiture d'avancer. La Fayette arriva; il
demanda au roi et à la reine un peu de temps pour
leur ouvrir le passage; mais ils se hâtèrent de monter en voiture. Il les pria de rester du moins dans
la voiture jusqu'à ce que le passage fût ouvert; et
pendant qu'il était engagé au milieu de l'émeute, ils
le firent prier par un officier municipal de rentrer
chez eux.

Ayant appris que l'objet de ce voyage était la
répugnance du roi à faire ses pâques à sa paroisse
constitutionnelle, le commandant général de la
garde nationale lui offrit d'aller à l'assemblée avec
lui réclamer la liberté de son culte, au nom de la
déclaration des droits, et de se dévouer jusqu'au
bout pour le maintien de ce principe. Le roi lui
en témoigna beaucoup de reconnaissance, et parut
disposé à profiter de son dévouement; cependant,
il demanda du temps pour consulter. Le soir,
ayant pris l'avis de la cour et des évêques, il
annonce qu'il ne profiterait pas de cette offre. Il
dit à La Fayette que son conseil de conscience avait
décidé qu'il pouvait se présenter à l'église pourvu
qu'il ne communiât pas. Les hommes dont il était
environné avaient craint qu'en exerçant librement

12.

son culte, Louis XVI ne prouvât qu'il n'était pas asservi, et qu'il ne contrariât ainsi les puissances étrangères qui se disposaient à envahir la France sous prétexte de le délivrer.

Le commandant général ayant fait de vains efforts pour déterminer le roi à faire usage des droits et de la liberté que la constitution lui garantissait, il envoya sa démission au maire de la commune. Aussitôt que la nouvelle en fut répandue, les sections s'assemblèrent spontanément, et lui envoyèrent des députés pour le supplier de reprendre ses fonctions. Les soixante bataillons se réunirent aussi pour lui faire la même demande, et ils la firent appuyer par le corps municipal. La Fayette résista long temps; mais enfin il céda et reprit le commandement, sur la promesse que les gardes nationaux lui firent d'obéir à la loi. La direction que sa résistance imprima aux esprits contribua beaucoup au bon ordre qui peu de temps après régna dans Paris au départ du roi (1).

Après que La Fayette eut donné sa démission, et avant qu'il eût consenti à reprendre le commandement, le roi, qui déjà se disposait à se rendre sur les frontières de France, adressa à ses ministres

(1) Voyez le journal de Paris du 23 avril 1791.

près toutes les puissances une lettre patriotique telle qu'aurait pu l'écrire l'ami le plus dévoué de la constitution et de la révolution. Le but de cette lettre était de diminuer la surveillance, ou de faire voir que, quand même La Fayette ne commanderait pas la garde nationale, le roi ne serait pas moins dévoué à la constitution. Quoi qu'il en soit, la lettre du roi qui inspira quelque sécurité aux constitutionnels, ne produisit aucune influence sur les clubs ni sur les journaux démagogiques : les uns continuèrent leurs dénonciations contre lui, les autres annoncèrent positivement son départ.

Ces nouvelles prirent dans le public une telle consistance que le commandant général de la garde nationale crut devoir s'en expliquer avec Louis XVI. Celui-ci lui donna des assurances si positives, si solennelles, que La Fayette crut pouvoir répondre sur sa tête que le roi ne partirait pas. Sa confiance dans la parole du roi fut telle que lui-même et les chefs de la garde nationale éprouvaient quelques remords des précautions qu'ils avaient à prendre; aucune cependant ne fut négligée.

Le 20 au soir, La Fayette, en se retirant, passa chez Bailly qui avait reçu par le comité des recherches quelques dénonciations nouvelles; quoique le maire n'y ajoutât pas plus de foi que La Fayette, il fut convenu que celui-ci passerait aux Tuileries pour faire part de ces dénoncinations à Gouvion, major-général, et pour lui donner ordre de réunir les officiers et les engager à se promener dans les cours pendant la nuit.

Lorsqu'on eut fait ce qu'on appelait le coucher du roi, où assistaient tout le service et tous ceux qui venaient faire leur cour, Louis XVI descendit promptement sans être plus observé que les autres personnes qui se retiraient à cette heure. Aucune consigne n'avait été donnée contre lui, puisqu'on ne croyait pas à sa fuite ; cependant on en savait assez pour l'arrêter s'il avait été reconnu. Le roi devait prendre dans sa voiture l'ancien major des gardes-françaises, d'Agoust, homme de tête et de courage ; mais la gouvernante des enfants de France réclama avec tant de chaleur la prérogative qu'elle avait d'être dans la voiture du roi, qu'on ne put la lui refuser. Ce respect pour l'étiquette fit échouer le projet d'évasion et perdit la famille royale.

Ce départ ne fut connu que le lendemain sur les cinq heures du matin ; personne dans le château n'avait été mis dans le secret, ni les gardes nationaux de service, ni leurs officiers, ni le com-

mandant-général, ni même les amis les plus dévoués
à la famille, tels que le vieux duc de Brissac, commandant des cent-suisses, et M. de Montmorin
qui avait innocemment signé le passeport sous le
nom de la baronne de Korf. L'irritation que devait
produire un tel événement exposait à être massa-
crés tous les hommes qui étaient de garde au
château. Cependant l'ordre fut maintenu et aucun
excès ne fut commis, ce qui plus tard excita la surprise des fugitifs. Les députés de la droite qui avaient
soutenu constamment la bonne foi de Louis XVI, et
qui s'étaient en quelque sorte rendus ses garants envers leurs collégues et envers la nation, furent très-
irrités de son départ. Cazalès qui était à leur tête
ne cacha point son mécontentement dans les
comités de l'assemblée.

Le commandant général de la garde nationale
fut instruit de la fuite du roi d'abord par M. d'André, député qui avait quelques liaisons secrètes
avec la cour, et ensuite par des officiers de la
garde qu'il commandait. En apprenant cette nouvelle, La Fayette courut aux Tuileries; il fut joint
dans la rue par Bailly et par le président de l'assemblée Beauharnais, premier mari de Joséphine.
Tout était obscur dans ce départ: on ignorait

jusqu'à quel point il avait été concerté avec les
puissances étrangères; on craignait qu'il ne fût
le prélude d'une invasion; on ne savait pas jusqu'à
quel point la guerre civile avait été organisée. Le
roi avait fait dire à Bouillé, si l'on en croit les mémoires de ce général, qu'un corps autrichien
devait être envoyé a Luxembourg.

Le président de l'assemblée nationale et le maire
de Paris, en s'affligeant d'un départ qui était généralement considéré comme une calamité publique,
exprimaient leurs regrets du temps qui serait
perdu avant que l'assemblée eût donné des ordres
pour l'arrestation de Louis XVI. Pensez-vous, leur
dit La Fayette, qu'il importe au salut de la patrie
que des mesures pour cette arrestation soient
prises le plus tôt possible? Leur réponse fut affir-
mative. Eh bien ! dit La Fayette, j'en prends sur
moi seul la responsabilité. Il écrivit de sa main un
billet portant que les ennemis de la chose publique,
ayant enlevé le roi et sa famille, il était ordonné
à tous les gardes nationaux et à tous les citoyens
de les arrêter. Il dicta des billets semblables à tous
ceux qui se présentèrent, les signa, et des officiers
de la garde nationale partirent sur toutes les routes.

Cependant, le peuple s'assemblait près des Tuileries, et l'irritation allait toujours croissant contre les gardes nationaux qui étaient de service au château, contre le ci-devant duc d'Aumont leur commandant, et surtout contre le commandant général; celui-ci se rendit à l'Hôtel-de-Ville suivi de cette foule; il en trouva une plus considérable encore sur la place de Grève, qui tenait M. d'Aumont. Il le dégagea et se dégagea lui-même de leurs mains par le moyen d'une plaisanterie : il dit à ceux qui l'environnaient que chaque Français gagnait dans cette affaire vingt sous de rente, la liste civile étant de vingt-cinq millions. Ayant un peu calmé la multitude, il monta à l'Hôtel-de-Ville, et dit à la commune qu'il venait prêter un nouveau serment à la nation et à la loi; ce serment fut répété avec acclamation par les assistants.

L'assemblée nationale se réunit; jamais elle n'avait été plus imposante et plus belle. Un membre ayant manifesté quelques soupçons sur La Fayette, Barnave, qui jusqu'alors avait été dans une section du parti populaire différente de la sienne, se leva pour les repousser. Il exprima les sentiments d'une haute estime pour le commandant général de la garde nationale, et la nécessité de se rallier à lui. Le bruit se répandit à l'instant dans l'assemblée qu'il était déjà ou qu'il allait être massacré ; une députation lui fut aussitôt envoyée à l'Hôtel-de-Ville ; mais elle le trouva ayant recouvré sa popularité.

L'assemblée nationale prit avec dignité et fermeté toutes les mesures qui lui parurent commandées par les circonstances. Elle donna des ordres pareils à ceux qui avaient été expédiés sur toutes les routes. Le décret fut confié à un aide-de-camp du général, que le peuple avait arrêté à la barrière au moment où, avec le commandant de bataillon, il portait le premier ordre d'arrestation. Déjà l'on avait quelques notions sur la route qu'avait prise Louis XVI : une voiture très-grande, voyageant en poste, avait été vue sur la route de Châlons. L'aide-de-camp prit cette route.

En partant, le roi avait laissé aux Tuileries un manifeste qui n'était qu'une protestation contre tous les actes législatifs qui avaient été faits depuis la réunion des états généraux. L'intendant de la liste civile, Laporte, alla le présenter à l'assemblée nationale. Comment l'avez-vous reçu ? lui dit-on. — Le roi l'a laissé cacheté pour moi avec un billet. — Où est ce billet ? dit un membre. — Non! non! dit toute l'assemblée ; c'est un billet confidentiel ; nous n'avons pas le droit de le voir.

Les ministres, mandés à la barre, s'y rendirent. Montmorin, qui avait délivré, sous le nom de la baronne de Korf, le passeport au moyen duquel le roi était parti, était exposé à être victime des fureurs populaires ; car quoique dévoué aux intérêts de la famille royale, aucun avis secret ne l'avait prévenu des dangers qu'il courrait lorsque l'erreur dans laquelle on l'avait induit serait découverte. Ce ministre déposa le sceau de l'état sur le bureau du président ; mais l'assemblée le rendit au garde-des-sceaux président du ministère, et lui ordonna ainsi qu'à ses collègues de continuer ses fonctions sous les ordres de l'assemblée nationale. Pendant ce temps, le peuple faisait disparaître de tous les lieux où il les apercevait le nom et les armes du roi ; la garde nationale veillait à l'ordre public, et faisait de nombreuses patrouilles. L'ordre ayant été promptement rétabli, l'assemblée reprit l'ordre du jour de la discussion, et continua de délibérer comme s'il ne s'était passé aucun événement extraordinaire.

Le soir, le club des jacobins se réunit ; quoique ce club ne fût pas encore aussi violent qu'il le devint bientôt après, une partie des députés du côté gauche s'abstenait déjà d'y assister ; mais, dans cette occasion, ils s'y rendirent tous. Danton y demanda la mort de La Fayette par ce dilemme : M. le commandant général de la garde nationale nous a promis sur sa tête que le roi ne partirait pas ; il nous faut donc la personne du roi, ou la tête de M. le commandant général. Il y avait d'autant plus d'audace dans cet homme, qu'il était soudoyé par la cour ; que le ministre Montmorin avait dans ses mains une quittance de lui de cent mille francs, et que La Fayette ne l'ignorait pas. Il est vrai que la perte de Danton aurait entraîné celle du ministre qui l'avait payé, et c'est sans doute ce qui faisait son assurance. Alexandre de Lameth réfuta ses discours, et la séance se passa sans trouble.

Le roi, après sa fuite, étant considéré comme ayant abdiqué, les généraux qui se trouvaient à Paris allèrent prêter serment de fidélité à l'assemblée nationale. Le général Rochambeau partit pour prendre le commandement de l'armée du nord, et se porter sur les derrières de l'ennemi, s'il pénétrait en France. Une partie des gardes nationales de Paris et des départemens se disposèrent à marcher sous les ordres de La Fayette. Les comités d'assemblée se réunirent et prirent les mesures de sûreté les plus convenables. Enfin, l'ordre fut si bien établi, que tout le monde commençait à s'habituer à se passer de roi, quand l'assemblée nationale reçut la nouvelle que Louis XVI avait été arrêté à Varennes.

Les hommes qui prirent part à cette évasion ont varié dans leurs mémoires sur quelques-unes des circonstances qui la firent échouer; la plus marquante est la reconnaissance du roi par le fils du maître de poste de Ste-Menehould, au moyen de l'effigie imprimée sur les assignats. Dès qu'il crut l'avoir reconnu, il monta à cheval, prit un chemin plus court que la route ordinaire, et alla donner avis de sa découverte au procureur syndic de Varennes. Ce procureur syndic, simple marchand de chandelles, se trouva ainsi maître des destinées de la famille royale et peut-être de la France. Mais il ne lui vint pas dans l'esprit de profiter de cette circonstance pour sa fortune particulière; il crut qu'il était de son devoir d'empêcher le roi d'aller se joindre à la coalition, et il le fit arrêter, sans s'écarter cependant des égards qu'il lui devait. Louis XVI était déjà prisonnier de la population et des troupes qui s'étaient jointes à elle, lorsque les deux officiers de la garde nationale arrivèrent et lui présen-

tèrent le décret de l'assemblée nationale. Ce décret portait que le roi et sa famille seraient re-
conduits aux Tuileries ; qu'on lui donnerait une
garde particulière, nommée par le commandant
général de la garde nationale, et que cette garde
serait responsable de la personne du roi.

Par le manifeste qu'il avait laissé à son départ,
le roi considérait comme non avenus les discours
et les protestations qu'il avait faits, les décrets
qu'il avait sanctionnés, les serments qu'il avait
prêtés, et renouvelait la déclaration qu'il avait
faite à Versailles dans la séance royale. Il se plai-
gnait de ce que le peuple avait donné des applaudissements à un de ses ministres ; de ce qu'il n'était
pas bien logé aux Tuileries ; de ce que l'assemblée ne lui avait accordé, pour ses dépenses
particulières, qu'un revenu de vingt-cinq millions;
de ce que le peuple nommait ses administrateurs,
et enfin des obstacles qui avaient été mis à son
voyage de Saint-Cloud. La fuite du roi, les motifs
qu'on lui supposait, les protestations qu'il avait
faites, et les plaintes dont il les avait accompa-
gnées avaient irrité la multitude. Aussi, dès que
l'assemblée nationale apprit son retour, elle prit
des précautions pour sa sûreté. Les gardes natio-

nales des départements s'étaient assemblées spontanément sur sa route, et l'avaient garanti de
toute insulte.

L'assemblée nationale avait nommé une commission pour aller au-devant de la famille royale :
elle était composée de Latour-Maubourg, de Barnave et de Pétion. Les deux derniers se placèrent
dans la voiture du roi ; le premier offrit de prendre
dans sa voiture les gardes-du-corps qui avaient
accompagné la famille royale. — Répondez-vous
de leur vie? lui dit la reine.—Je réponds du moins,
reprit Latour-Maubourg, que je serai tué avant
eux. La reine décida néanmoins, dans un mouvement de dépit, qu'ils resteraient sur sa voiture,
quel que fût le danger dont ils étaient menacés.
On observa qu'ils portaient des habits ventre de
biche, ce qui était la livrée de la maison de Condé.
Un royaliste qui s'était approché de la voiture du
roi fut malheureusement massacré au milieu d'un
mouvement populaire ; mais il n'est pas vrai que
les gardes-du-corps fussent enchaînés sur la voiture de la reine, comme on l'a écrit.

Depuis la barrière de l'Étoile jusqu'aux Tuileries, la garde nationale bordait la haie des deux
côtés, et le régiment des Suisses, sous le com-

mandement de La Fayette, était rangé en bataille.
Une foule immense était des deux côtés du chemin, le chapeau sur la tête, sans cris, sans violences, et regardant passer le cortége d'un air
mécontent, et dans un ordre parfait. La garde nationale se reposait sur ses armes, et avait la même
attitude. Louis XVI ayant par sa protestation et
par sa fuite repoussé la royauté constitutionnelle,
et l'assemblée nationale ni le peuple ne voulant
pas en reconnaître d'autre, aucun honneur militaire ne lui fut rendu. Le jardin des Tuileries
était rempli d'une foule immense ; à la descente
de la voiture, il y eut quelques violences commises à l'égard des gardes-du-corps, mais la garde
nationale les dégagea. La famille royale entra sans
avoir éprouvé d'insulte.

Le commandant général de la garde nationale
se présenta chez le roi, et le trouva parfaitement
calme. Sire, lui dit-il, votre Majesté connaît mon
attachement pour elle ; mais je lui ai toujours dit
que si elle séparait sa cause de celle du peuple, je
resterais du côté du peuple. — C'est vrai, dit le
roi. Vous avez suivi vos principes. C'est une affaire
de parti. A présent, me voilà. Je vous dirai fran-
chement que, jusqu'à ces derniers temps, j'avais

cru être dans un tourbillon de gens de votre opinion dont vous m'entouriez, mais que ce n'était pas l'opinion de la France. J'ai bien reconnu dans ce voyage que je m'étais trompé , et que c'est là l'opinion générale. — Votre Majesté a-t-elle quelque ordre à me donner? — Il me semble , répondit le roi en riant, que je suis plus à vos ordres que vous n'êtes aux miens.

Le commandant général fit part au roi du décret qui le chargeait de la composition de sa garde. Il avait eu soin de choisir pour la garde intérieure les officiers qu'il avait cru devoir lui être agréables. Ces officiers , que le décret de l'assemblée nationale rendait responsables, prirent des mesures rigides pour prévenir une nouvelle évasion. Néanmoins, lorsque le roi eut recouvré sa liberté , il leur donna des témoignages de satisfaction. Pendant ce temps, qui dura jusqu'à l'acceptation de la constitution , le mot d'ordre fut donné non par le roi, mais par le commandant général de la garde nationale. Ce fut également lui qui autorisa les admissions au château sur une liste fort nombreuse qui lui fut remise par le roi, et qu'il avait eu soin de lui demander.

Dès les premiers jours , l'assemblée nationale

13

avait nommé des commissaires pour faire au roi
et à la reine une suite de questions sur leur évasion. Les commissaires furent Tronchet, Duport
et d'André ; ils se conduisirent non-seulement
avec respect, mais avec une extrême bienveillance.
Afin qu'il ne se rencontrât aucune contradiction
dans les réponses, après avoir interrogé le roi,
ils remirent au lendemain l'interrogatoire de la
reine ; ils leur laissèrent ainsi le temps de se concerter. Dans la constitution il n'y avait de monarchique que le roi, tout le reste reposait sur des
principes républicains, et presque personne dans
l'assemblée n'en désirait davantage.

Cependant il se trouvait alors un petit nombre
d'individus qui aspiraient déjà au renversement
de la famille royale, soit pour arriver à un changement de dynastie, soit pour arriver à une forme
de gouvernement qui n'eût absolument rien de
monarchique. La fuite du roi et le manifeste qu'il
avait laissé étaient pour ces hommes des armes
fort redoutables, car elles paralysaient les efforts
des constitutionnels. Comment, en effet, oser répondre de la bonne foi du roi en présence de tels
faits ? comment repousser les accusations qu'on
dirigeait contre lui et qu'on fondait sur des actes

qui ne pouvaient pas être déniés ? Les ennemis de l'ordre constitutionnel sentirent si bien les avantages que ces actes leur donnaient, que, quoique l'assemblée nationale eût adopté à l'unanimité, sur le rapport de Barnave, le rétablissement de la royauté, ils formèrent le projet de faire demander par des hommes de la classe ouvrière la déchéance du roi.

Deux jours après la seconde fête du 14 juillet, il y eut un rassemblement au Champ-de-Mars pour signer cette pétition sur l'autel de la patrie. Deux invalides, que des motifs de curiosité avaient fait cacher sous cet autel, furent découverts; on les tua, et leurs têtes furent placées au bout de deux piques. Instruit de ces violences, le commandant général y accourut avec un détachement de la garde nationale ; à son arrrivée, l'attroupement s'était déjà barricadé avec des charrettes. Un des hommes qui le composaient l'ajusta avec son fusil à une distance de quelques pieds; il voulut faire feu, mais le fusil rata. Des gardes nationaux franchirent alors la barricade ; ils saisirent l'homme qui avait voulu tuer leur commandant général, et le lui amenèrent; mais celui-ci le fit mettre sur-le-champ en

13.

liberté (1). Les chefs de cet attroupement promirent cependant à deux commissaires de la commune et au commandant général, qu'ils se dissiperaient immédiatement après que la pétition aurait été signée. Personne n'ayant intention de s'opposer à cette signature, plusieurs heures se passèrent ainsi, sans que l'autorité publique fît aucun effort pour les disperser. Elle laissa seulement en dehors du Champ-de-Mars un détachement de garde nationale pour surveiller les mouvements hostiles qui pourraient avoir lieu.

On croyait à l'Hôtel-de-Ville que l'attroupement se dissiperait paisiblement, lorsqu'on vint annoncer à l'assemblée nationale que c'était contre elle qu'il était formé, et qu'il menaçait également le château des Tuileries; il s'agissait d'un complot analogue à ceux qui furent exécutés plus tard contre le roi et contre la représentation nationale. Sur cette dénonciation, l'assemblée décréta à l'unanimité que le maire de Paris pourvoirait à sa sûreté, à celle du roi et à celle de la Capitale; le maire et le conseil de la commune publièrent la loi martiale, et le drapeau rouge fut arboré. Le maire

(1) Quelque temps après, cet homme alla se vanter de son action devant la convention nationale.

partit avec le bataillon des grenadiers qui était
tous les jours de service à l'Hôtel-de-Ville, pour
se porter comme réserve partout où l'ordre public
serait troublé. Le commandant général, qui était
rentré chez lui, en ayant été averti, le joignit en
route.

Arrivés au Champ-de-Mars, le maire, le commandant général et la garde nationale furent assaillis
par une grêle de pierres; plusieurs hommes de
l'attroupement étaient porteurs d'armes à feu.
Pendant que le maire se mettait en devoir de faire
la proclamation que la loi lui commandait, un de
ces hommes tira sur lui un coup de pistolet, mais
il le manqua et blessa un soldat placé près de lui.
Au milieu de cette attaque, la garde nationale,
sur l'ordre de son commandant général, tira en l'air
pour effrayer la multitude, et éviter en même temps
de blesser personne. Enhardis par cette modération, les assaillants redoublèrent l'attaque contre
les membres de la municipalité et contre les gardes
nationaux; plusieurs furent blessés et nommément
un aide-de-camp du général; deux chasseurs volontaires furent tués. Alors la garde nationale tira
tout de bon; les canonniers allaient même mettre
feu à leurs pièces, lorsque, par un mouvement

spontané et irréfléchi, le commandant général se
plaça devant les bouches des canons pour les arrêter.
Une première décharge ébranla les assaillans ; la
cavalerie acheva de les disperser, mais sans user
de violence à leur égard. Onze ou douze individus
furent tués et il y eut un nombre à peu-près égal
de blessés (1).

Les hommes qui avaient provoqué cet attroupement exagérèrent jusqu'au ridicule le nombre
des morts; suivant quelques-uns, ce nombre s'é-
levait jusqu'à cinq cents ; suivant d'autres, il s'élevait à quelques mille : et suivant les plus furieux,
il y avait eu un massacre général. Cependant,
l'assemblée nationale, en déplorant la nécessité à
laquelle l'autorité publique avait été réduite,
approuva unanimement la conduite de la garde nationale et de la municipalité. Des chefs de l'attroupement furent arrêtés, et des poursuites furent
commencées contre eux; mais la procédure fut

(1) Voici quelles furent, suivant le rapport fait par Bailly à
l'assemblée nationale, dans la séance du 18 juillet, les violences
commises par l'attroupement contre la garde nationale, indé-
pendamment des coups de pierre qu'elle reçut: « Un garde national a été renversé de son cheval, plusieurs ont été blessés;
deux chasseurs, en revenant, ont été assassinés; un canonnier
a été tué à coups de couteau. » Journal de Paris du 19 juillet
1791.

anéantie par suite de l'amnistie générale qui accompagna l'acceptation de la constitution. Cette amnistie, accordée sur la motion de La Fayette, annula toutes les procédures qui avaient été commencées pour délits politiques, soit qu'elles eussent pour objet de réprimer des attentats contre la révolution, soit qu'elles eussent pour objet de punir des excès démagogiques.

Lorsque la constitution fut achevée, on la porta au roi, et afin qu'il pût l'examiner en toute liberté, on lui proposa d'aller à la campagne sans autre garde que celle qu'il demanderait pour sa sûreté. La France ne voulant point revenir sous le joug du pouvoir absolu, et d'un autre côté ne voulant pas permettre à Louis XVI d'aller joindre l'émigration, ce prince se trouvait placé dans l'alternative de résigner l'autorité à son fils, ou d'accepter la constitution telle qu'elle lui était présentée. Dans ce sens, on peut dire qu'il était parfaitement libre: mais il n'était pas libre de choisir entre la constitution et le pouvoir absolu. Il refusa d'aller à la campagne et accepta la constitution. Il y eut à cette occasion des illuminations; mais la confiance était presqu'éteinte, et il ne pouvait y avoir par conséquent aucune véritable joie. Toute confiance acheva de disparaître lorsque les émigrés, en sollicitant la guerre contre la France, prétendirent agir au nom et avec l'autorisation du roi.

La dispersion de l'attroupement du Champ-de-Mars fut la dernière affaire dans laquelle M. de La Fayette prit part en qualité de commandant général de la garde nationale parisienne. Il conserva le commandement pendant quelque temps encore; mais il fut bientôt appelé à commander l'armée active contre les troupes de la coalition. Lorsqu'il se retira, la municipalité de Paris fit frapper une médaille pour perpétuer la mémoire des services qu'il avait rendus; elle lui fit aussi présent d'une épée faite avec un des verroux de la Bastille.

TROISIÈME ÉPOQUE.

Organisation de la garde nationale par l'assemblée constituante. — État des partis sous l'assemblée législative. — Insurrection du 20 juin. — Insurrection du 10 août. — Renversement du gouvernement monarchique. — Influence de la garde nationale dans ces événements.

La garde nationale parisienne s'était elle-même si bien organisée, elle avait choisi ses officiers avec tant de discernement, que ni le gouvernement, ni l'assemblée nationale n'avaient senti le besoin de lui donner une nouvelle organisation. Ils l'avaient toujours trouvée disposée à réprimer le désordre, à seconder l'action des lois et à faire respecter les personnes et les propriétés. Les gardes nationales des départements s'étaient formées sur son modèle, et elles avaient manifesté le même esprit; elles avaient réprimé avec une égale énergie les séditions militaires et les mouvements désordonnés que suscitaient les ennemis de la liberté. Aussi, et c'est une chose digne de remarque, un des derniers objets dont l'assemblée constituante s'occupa, fut l'organisation de la garde nationale. La loi d'organisation fut décrétée le 29 septembre 1791 , et le 30 l'assemblée déclara, par l'organe de Thouret son président , qu'elle avait terminé ses travaux.

Cette loi, dans laquelle on trouve la plupart des dispositions que les Parisiens avaient adoptées, forme un code complet sur la garde nationale. Elle est divisée en cinq sections : la première règle la composition de la liste des citoyens ; la seconde détermine l'organisation des citoyens pour le service de la garde nationale ; la troisième déclare quelles sont les fonctions des citoyens servant en qualité de gardes nationales ; la quatrième fixe l'ordre du service ; la cinquième établit des règles de discipline.

Ce qui frappe d'abord dans cette loi , c'est l'esprit de justice qui y règne. Dans un état , tous les hommes ayant également droit à la protection de leurs personnes et de leurs biens , il en résulte que chacun est tenu de concourir, selon l'étendue de ses moyens, à assurer aux autres la protection à laquelle il a lui-même droit. Le service dans la garde nationale , qui n'est à proprement parler qu'un impôt payé en nature , doit donc peser indistinctement sur les citoyens en état de le faire;

il ne peut y avoir d'exception que pour les individus auxquels on ne pourrait sans danger confier
des armes. La loi du 29 septembre appelle en effet
tous les citoyens sans distinction, à moins que par
d'autres fonctions ils ne soient autorisés à requérir
la force publique. Ceux qui ne peuvent pas faire
le service, ou qui ne répondent pas à l'appel,
sont obligés de payer l'homme qui les a remplacés. Ici, rien n'est laissé à l'arbitraire : tout
homme que la loi n'a pas excepté fait nécessairement partie de la garde nationale ; tout individu qui ne s'est pas fait inscrire dans les registres
de la municipalité du lieu de son domicile, est
incapable de porter des armes, et d'exercer les
droits de citoyen.

Personne n'est plus intéressé au respect des
personnes et des propriétés que les citoyens; personne ne connaît mieux qu'eux les hommes qui
sont dignes de les commander ; aussi c'est à eux
seuls que la loi laisse la nomination de leurs officiers. Ce sont eux qui élisent, sous la présidence
d'un maire également nommé par eux, leurs capitaines, leurs lieutenants, leurs sous-lieutenants,
leurs sergents, leurs caporaux. Lorsque les capitaines, lieutenants, sous-lieutenants et sergents de
chaque bataillon ont été nommés, ils se réunissent

et nomment eux-mêmes le commandant en chef,
le commandant en second et l'adjudant. Ces derniers officiers et ceux qui les ont élus se réu-
nisssent ensuite, et nomment le chef, l'adjudant
et le sous-adjudant général de la légion.

Comme l'objet principal de la garde nationale
est de veiller au maintien de l'ordre public, et de
seconder l'action des autorités civiles; et comme
elle ne peut avoir par conséquent ni batailles à
livrer, ni campagnes à faire, tous les officiers
doivent sortir du rang des citoyens : la loi leur
défend positivement de prendre pour chef aucun
officier des troupes de ligne, ni de gendarmerie
nationale.

Les officiers et sous-officiers de tout grade ne
sont élus que pour un an; ils ne peuvent être
réélus qu'après avoir été soldats pendant une année.
Ainsi, le commandement des officiers est adouci
par la certitude qu'ils ont de descendre au rang
du soldat, et de voir les soldats monter à leur tour
au rang d'officiers; les citoyens sont sans cesse ramenés au sentiment de l'égalité. La loi détermine
l'uniforme et le drapeau, et ne laisse par conséquent
à aucun corps ou à aucun fonctionnaire la faculté
de faire habiller les citoyens à sa guise.

Les fonctions que la loi attribue aux gardes

nationales sont de rétablir l'ordre et de maintenir
l'obéissance aux lois ; de disperser, lorsqu'elles
en sont légalement requises, les émeutes populaires et attroupements séditieux ; de saisir et de
livrer à la justice, même sans réquisition, les coupables d'excès et de violences, pris en flagrant
délit ; elles doivent employer la force des armes,
lorsqu'elles en sont légalement requises par les
officiers civils, aux termes de la loi martiale,
ou du décret du 3 août 1791.

. Les corps de la garde nationale ont, en tous lieux,
le pas sur la gendarmerie nationale et la troupe
de ligne, lorsqu'ils se trouvent en concurrence
de service avec elles. Dans les fêtes ou cérémonies civiles, le commandement appartient à celui
des officiers des trois corps qui a la supériorité du
grade, ou dans le même grade, à la supériorité de
l'âge. Lorsqu'il s'agit d'actions militaires, les corps
réunis sont commandés par l'officier supérieur de
la troupe de ligne ou de la gendarmerie nationale.

Les citoyens qui font partie de la garde nationale, doivent obéir aux ordres qui leur sont donnés par leurs chefs ; mais, en cas de désobéissance,
il est interdit à ceux-ci d'user d'aucune contrainte
pour se faire obéir. L'individu qui ne fait point

le service auquel il est tenu ne peut être puni
par ses supérieurs ; il doit être déféré aux officiers municipaux qui le soumettent à la taxe
de remplacement. Les peines de discipline, pour
manque d'obéissance ou de respect ou pour injures, sont les arrêts ou la prison ; les arrêts ne
peuvent excéder huit jours, et l'emprisonnement
quatre. Ceux qui ne se soumettent pas volontairement à la peine prononcée contre eux ne peuvent pas être contraints. Ils doivent seulement être
notés sur le tableau des gardes nationales, et suspendus de l'exercice des droits de citoyen jusqu'à
ce qu'ils aient exprimé leur repentir et subi leur
peine (1).

Un des changements les plus considérables que
cette loi apporta à l'organisation de la garde nationale parisienne fut la substitution de six chefs de
légion qui la commandaient alternativement, au

(1) Voyez le texte de la loi à la fin du volume.

Peu de temps après cette loi, il en fut rendu une seconde sur
la formation, l'organisation et la solde des gardes nationaux
volontaires; mais cette loi se rattache plus particulièrement à
l'histoire des armées françaises qui ont combattu pour l'indépendance nationale, au commencement de la révolution. Elle a
été rendue le 28 décembre 1791 et sanctionnée le 3 février
1792. Elle est rapportée dans la collection des lois de Rondon-
neau, t. 3, p. 253.

commandant général qu'elle avait eu depuis le moment de sa formation.

Dès que la nouvelle organisation fut complète, le général La Fayette se retira, et les commandants de légion le remplacèrent. En même temps, l'assemblée législative succéda à l'assemblée nationale que nous appellerons désormais assemblée constituante, et elle se trouva composée tout entière d'hommes nouveaux (1). Ces changements dans les hommes ne s'étaient opérés qu'en vertu des lois antérieures, et ils paraissaient une conséquence naturelle de ceux qui étaient arrivés jusqu'alors. On ne savait pas encore qu'une révolution dans les hommes amène presque toujours une révolution dans les institutions; et que, pour renverser les lois, il suffit d'en confier l'exécution à des hommes qui ne sont pas disposés à les maintenir.

Dans l'assemblée constituante, les hommes qui avaient voulu fonder la liberté, et établir une monarchie démocratique, siégeaient au côté gauche, et ils formaient une majorité considérable. Dans l'assemblée législative, les défenseurs de la constitution se trouvèrent au côté droit et furent en mi-

(1) Les membres de l'assemblée constituante avaient décrété qu'ils ne pourraient pas être nommés à la législature suivante.

norité ; le parti qu'on appela des Girondins occupa le côté gauche , et inclina vers le gouvernement républicain. Ce changement fut une conséquence naturelle de la conduite de la majorité de
la noblesse, de la cour et du clergé. Les émigrés
étaient allés en pays étranger provoquer l'invasion
de la France. La plus grande partie du clergé les
secondait de toute sa puissance. Le roi avait
tenté de fuir, et en partant il avait protesté contre
la révolution. Il était donc naturel que tous les
électeurs dont la révolution avait rétabli les droits
nommassent pour leurs députés les individus dans
lesquels ils voyaient des ennemis prononcés de la
contre-révolution.

Il existait dans le sein de l'assemblée législative,
outre le parti de la droite et de la gauche , un troisième parti qui occupait les bancs les plus élevés,
et que par cette raison on appelait le parti de la
Montagne : c'étaient les plus exagérés de la révolution. Ces hommes qui ne formaient encore
qu'une faible minorité dans l'assemblée, avaient
une grande influence dans les clubs, et sur la multitude ignorante.

La garde nationale parisienne , héritière des
principes de son commandant général , voulait res-

ter fidèle à ses serments et défendre par conséquent la constitution qu'elle avait jurée. Elle avait
les mêmes opinions que les constitutionnels de
l'assemblée législative ; et comme elle était presque
la seule force organisée qui existât dans Paris, il était
impossible de la faire concourir soit au rétablissement de l'ancien régime, soit à une nouvelle révolution.

Mais, dans un pays libre, il n'appartient point à
la force armée de délibérer, quelque bien composée qu'elle soit d'ailleurs. Elle peut ne pas agir ou
n'agir que mollement dans un sens qui froisse ses
intérêts ou qui blesse ses opinions. Il est impossible, à moins qu'elle ne se mette en état de révolte, qu'elle agisse contre des mouvements que
l'autorité civile seconde ou ne veut pas contrarier.
Les services que rendrait la garde nationale parisienne devaient donc dépendre des opinions et de
la conduite de l'autorité municipale. Deux candi-
dats étaient présentés pour remplir les fonctions
de maire, La Fayette et Pétion. Le premier,
quoique républicain par inclination, était constitutionnel par devoir et parce qu'il avait juré d'être
fidèle à la constitution. Le second était aussi républicain ; mais il ne se croyait pas soumis aux mêmes

14

devoirs, quoiqu'ayant fait à la nation les mêmes
serments. Si l'on en croit quelques historiens, la
cour fit une dépense énorme pour écarter le premier; ses efforts eurent un plein succès : le républicain Pétion fut nommé. Ainsi, la garde nationale parisienne, quelque disposée qu'elle fût à défendre la monarchie constitutionnelle, se trouva
subordonnée à un magistrat peu disposé à la faire
marcher dans ce sens.

La maison militaire du roi avait été composée
d'un tiers de troupes de ligne, et de deux tiers de
jeunes gens pris dans la garde nationale. Les officiers étaient considérés comme des ennemis de
la révolution; et les soldats de la ligne leur étaient
entièrement dévoués. Les jeunes gardes nationaux,
qui ne cachaient pas leurs sentiments en faveur
de la liberté, furent abreuvés de dégoûts, d'humiliations et de mauvais traitements. Ils se démirent
successivement de leurs fonctions, et à mesure
qu'ils se retirèrent, ils furent remplacés par des
hommes plus sûrs. La garde du roi qui, suivant
la constitution, ne devait être que de dix-huit
cents hommes, s'éleva bientôt à près de six mille.
La retraite forcée des gardes nationaux, l'accrois-
sement de la troupe de ligne et l'esprit qu'elle ma-

nifestait furent bientôt connus. On en parla dans
les clubs, et tous les souvenirs des anciens projets
de contre-révolution se réveillèrent. Dans le même
temps, la France était menacée par les rassemblements que formaient les émigrés sur les frontières,
par la coalition des puissances étrangères, et par
les troubles que le clergé suscitait sur plusieurs
points du territoire.

L'assemblée législative se fit faire un rapport
sur la composition de la maison militaire du roi,
sur le nombre, le choix et la conduite des hommes
dont elle était composée. Ayant constaté que la
constitution était violée, elle rendit deux décrets;
par l'un, elle licencia la garde inconstitutionnelle;
par l'autre, elle mit en accusation le duc de Brissac qui l'avait formée. La loi voulut d'abord faire
usage de son *veto* contre l'un et contre l'autre ;
mais ensuite il changea d'avis et les sanctionna, sur
les représentations d'un de ses conseillers.

Dans ces circonstances, le ministre Servan, sans
avoir demandé l'avis d'aucun de ses collègues et
sans en avoir pris l'ordre du roi, proposa à l'assemblée législative, à l'occasion de la fête du 14
juillet, de former un camp de vingt mille fédérés
qui seraient chargés de protéger l'assemblée et la

14.

capitale. La garde nationale parisienne prit aussitôt l'alarme ; elle comprit que les fédérés seraient choisis parmi les hommes les plus violents ; et que loin de protéger Paris, ils ne seraient propres qu'à assurer le triomphe d'une faction. Huit mille gardes nationaux parisiens adressèrent à l'assemblée une pétition, par laquelle ils lui représentèrent que c'était les offenser que de supposer qu'ils étaient hors d'état de la protéger et de se protéger eux-mêmes. Ils jugeaient que ceux qui avaient su conquérir la liberté sauraient bien aussi la défendre. Cette pétition contrariait trop les vues du parti des girondins et celui de la montagne pour être favorablement accueillie. Aussi, le décret proposé par Servan fut-il adopté ; mais le roi refusa de le sanctionner.

Deux opinions principales partageaient alors la France et par conséquent toutes les assemblées et tous les corps constitués. Les hommes qui avaient établi la constitution pensaient que, même en supposant que la cour eût l'intention de la renverser, la nation française avait assez de puissance pour défendre son indépendance et conserver sa liberté contre les attaques de ses ennemis intérieurs et extérieurs. D'autres croyaient, au contraire, qu'il était impossible de vaincre en même temps les émigrés, les puissances coalisées, le clergé, en un mot tous les ennemis de la liberté, tant qu'il y aurait à la tête du gouvernement un prince qui, par ses habitudes, ses idées et ses affections, serait porté à s'unir à tous les ennemis de la révolution. Ces deux partis étaient d'accord sur le but, mais ils différaient sur les moyens; l'un et l'autre voulaient la liberté et l'indépendance nationale; mais l'un croyait y arriver par le maintien des lois établies, et l'autre par leur renversement.

Il existait d'autres partis qui n'étaient pas également de bonne foi; il y avait des hommes qui aspiraient à rétablir tout ce que la révolution avait détruit, et qui croyaient arriver à leur but en se ralliant aux constitutionnels; ceux-là ne voyaient dans le roi et dans la constitution que des moyens de ramener l'ancien régime. Il y avait d'autres hommes qui n'étaient dirigés que par des passions haineuses ou par des intérêts individuels, et qui se réunissaient aux républicains, persuadés qu'une révolution nouvelle offrirait des chances à tous les intérêts et à toutes les opinions. On comptait parmi ceux-là des hommes que leur médiocrité ou leur obscurité avait irrités contre toute espèce d'illustration, d'insensés démagognes qui, ne pouvant élever tous les hommes au même niveau, aspiraient à établir l'égalité en abaissant tous ceux qui s'étaient élevés, des hommes qui auraient voulu seulement un changement de dinastie, des agents de l'étranger et même quelques partisans de l'ancien régime qui croyaient, non sans raison, que le meilleur moyen de détruire la révolution était de la rendre odieuse en la déshonorant.

Tous ces hommes qui se rattachaient au parti républicain n'étaient encore connus que par les opinions qu'ils manifestaient publiquement : aucun d'eux n'ayant possédé un grand pouvoir, n'avait pu manifester ses intentions réelles, et ne pouvait par conséquent inspirer aucune méfiance ni au public, ni aux hommes qu'ils paraissaient vouloir seconder de leurs efforts. Nous ne devons point être surpris de trouver dans ce temps des alliances qui auraient été monstrueuses, si tous les hommes dont elles se composaient avaient été connus, comme nous les connaissons aujourd'hui. L'infamie qui a été justement attachée à la mémoire de quelques-uns, a rejailli en partie sur ceux qui, sans les connaître, eurent le malheur de les prendre pour alliés ; mais l'histoire ne doit pas les confondre. Les intentions et le caractère des uns et des autres ne furent connus qu'à mesure que les événements se développèrent, et que les hommes des divers partis arrivèrent à la puissance.

Pour intimider la cour ou pour déjouer ses plans, les républicains cherchèrent un levier ou un appui dans la classe ouvrière des faubourgs ; ils agissaient sur elle par le moyen des clubs des jacobins et des cordeliers, et des conciliabules secrets : c'est dès cette époque qu'on voit paraître Robespierre, Danton, Sergent, Paris, Santerre, Carra, Alexandre, Boucher, Legendre et d'autres, dont plusieurs ont acquis une horrible célébrité, mais qui alors ne paraissaient que des patriotes exaltés; ces hommes n'aspiraient qu'à frapper un grand coup, et Pétion, qui pensait qu'on ne pouvait sauver l'indépendance et la liberté qu'en sacrifiant la cour, était plus occupé de diriger leurs mouvements que de les déjouer; il arrêtait ceux qui lui semblaient mal calculés et qui pouvaient compromettre le parti; mais il favorisait les autres, ou du moins il ne faisait rien pour les contrarier.

On approchait du 20 juin, anniversaire du serment fait au jeu de paume : on parle dans le faubourg Saint-Antoine d'une fête pour cette époque. On voulait planter un arbre de la liberté

sur la terrasse de Feuillants, et adresser en armes
une pétition au roi et à l'assemblée. Le 16 juin,
des habitants de ce faubourg demandèrent au
conseil général de la commune l'autorisation de se
réunir pour l'exécution de ce projet. Le même jour,
le conseil général repoussa cette demande et
ordonna que son arrêté serait communiqué au
corps municipal, et à l'administration du département qui portait alors le nom de directoire.
Pétion ne le communiqua au directoire que le 18,
et il ne le fit pas connaître au corps municipal. Le
lendemain, le directoire rendit un arrêté par lequel
il défendit les attroupements; cet arrêté fut communiqué à l'assemblée législative. Vergniaud ne
voulait pas même qu'on en permît la lecture; il
fut lu néanmoins, mais l'assemblée passa à l'ordre
du jour.

Cependant, Santerre excitait la formation d'un
attroupement, et assurait aux plus timides qui
craignaient de voir renouveler la scène du Champ-
de-Mars, que la garde nationale ne pouvait pas
tirer sans l'ordre du maire, et que cet ordre ne
serait pas donné. Dans la nuit du 19 au 20, Pétion
écrivit au directoire pour lui demander de légaliser
l'attroupement, en permettant à la garde nationale

de lui ouvrir ses rangs. Le directoire persista dans son arrêté. Le maire qui aurait dû faire mettre toute la garde nationale sous les armes, du moment qu'il avait vu que l'ordre public était sérieusement menacé, ordonna seulement au commandant de service de tenir les postes au complet et de doubler la garde des Tuileries, laissant ainsi l'attroupement se former sans obstacle; en même temps il laissa prendre par le corps municipal, qui ne s'était réuni qu'à neuf heures, une décision qui annulait celle de l'autorité supérieure, et qui enjoignait à la garde nationale d'ouvrir ses rangs aux pétitionnaires armés.

L'ordre donné par le maire de tenir au complet les postes de la garde nationale et de doubler la garde des Tuileries, n'avait pas eu le temps d'être exécuté, et déjà un attroupement immense était aux portes de l'assemblée législative. La pétition qu'il apportait était l'image assez fidèle de l'arrogance et des mœurs brutales des pétitionnaires : « Le peuple est prêt; il n'attend que vous; il est disposé à se servir de grands moyens pour exécuter l'article 2 de la déclaration des droits, résistance à l'oppression.... Que le petit nombre d'entre vous qui ne s'unit pas à vos sentiments et aux nôtres,

fuie la terre de la liberté, et s'en aille à Coblentz......
Cherchez la cause des maux qui nous menacent ;
si elle dérive du pouvoir exécutif, qu'il soit
anéanti ! »

Au moment où cet attroupement s'était présenté
à la porte de l'assemblée, une agitation violente
s'était manifestée parmi les représentants. Les
constitutionnels avaient voulu repousser la pétition
et les pétitionnaires ; mais les girondins et les
montagnards, qui ne voyaient le salut de la liberté
que dans les forces des mouvements populaires,
voulaient qu'on les admît, et en effet ils furent
introduits : l'assemblée les autorisa à défiler devant
elle. Des hommes qui voulaient avilir la déclaration
des droits, afin de suspendre plus facilement
l'exercice des droits eux-mêmes, avaient suggéré
l'idée de la faire paraître dans cette occasion ; elle
était portée sur d'énormes tables à la tête de
l'attroupement. Des femmes et des enfants portant
des piques et des branches d'olivier et présentant
ainsi la paix ou la guerre, dansaient autour de
ces tables, en chantant une marche contre les
aristocrates. A leur suite s'avançaient Santerre et
le marquis de Saint-Hurugues, ayant le sabre nu
à la main ; ils étaient suivis des forts des halles et

des ouvriers armés de piques, de mauvais fusils, de sabres et de fers tranchants placés au bout de gros bâtons; des bataillons de la garde nationale suivaient en bon ordre cette multitude pour la contenir, et après eux venaient encore des hommes et des femmes armés, portant pour bannières des culottes déchirées, et au bout d'une pique un cœur de veau, avec cette inscription *cœur d'aristocrate*. L'indignation qui se manifesta dans l'assemblée à cette apparition, fit disparaître cet horrible emblème; mais il reparut bientôt après. Cette multitude qui s'élevait à environ trente mille individus mit trois heures à défiler.

En sortant du sein de l'assemblée, la foule se porta aux Tuileries : l'entrée lui en fut défendue, et elle se disposait à se retirer, lorsqu'un des hommes qui la conduisait excita son audace, et fit placer un canon devant la porte. Alors deux officiers municipaux levèrent la consigne qu'ils avaient donnée, et les bataillons de la garde nationale qui défendaient l'entrée se trouvèrent sans autorité pour résister. La multitude armée se précipita dans toutes les parties du château, et une pièce de canon fut portée jusqu'au premier étage. L'appartement du roi était fermé, on voulut enfoncer la porte à coups de hache. La résistance devenant inutile et peut-être dangereuse, le roi fit ouvrir la porte; les officiers de la garde nationale avec lesquels il se trouvait, et parmi lesquels était le chef de bataillon Acloque, se réunirent à l'instant autour de lui, et lui jurèrent de mourir en le défendant. Quelques-uns ordonnèrent à la foule de respecter le roi, et comme elle arrivait sans dessein, elle ralentit sa marche. On annonça une pétition; le roi consentit à l'entendre; un homme lui présenta le bonnet rouge, et il le mit; un autre qui s'était muni d'une bouteille et d'un verre à cause de la chaleur, lui offrit à boire, et il but. Des membres de l'assemblée législative et ensuite le maire Pétion arrivèrent successsivement; ils haranguèrent la multitude, et elle se retira sans avoir commis d'autres désordres.

Si Paris avait eu pour maire Bailly, et si la garde nationale avait eu son premier commandant général, l'enceinte de l'assemblée législative et la demeure royale n'auraient pas été violées; car ce rassemblement aurait été dispersé dès sa naissance, ou pour mieux dire personne n'aurait conçu la pensée de le former. Il aurait été également impossible si la cour, pour faire exclure M. de La

Fayette des fonctions de maire, n'avait pas appuyé de toute sa puissance la nomination de Pétion ; car., dans ce cas comme dans le premier, l'autorité municipale et la garde nationale auraient agi de concert. Mais avec un maire qui favorisait cet attroupement, ou qui du moins ne voulait pas l'empêcher, il était impossible que la garde nationale opposât aucun obstacle à la multitude. Les soldats ne pouvaient se réunir que sous les ordres de leurs officiers ; et la loi du 29 septembre 1791, qui l'avait organisée, défendait aux officiers de la convoquer et de lui donner aucun ordre, si ce n'est sur la réquisition de l'autorité civile. Ainsi, elle ne pouvait se former et agir pour réprimer un attroupement illégal, sans se mettre elle-même en état d'insurrection.

N'ayant pu faire respecter l'assemblée nationale ni la personne du roi, les gardes nationaux, qu'on avait paralysés, voulurent du moins faire connaître l'opinion qu'ils avaient de cet événement. A Paris, une pétition fut faite pour demander la répression de l'attentat qui avait été commis. Elle fut couverte de vingt mille signatures. Le même esprit se manifesta dans plusieurs départements.

Dès le commencement de la guerre , un grand nombre de gardes nationaux de Paris avaient demandé à aller combattre les ennemis extérieurs , et ils formaient une partie de l'armée commandée par le général La Fayette. Lorsqu'ils apprirent les attentats du 20 juin , ils manifestèrent hautement les sentiments qu'ils leur inspiraient. Plusieurs régiments envoyèrent à leur général des adresses dans lesquelles ils firent éclater leur indignation. Il les arrêta par un ordre du jour , en promettant de demander lui - même la punition des coupables (1).

Après avoir pris avec le général Luckner toutes les mesures nécessaires pour que son absence ne pût pas nuire aux opérations militaires , le général La Fayette partit pour Paris , et il parut à la barre de l'assemblée , le 21 juin. Il fut reçu aux applaudissements des constitutionnels , mais les girondins et la montagne gardèrent le silence. Il annonça que le 20 juin avait porté l'indignation dans son armée ; qu'elle lui avait présenté plusieurs adresses , mais qu'il les avait arrêtées en prenant l'engagement de se faire son organe auprès de

(1) Les deux tiers de l'armée étaient composés de volontaires sortis du sein des gardes nationales.

l'assemblée nationale. Déjà , disait-il , les soldats se demandent si c'est vraiment la cause de la liberté et de la constitution qu'ils défendent. Le général La Fayette suppliait l'assemblée de poursuivre les instigateurs du 20 juin, et de détruire la secte des jacobins qui envahissait la souveraineté nationale , et qui ne prenait plus la peine de cacher l'atrocité de ses projets. Enfin, il lui demandait de faire respecter les autorités, et de donner aux armées l'assurance que la constitution ne recevrait aucune atteinte au dedans , tandis qu'elles prodigueraient leur sang pour la défendre au dehors.

An lieu d'examiner l'objet de la pétition , un membre de l'assemblée s'attacha à examiner la position particulière des pétitionnaires, et à mettre en question s'il ne se rendait pas coupable d'usurpation en demandant l'observation des lois. Un député qui avait trouvé que l'assemblée n'avait pas pas cessé d'être libre , en recevant dans son sein trente mille pétitionnaires armés de fusils , de sabres et de piques, l'accusa de manquer à la constitution en se faisant l'organe d'une armée que la loi déclarait incapable de délibérer. Il demanda que la commission extraordinaire fît un rapport pour savoir si un général pourrait entretenir l'assemblée d'objets purement politiques.

Cependant, après beaucoup de tumulte et un double appel, la pétition fut envoyée à la commission extraordinaire.

Le général La Fayette avait été accompagné par les acclamations publiques, et la faveur populaire dont il jouissait intimidait les jacobins. Plusieurs chefs de la garde nationale, plus particulièrement dévoués à la monarchie constitutionnelle, crurent qu'ils pourraient employer cette popularité en faveur de la constitution. Cependant, comme ils ne voulaient rien faire sans l'aveu de la cour, ils s'adressent à elle pour savoir quelle conduite ils devaient tenir. Le roi et la reine furent d'avis qu'il fallait ne pas seconder le général La Fayette (1).

A mesure que les puissances étrangères devenaient plus menaçantes pour l'indépendance de la France, les girondins et les jacobins devenaient plus hostiles envers la cour qu'ils soupçonnaient favoriser l'invasion. Ils pressaient les ministres pour qu'ils eussent à faire connaître les mesures de sûreté qu'ils avaient substituées au projet de former près de Paris un camp de vingt mille fé-

(1) Voyez les Mémoires de Mme Campan.

dérés. Les ministres proposent un projet au moyen duquel on dirigerait sur Soissons une réserve de quarante-deux bataillons de volontaires nationaux. En même temps, plusieurs départements, excités par leurs correspondants de Paris, exécutaient le décret non sanctionné qui ordonnait la formation d'un camp de vingt mille hommes, et dirigeaient sur Paris des troupes de fédérés. L'assemblée ayant connaissance de ce mouvement insurrectionnel, modifia le projet des quarante-deux bataillons, présenté par les ministres ; elle décréta que les bataillons que leur zèle avait déjà mis en marche passeraient à Paris avant que de se rendre à Soissons, et que ceux qui se trouveraient dans la capitale avant le 14 juillet y resteraient pour célébrer cette fête nationale. Ce décret fut sanctionné.

La garde nationale parisienne ne pouvant agir sans la participation de l'autorité civile, et avec un maire disposé à seconder les insurrections, il semble qu'elle aurait dû paraître peu redoutable au parti qui croyait sauver l'indépendance nationale et la liberté, en détruisant le gouvernement monarchique. On en jugea autrement : on craignit que si elle était placée dans l'alternative de

15

laisser renverser la constitution , ou de violer
la loi qui lui faisait un devoir d'attendre, pour
agir , d'en avoir reçu l'ordre de l'autorité municipale, elle ne sacrifiât une disposition législative au salut de la loi constitutionnelle. On trouvait d'ailleurs que les officiers ne se défiaient pas
assez de la cour, et l'on craignait que, s'ils avaient
à choisir entre le sacrifice de l'indépendance et de
la liberté , et le sacrifice du gouvernement monarchique, ils ne trouvassent le premier préfé-
rable au second. Afin d'éviter ce danger, on imagina de congédier tous les états-majors dans les
villes de plus de cinquante mille ames, et d'en
faire élire de nouveaux. Dans l'état d'irritation
où étaient les esprits, il était probable qu'il se trou-
verait parmi les nouveaux officiers des hommes
déterminés à seconder le parti républicain , plutôt que de renoncer aux avantages qu'ils avaient
acquis par la révolution. Cette mesure n'était dirigée que contre les chefs de la garde nationale
parisienne ; mais comme on ne pouvait alléguer
aucune raison pour les atteindre d'une manière
particulière, on fut obligé de prendre une mesure
générale.

Les girondins et les jacobins dont ils se croyaient

les chefs, étaient persuadés qu'on ne pouvait garantir l'indépendance de la France que par la puissance des masses populaires ; et, comme ils supposaient que la cour était d'intelligence avec les puissances coalisées , ils croyaient qu'il n'y avait pas d'autre moyen de donner de l'unité et de l'énergie à la défense du territoire , que de prononcer la déchéance du roi. Ce projet avait été le sujet de tous les discours , il avait même été traité publiquement dans les clubs, avant qu'aucun membre de l'assemblée se fût permis d'en parler. Ce ne fut même qu'après avoir débattu la question de savoir s'il ne convenait pas de déclarer la *patrie en danger* , qu'on osa l'aborder ; mais alors Vergniaud prit la parole , et en parla sans ménagement. Il fit connaître d'abord la situation des armées françaises ; il rappela qu'après avoir avancé dans la Belgique, elles avaient été obligées de reculer; que la guerre était reportée sur notre territoire, et qu'une formidable armée de Prussiens menaçait le Rhin, quoiqu'on nous eût fait espérer que leur marche ne serait pas si prompte. Ensuite il ajoutait :

« Comment se fait-il qu'on ait choisi ce moment pour renvoyer les ministres populaires , pour rom-

15.

pre la chaîne de leurs travaux, livrer l'empire à des mains inexpérimentées, et repousser les mesures utiles que nous avons cru devoir proposer?... Serait-il vrai qu'on redoute nos triomphes?... Est-ce du sang de Coblentz ou du vôtre qu'on est avare?... Veut-on régner sur des villes abandonnées, sur des champs dévastés?... Où sommes-nous enfin?... Et vous, Messieurs, qu'allez vous entreprendre de grand pour la chose publique?... »

L'orateur cherchait ensuite à prévenir l'assemblée contre les reproches que pourrait lui attirer la fermeté de ses mesures; il découvrait deux genres de danger, l'un intérieur et l'autre extérieur; il observait que le roi s'était opposé aux mesures propres à prévenir les dangers intérieurs; il menaçait les ministres qui avaient encouru la responsabilité; puis il ajoutait: « Mais ce n'est pas tout de jeter les ministres dans l'abîme que leur méchanceté ou leur impuissance aurait creusé..... Qu'on m'écoute avec calme, et qu'on ne se hâte pas de me deviner. » Ayant excité par ces mots l'attention la plus profonde, il continuait en ces termes :

« C'est au nom *du roi* que les princes français ont tenté de soulever l'Europe ; c'est pour venger

la *dignité du roi* que s'est conclu le traité de Piltnitz ;
c'est pour venir *au secours du roi* que le souverain de Bohême et de Hongrie nous fait la guerre,
que la Prusse marche vers nos frontières. Or, je
lis dans la constitution : si le roi se met à la tête
d'une armée et en dirige les forces contre la nation, ou *s'il ne s'oppose pas, par un acte formel,* à
une telle entreprise *qui s'exécuterait en son nom,* il
sera censé avoir abdiqué la royauté.

« Qu'est-ce qu'un acte formel d'opposition ? Si
cent mille Autrichiens marchaient vers la Flandre,
cent mille Prussiens vers l'Alsace, et que le roi
leur opposât dix ou vingt mille hommes, aurait-il
fait un acte formel d'opposition ? Si le roi, chargé
de notifier les hostilités imminentes, instruit des
mouvements de l'armée prussienne, n'en donnait
aucune connaissance à l'assemblée nationale ; si un
camp de réserve, nécessaire pour arrêter les pro-
grès de l'ennemi dans l'intérieur, était proposé,
et que le roi y substituât un plan incertain et trop
long à exécuter ; si le roi laissait le commandement
d'une armée à un général intrigant et suspect à
la nation ; si un autre général, nourri loin de la
corruption des cours et familier avec la victoire,
demandait un renfort, et que par un refus le roi

lui dît : *Je te défends de vaincre ;* pourrait-on dire
que le roi a fait un acte formel d'opposition ?

« J'ai exagéré plusieurs faits, ajoutait Vergniaud,
pour ôter tout prétexte à des applications purement hypothétiques. Mais si, tandis que la France
nagerait dans le sang, le roi vous disait : Il est vrai
que les ennemis prétendent agir pour moi, pour
ma dignité, pour mes droits, mais j'ai prouvé que
je n'étais pas leur complice : j'ai mis des armées en
campagne ; ces armées étaient trop faibles, mais la
constitution ne fixe pas le degré de leurs forces : je
les ai rassemblées trop tard, mais la constitution
ne fixe pas le temps de leur réunion : j'ai arrêté
un général qui allait vaincre, mais la constitution
n'ordonne pas les victoires : j'ai eu des ministres
qui trompaient l'assemblée et désorganisaient le
gouvernement, mais leur nomination m'appartenait : l'assemblée a rendu des décrets utiles que je
n'ai pas sanctionnés, mais j'en avais le droit : j'ai fait
ce que la constitution m'a prescrit ; il n'est donc
pas possible de douter de ma fidélité pour elle.

« Si donc le roi vous tenait ce langage, ne seriez-
vous pas en droit de lui répondre : ô roi ! qui,
comme le tyran Lysandre, avez cru que la vérité
ne valait pas mieux que le mensonge, qui avez

feint de n'aimer les lois que pour conserver la puissance qui vous servirait à les braver, était-ce nous défendre que d'opposer aux soldats étrangers des forces dont l'infériorité ne laissait pas même d'incertitude sur leur défaite? Était-ce nous défendre que d'écarter les projets tendant à fortifier l'intérieur? Était-ce nous défendre que de ne pas réprimer un général qui violait la constitution, et d'enchaîner le courage de ceux qui la servaient?... La constitution vous laissa-t-elle le choix des ministres pour notre bonheur ou notre ruine? Vous fit-elle le chef de l'armée pour notre gloire ou notre honte? Vous donna-t-elle enfin le droit de sanction, une liste civile et tant de prérogatives pour perdre constitutionnellement la constitution et l'empire? Non! non! homme que la générosité des Français n'a pu rendre sensible, que le seul amour du despotisme a pu toucher... vous n'êtes plus rien pour cette constitution que vous avez si indignement violée, pour ce peuple que vous avez si lâchement trahi!... »

Cependant Vergniaud était loin de proposer la déchéance; il espérait que le roi prendrait les mesures nécessaires pour sauver la France; il voulait faire prévoir ce qui, dans certaines hypothèses, pourrait arriver : il fallait tout prévoir et tout dire;

car, disait-il, la franchise peut tout sauver. Il finit
en proposant un message au roi pour l'obliger à
opter entre la France et l'étranger, et lui apprendre
que les Français étaient résolus à périr ou à triom-
pher avec la constitution. Il proposa, en même
temps, de déclarer la patrie en danger, afin de réveiller dans les cœurs ces grandes affections qui
ont animé les grands peuples et qui sans doute se
trouvaient dans les Français. Enfin, il invita les
divers partis à s'unir dans l'intérêt commun, et il
parla sur ce sujet avec tant d'entraînement, il fut
si bien secondé par le respectable évêque de Lyon,
que, pendant quelques heures, la réconciliation
fut complète.

Le maire et le procureur de la commune avaient
été dénoncés à l'administration départementale
comme complices de l'attroupement du 20 juin.
Le jour même où la réunion des partis s'était opérée dans le sein de l'assemblée législative, ces deux
magistrats furent suspendus de leurs fonctions. Le
roi fit communiquer cette décision à l'assemblée,
en lui annonçant qu'il s'en référait à elle ; l'assemblée la lui renvoya pour qu'il prononçât lui-même,
mais ce ne fut pas sans avoir laissé éclater son
mécontentement. Des pétitions, dans lesquelles

les pétitionnaires demandaient *Pétion ou la mort*, arrivèrent en foule, et elles furent appuyées par les cris des tribunes. Dès ce moment, les querelles devinrent plus vives, et ce ne fut plus par voie de supposition qu'on parla de déchéance.

« Le péril où nous sommes, dit Brissot, est le plus extraordinaire qu'on ait encore vu dans les siècles passés. La patrie est en danger, non pas qu'elle manque de troupes, non pas que ses troupes soient peu courageuses, ses frontières peu fortifiées, ses ressources peu abondantes..... Non. Elle est en danger, parce qu'on a paralysé ses forces. Eh! qui les paralysait? un seul homme; celui-là même que la constitution a fait son chef, et que des conseillers perfides faisaient son ennemi! On vous dit de craindre les rois de Hongrie et de Prusse..; et moi, je dis que la force principale de nos ennemis est à la cour, et que c'est là qu'il faut les vaincre d'abord. On vous dit de frapper sur des prêtres réfractaires par tout le royaume...; et moi je dis, que frapper sur la cour des Tuileries, c'est frapper ces prêtres d'un seul coup. On vous dit de poursuivre tous les intrigants, tous les factieux, tous les conspirateurs...; et moi je dis que tous disparaissent si vous frappez sur le cabinet des Tuileries ; car ce cabinet est le point où tous les fils aboutissent, où se trament toutes les manœuvres, d'où partent toutes les impulsions ! La nation est le jouet de ce cabinet. Voilà le secret de notre position, voilà la source du mal, voilà où il faut porter le remède (1) ».

Tandis qu'on préparait ainsi les esprits à la déchéance, les comités s'occupaient de mesures de salut public. Dans la séance du 5 juillet, l'assemblée proclama *la patrie en danger* ; aussitôt les autorités civiles se placèrent en surveillance permanente ; chacun fut tenu de déclarer les armes et les munitions qu'il possédait ; tous les citoyens en état de porter les armes et ayant fait le service dans la garde nationale furent mis en activité ; ceux

(1) Les girondins qui étaient alors les chefs apparents des jacobins auraient voulu que la déposition fût faite dans des formes, ou du moins avec des apparences constitutionnelles, parce qu'alors ils seraient restés à la tête de la révolution, et qu'ils auraient pu diriger toutes les forces nationales contre les armées étrangères, sans autoriser aucun excès dans l'intérieur. Mais les hommes obscurs et violents du parti voulaient que le renversement du gouvernement fût le résultat d'un mouvement populaire, parce qu'alors ils se trouveraient naturellement portés au pouvoir par les hommes qui leur auraient servi d'instruments. Ce fut le triomphe de ceux-ci qui amena d'abord la proscription des constitutionnels, et ensuite celle des girondins eux-mêmes.

auxquels on ne put donner des fusils furent armés de piques; des bannières sur lesquelles on lisait : *Citoyens, la patrie est en danger*, furent arborées ; des bataillons de volontaires furent enrôlés sur les places publiques ; et toutes les imaginations s'exaltèrent pour la défense de la patrie. Les hommes qui s'imaginaient encore qu'il était possible de conserver la liberté et de défendre l'indépendance du territoire, avec les moyens que la constitution offrait, perdirent leur popularité : les grenadiers et les chasseurs de la garde nationale parisienne furent cassés, les régiments suisses furent éloignés de Paris.

Le 25 juillet, un décret de l'assemblée mit toutes les sections de Paris en permanence. La population presque tout entière se trouva ainsi appelée à délibérer sur les affaires publiques. La première question mise en délibération fut la déchéance du roi. Dans toutes les sections, la majorité fut pour la déchéance, et Pétion qui avait été rétabli dans ses fonctions fut chargé d'en faire la demande.

Pendant qu'on préparait ainsi le renversement du gouvernement monarchique, l'armée de la coalition, composée de soixante-dix mille Prussiens, et de soixante-huit mille Autrichiens, Hessois et nobles émigrés, se disposait à envahir la France et à marcher sur Paris par plusieurs points en même temps. Elle était commandée par le prince de Hohenlohe et par le général autrichien Clairfait sous la direction du prince de Brunswick. Le 25 juillet, au moment où elle se mit en marche, ce prince publia, au nom de l'empereur d'Autriche et du roi de Prusse, un manifeste qui arriva à Paris, trois jours après, dans le moment de la plus grande fermentation. Après avoir fait connaître les reproches qu'il adressait *à ceux qui avaient usurpé les rênes de l'administration en France*, le duc de Brunswick déclarait que l'intention des souverains alliés était de faire cesser l'anarchie, d'arrêter les attaques portées au trône et à l'autel, de rendre au roi la sûreté et la liberté dont il était privé, et de le mettre en état d'exercer son autorité légitime.

Le duc de Brunswick, ayant fait les promesses qu'il croyait propres à rassurer une partie de la nation, crut devoir y ajouter des ordres et des menaces; il *somma* les gardes nationales et les membres des départements, des districts et des municipalités, de veiller *provisoirement* à la tranquillité des villes et des campagnes, à la sûreté des personnes et des biens de tous les Français, jusqu'à l'arrivée des troupes de leurs majestés impériale et royale, ou jusqu'à ce qu'il en fût autrement ordonné, sous peine d'en être personnellement responsables; il *somma* les généraux, officiers, bas-officiers et soldats de revenir à leur ancienne fidélité et de se soumettre sur-le-champ au roi, leur légitime souverain; il déclara que les membres des départements, des districts et des municipalités seraient responsables, sur leurs têtes et sur leurs biens, de tous les délits, incendies, assassinats, pillage et voies de fait qu'ils laisseraient commettre ou qu'ils ne s'efforceraient pas d'empêcher; que les habitants des villes, bourgs et villages qui *oseraient se défendre contre les troupes de leurs majestés impériale et royale*, et tirer sur elles, soit en rase campagne, soit par les fenêtres, portes et ouvertures de leurs maisons, seraient punis sur-le-champ suivant la rigueur des droits de la guerre, et leurs maisons démolies ou brûlées.

La ville de Paris méritait une distinction particulière, soit parce qu'elle avait été le théâtre de l'insurrection du 14 juillet, soit parce qu'elle était le siége du gouvernement. Aussi le commandant des armées de la coalition déclarait-il que cette ville et tous ses habitants, sans distinction, étaient

tenus de se soumettre sur-le-champ et sans délai au roi, de mettre ce prince en pleine liberté,
et de leur assurer, ainsi qu'à toutes les personnes
royales, l'inviolabilité et le respect auxquels le
droit de la nature et des gens oblige les sujets envers les souverains. Le manifeste ajoutait ensuite:

« Leurs majestés impériale et royale rendent
personnellement responsables de tous les événements sur leur tête, pour être jugés militaire-
ment, sans espoir de pardon, tous les membres
de l'assemblée nationale, du département, du district, de la municipalité et *de la garde nationale
de Paris*, les juges de paix et tous autres qu'il
appartiendra; déclarent en outre, leurs dites majestés, sur leur foi et parole d'empereur et roi,
que si le château des Tuileries est forcé ou insulté, que s'il est fait la moindre violence, le
moindre outrage à leurs majestés, le roi, la reine
et la famille royale, s'il n'est pas pourvu immédiatement à leur sûreté, à leur conservation et à
leur liberté, elles en tireront une vengence exem-
plaire, et à jamais mémorable, en livrant la ville
de Paris à une exécution militaire et à une sub-
version totale, et les révoltés coupables d'attentats, aux supplices qu'ils auront mérités. »

Le duc de Brunswick promettait, au reste, aux Parisiens que, s'ils obéissaient promptement et exactement aux injonctions qui leur étaient faites, les princes coalisés emploieraient leurs bons offices auprès de sa majesté très-chrétienne pour obtenir le pardon de leurs torts et de leurs erreurs.

Ce manifeste, que le roi s'empressa vainement de désavouer, acheva d'irriter les esprits. Les sections avaient demandé la déchéance, et Pétion, en sa qualité de maire, avait porté leur demande à l'assemblée nationale. Bientôt on alla plus loin : la section des Quinze-Vingts déclara, le 9 août, que, si la déchéance n'était pas prononcée le jour même, à minuit, on sonnerait le tocsin, on battrait la générale et on attaquerait le château ; cet arrêté, transmis aux quarante-huit sections, fut approuvé par quarante-sept ; une seule osa ne pas être de l'avis des autres. Le maire de la commune et le procureur syndic du département furent mandés par l'assemblée : le premier dit qu'il n'avait plus d'autorité depuis que les sections étaient devenues souveraines ; le second fit connaître sa bonne volonté, mais déplora son impuissance.

Quel était, dans ce moment de crise, l'état de la garde nationale parisienne? Quelles étaient ses dispositions? Cette garde était moralement anéantie, et il était impossible qu'elle exerçât aucune action efficace comme corps organisé. Sur quarante-huit sections, nous en voyons quarante-sept qui demandent le renversement du gouvernement monarchique, et qui déclarent qu'elles l'effectueront elles-mêmes, s'il ne leur est pas volontairement accordé. Il nous est donc impossible de croire que tous les hommes qui appartiennent à la garde nationale veulent concourir à la défense de ce même gouvernement. Les mêmes hommes, en effet, qui délibèrent dans les sections comme citoyens, sont appelés à maintenir l'ordre public comme gardes nationaux; car, pour être membre d'une assemblée primaire et pour faire partie de la garde nationale les mêmes conditions étaient requises. Suivant la constitution de 1791, tout individu qui n'était pas inscrit dans les rôles de la garde nationale était incapable d'exercer les droits de citoyen; et celui qui ne remplissait pas les conditions nécessaires pour être citoyen actif, ne pouvait pas être inscrit dans les rôles de cette garde. Il était donc impossible qu'il y eût une divergence d'opinion très-prononcée entre les sections et les bataillons dont la garde nationale se composait. Ceux qui ont prétendu que les gardes nationaux parisiens de cette époque étaient des hommes dévoués au gouvernement monarchique, auraient dû prouver que les sections ne se composaient pas de tous les citoyens, ou qu'il y avait des hommes qui, sans être citoyens, pouvaient faire partie de la garde nationale.

Ainsi, à la veille de l'insurrection du 10 août, la garde nationale parisienne était divisée de la même manière que l'assemblée législative : les uns croyaient qu'il était nécessaire de sacrifier la monarchie pour sauver l'indépendance et la liberté; les autres pensaient, au contraire, que la France pouvait se sauver en observant la constitution et laissant le pouvoir dans les mains du roi. Il nous est impossible de savoir d'une manière exacte dans quelle proportion étaient les deux partis; mais, si nous jugeons de leurs forces respectives par ce qui se passait dans les sections, il est évident que le premier était de beaucoup le plus nombreux. Cependant, comme un corps armé n'a point la faculté de délibérer, la minorité peut l'emporter sur la majorité, si c'est dans ses mains que l'autorité repose. Mais, dans les troubles civils, les hommes ne sont pas enchaînés par les

16

règles de la discipline; si, dès le commencement de la révolution, les soldats de la ligne avaient abandonné leurs drapeaux pour passer du côté des insurgés, comment des citoyens habitués à délibérer auraient-ils consenti à combattre pour une cause qu'ils croyaient ennemie?

La partie de la garde nationale qui voulait, à tout risque, rester inviolablement attachée aux formes constitutionnelles et à ses serments, rencontrait un autre obstacle : c'était la difficulté de se concerter et d'agir sans se mettre en insurrection contre cette même constitution qu'elle aurait voulu conserver. La loi du 29 septembre, qui avait déterminé son organisation et fixé ses devoirs, considérait comme une atteinte à la liberté publique et comme un délit contre la constitution, toute délibération prise par les gardes nationales, sur les affaires de l'État, du département, du district, de la commune et même de la garde nationale, à l'exception des affaires expressément renvoyées au conseil de discipline. Cette disposition n'était pas un obstacle pour les hommes qui voulaient renverser la constitution; mais elle en était un très-grand pour ceux qui voulaient maintenir les lois existantes.

La dissolution de l'état-major, et la nomination de nouveaux officiers avaient écarté un grand nombre de constitutionnels, et amené à la tête de la garde nationale un certain nombre de républicains. Ceux-ci pouvaient ne pas convoquer les gardes nationaux, si cela paraissait convenable à leurs desseins, et la loi défendait aux citoyens de prendre les armes ni de se rassembler en état de gardes nationales, sans l'ordre des chefs médiats ou immédiats. De leur côté, les officiers constitutionnels étaient sans action, parce que la loi de leur institution leur interdisait de faire prendre les armes aux citoyens ou même de les assembler, *sans une réquisition légale* qu'ils devaient leur communiquer à la tête de la troupe. La loi leur interdisait également, même dans le service ordinaire, de faire distribuer des cartouches aux citoyens armés si ce n'est en cas de réquisition précise, et à peine de demeurer personnellement responsables des événements.

La demande de la déchéance, que quarante-sept sections avaient faite à l'assemblée nationale, et la menace qu'elles avaient faite de s'insurger si elle ne leur était pas accordée, paralysaient le zèle de la plupart des gardes nationaux constitutionnels; car

16.

ils ne pouvaient se dévouer à la défense du gouvernement monarchique sans faire éclater à l'instant la guerre civile, et comme sur quarante-huit sections il n'y en avait qu'une où leur opinion fût en majorité, ils devaient s'attendre à la défaite de leur parti; cette défaite devait leur paraître d'autant plus certaine que les redoutables faubourgs se disposaient à servir d'avant-garde aux quarante-sept sections.

L'opinion de l'assemblée nationale paraissait s'accorder avec celle des faubourgs et de la majorité des sections: le discours de Vergniaud avait été écouté avec une bienveillance remarquable, et accueilli par des applaudissements unanimes; celui de Brissot, qui présentait la cour comme le foyer de toutes les intrigues et la cause principale de toutes les calamités, n'avait pas été désapprouvé. La partie constitutionnelle de la garde nationale parisienne devait naturellement penser que son opinion était condamnée, non-seulement par l'immense majorité des habitants de Paris, mais aussi par la majorité des habitants de la France; car elle n'avait pas d'autre moyen de juger de l'opinion des départements, que celle de l'assemblée nationale.

Il était arrivé à Paris un grand nombre de fédérés; ce nombre ne s'élevait encore qu'à deux mille au 14 juillet, mais il s'était considérablement augmenté depuis cette époque. Parmi ces fédérés, on comptait un grand nombre de Marseillais fanatiques, qui obéissaient aveuglément aux républicains les plus exaltés et les plus méfiants à l'égard des intentions de la cour.

L'armée des puissances coalisées était déjà sur les frontières de France: les desseins avoués de la coalition étaient le rétablissement du pouvoir absolu; le duc de Brunswick avait adressé d'insolentes injonctions à toutes les autorités de France; il avait sommé la garde nationale parisienne de veiller à la défense du trône, sous peine des châtiments les plus terribles; il avait ainsi placé le parti constitutionnel dans l'alternative de seconder l'invasion en combattant les mouvements populaires, ou de lutter tout à la fois contre les obstacles qui se rencontraient dans l'intérieur de la France et contre les armées coalisées. Or, quelle que fût leur puissance, il leur était difficile de vaincre les républicains modérés, les jacobins, la majorité des sections, les ouvriers des faubourgs, les fédérés, les nobles et les prêtres qui combattaient la révolution, les autorités civiles qui secondaient les mouvements populaires, les armées coalisées et

les gouvernements absolus qui voulaient renverser
la constitution.

Enfin, une foule de circonstances avaient détruit
la confiance que le roi avait jadis inspirée : on se
rappelait les mesures prises pour empêcher la première assemblée nationale de donner une constitution, les déclarations faites dans la séance royale,
les projets manifestés par le rassemblement des
troupes autour de Paris, les fêtes données aux
soldats étrangers, le repas donné à Versailles par
les gardes-du-corps, la découverte des chevaliers
du poignard, la fuite du roi et son arrestation
à Varennes, la protestation qu'il avait faite en
partant contre une constitution qu'il avait acceptée
et à laquelle il avait fait serment d'être fidèle. Ces
circonstances et beaucoup d'autres ne permettaient
guère de croire que le roi fût attaché à la loi constitutionnelle, et affaiblissaient par conséquent le
zèle des gardes nationaux qui auraient voulu le
défendre, mais qui ne voulaient pas séparer sa
cause de celle de la constitution.

Cependant, quelque grandes que fussent les
forces que la partie constitutionnelle de la garde
nationale avait à vaincre, il se trouva des gardes
nationaux qui se dévouèrent courageusement pour
les combattre, et qui osèrent prendre la défense

de la monarchie telle que la constitution l'avait faite; mais en se dévouant à la défense d'un roi constitutionnel qui protestait sans cesse contre la constitution, ces hommes courageux auraient pu lui dire comme les gladiateurs à César: *morituri te salutant.*

Le parti de l'ancien régime ne désirait pas moins que les jacobins de voir engager le combat entre le pouvoir absolu et la révolution. Ce parti croyait avoir déjà perdu, par l'abolition de tous les priviléges et par l'établissement de la constitution, tout ce qu'il lui était possible de perdre. Toujours disposé à se faire illusion sur sa faiblesse, il ne voyait dans la révolution qu'une émeute, et il pensait qu'il lui suffirait de tirer l'épée pour faire trembler ses ennemis. Il lui semblait d'ailleurs qu'une attaque dirigée contre la cour allait faire avancer dans le sein de la France les armées de tous les rois de l'Europe, et il se faisait illusion sur la puissance de ces armées comme sur la sienne propre. Avec de telles dispositions des deux côtés, il était difficile que tôt ou tard les partis n'en vinssent pas aux mains (1).

(1) Pour préluder au renversement de la constitution, une accusation fut portée contre M. de La Fayette, dans la séance

Les jacobins avaient établi depuis quelque temps un comité insurrectionnel; les premiers membres étaient des hommes dont les noms sont aujourd'hui peu connus; mais bientôt on y vit paraître Carra, Gorsas, Fournier l'Américain, Westermann, Santerre, Alexandre, Manuel, Camille-Desmoulins, Danton et quelques autres. Dans la journée du 9 août, le comité insurrectionnel voulut engager Pétion à seconder ses opérations; mais celui-ci, soit qu'il doutât du succès de l'entreprise, soit qu'il désirât voir prononcer la déchéance par l'assemblée, soit enfin qu'il redoutât les conséquences d'un mouvement populaire dont les girondins n'auraient pas la direction, refusa d'y prendre une part active. Cependant, le comité insurrectionnel se forma sur trois points: Fournier et quelques autres se chargèrent de la direction du faubourg Saint-Marceau; Santerre et Westermann se chargèrent de diriger le faubourg Saint-Antoine; Danton, Camille-Desmoulins et Carra, soutenus par le bataillon des Marseillais, restèrent au club des cordeliers pour haranguer la multitude. Marat alla se

du 8 août; mais cette accusation fut repoussée par l'assemblée nationale, à une majorité de 406 contre 224. Cependant, plusieurs des députés qui avaient parlé pour la faire repousser furent insultés en sortant de l'assemblée.

cacher dans une cave; Robespierre disparut aussi, mais on ne sait où il se réfugia.

L'agitation était générale; le tambour battait le rappel dans tous les quartiers de Paris; les bataillons incomplets de la garde nationale se rendaient à leurs postes; les citoyens les plus indisposés contre la cour se rendaient dans leurs sections; ceux qui craignaient les suites d'une insurrection et qui n'avaient point de confiance dans la sincérité du gouvernement, se tenaient à l'écart, comme cela arrive toutes les fois que deux partis également redoutés se disposent à en venir aux mains. A un signal donné au milieu de la nuit, le cri aux armes se fait entendre et devient général; l'insurrection est proclamée; le tocsin commence à sonner; les magistrats, les législateurs, les citoyens, tout le monde se rend à son poste.

Nous pouvons voir maintenant dans Paris trois centres d'actions; la cour, l'assemblée nationale et la commune. La cour aurait voulu se débarrasser des jacobins, de l'assemblée nationale et de la constitution. L'assemblée nationale se méfiait de la cour, elle aurait voulu annuler son influence en même temps que celle des jacobins les plus exaltés. Enfin, la commune, qui était devenue le centre où les hommes les plus violents des sections s'étaient réunis, voulait renverser le trône de Louis XVI et commander à la majorité de l'assemblée nationale.

Au château, on se conforma d'abord à l'étiquette du coucher; car un événement qui aurait ébranlé le monde n'aurait pas fait déroger à une règle de l'étiquette. Après l'observation de ce devoir, les appartements restèrent remplis d'une foule de gens que leur zèle y avait conduits et qui n'avaient ni qualité, ni caractère connu. La plupart étaient sans armes et ne reconnaissaient aucun chef; le maréchal de Mailly, âgé de plus de quatre-vingts ans, avait été désigné pour donner des ordres; mais il était inconnu de la plupart de ceux auxquels il devait commander. Cette cohue embarrassait la partie de la garde nationale qui était venue pour la défense du château; Mandat qui la commandait en fit l'observation à la reine, et la pria d'inviter ces hommes à se retirer, autant pour ne pas gêner la défense que pour leur propre sûreté. La reine repoussa cette proposition avec humeur : « Ces messieurs, dit-elle en se tournant vers ceux qui étaient présents, sont venus pour nous défendre et nous comptons sur eux. » Ces défenseurs officieux avaient dédaigné de prendre le costume

de la garde nationale, comme révolutionnaire;
plusieurs même, peu de temps avant l'attaque, par
mépris pour la cocarde tricolore, prirent pour
signe de ralliement des écharpes blanches qu'ils firent avec leurs mouchoirs; et ils affectèrent de
se montrer ainsi aux fenêtres, tant ils se croyaient
sûrs de la victoire (1).

Vers une heure du matin, le roi passa une revue dans les appartements. Trois généraux furent
alors chargés du commandement, et on organisa
une sorte de système de défense. Le maire Pétion
et les membres de l'administration départementale étaient dans l'intérieur des appartements.
Dans le cabinet du roi, on délibérait sur les mesures à prendre, des avis étaient ouverts, admis,
rejetés, modifiés, sur des rumeurs vagues et sans
preuves. On y résolut de garder Pétion comme

(1) On remarque ici la même imprudence et la même présomption que nous avons observées dans le repas donné à Versailles par les gardes-du-corps. Les hommes qui étaient accourus aux Tuileries dans la nuit du 9 au 10 août se croyaient si
sûrs du triomphe de la contre-révolution, qu'ils ne prenaient
pas la peine de cacher leurs projets. Un membre de la plus ancienne noblesse, qui était et qui resta toujours attaché à la famille royale, fut si indigné des propos qu'il entendait qu'il ne
put s'empêcher de dire à un de ses amis qui était placé devant
le château comme garde national, qu'à Coblentz on ne valait
pas mieux qu'aux jacobins.

otage; quelques membres du conseil proposèrent de conduire le roi et sa famille dans l'assemblée nationale : *Fi donc!* répondit la reine. Cette princesse, dit Toulongeon, rencontrant un de ceux qui étaient venus apporter leurs moyens d'utilité et leurs bons offices, lui disait : « Avez-vous vu M. Pétion? convenez qu'il est bien ennuyeux. »

L'assemblée nationale, d'abord peu nombreuse, se forma sous la présidence de M. Pastoret. Pétion, qui avait trouvé le moyen de lui donner avis de sa détention, avait été réclamé par elle. En arrivant dans son sein, il la rassura sur l'état de défense du château; une force suffisante, disait-il, y avait été rassemblée, et le commandant n'avait aucune inquiétude. La séance, suspendue à quatre heures du matin, fut reprise à cinq. Deux membres de la commune vinrent alors rendre compte de l'état de Paris. Ils avaient parcouru toutes les sections, et toutes leur avaient paru très-irritées contre la cour. Pour les calmer et leur faire prendre patience, ils leur avaient assuré que si l'assemblée était assez lâche pour se laisser influencer, son décret serait frappé de nullité. C'était une manière de lui commander la déchéance.

La majorité des sections s'était mise en état

d'insurrection, et quelques-unes avaient envoyé des commissaires auprès de la municipalité. En y arrivant, ces commissaires vrais ou prétendus se rendirent maîtres des délibérations. Pétion s'y était rendu avec le commandant de la garde nationale Mandat. Le premier, étant tombé dans les mains de quelques furieux, fut dégagé par des grenadiers de la garde nationale. Mandat fut accusé d'avoir tenté de réprimer l'insurrection en faisant battre la générale. Il voulut se justifier en produisant l'ordre du maire; cet ordre lui fut enlevé, et il fut renversé d'un coup de pistolet. Pétion, qui inspirait moins de méfiance à cause de ses liaisons avec les chefs de l'insurrection, fut arrêté et gardé à vue. Les hommes qui se dirent envoyés par la majorité de quelques sections, notifièrent alors à la municipalité qu'ils ne la reconnaissaient plus. Ils destituèrent l'état-major de la garde nationale parisienne, confièrent le commandement militaire à Santerre, et se déclarèrent en état d'insurrection : c'étaient eux qui d'un signe avaient fait assassiner Mandat. Ces hommes n'étaient encore connus que par la violence de leurs opinions; ils ne tardèrent pas à acquérir une horrible célébrité par l'atrocité de leurs actions. Ce sont les mêmes qui, après avoir

amené le renversement de la constitution de 1791,
dominèrent la convention jusqu'à la fin de la terreur : Marat, Panis, Sergent et quelques autres
misérables de cette espèce.

L'acte d'usurpation des pouvoirs municipaux
fut porté à l'assemblée nationale. Le préambule
était conçu en ces termes : « L'assemblée des
commissaires de la majorité des sections, *réunis
en plein pouvoir pour sauver la chose publique*, a
arrêté que la première mesure que la chose publique exigeait, était *de s'emparer de tous les pouvoirs que la commune avait délégués*; et *d'ôter à l'é-
tat-major l'influence dangereuse qu'il a eue jusqu'à
ce jour sur le sort de la liberté.*» Quelques voix s'élevèrent pour demander que cet acte d'usurpation fût
annulé; mais un membre de l'assemblée s'écria
que la chose publique était en danger, et qu'il ne
s'agissait pas de savoir quel parti l'y avait mise.
Dans ce moment, en effet, l'assemblée nationale
n'avait aucune puissance. Elle se trouvait placée
en quelque sorte entre deux armées presque également ennemies.

La garde du château se composait des hommes
qui s'y étaient introduits par zèle pour la cause
royale; d'environ mille gardes suisses, et d'envi-

ron trois mille gardes nationaux et onze pièces de canon que Mandat y avait réunis. La gendarmerie à pied avait été consignée à différents postes; la gendarmerie à cheval avait été placée à des postes trop éloignés pour être utile; enfin, une réserve de six cents cavaliers avait été placée sur la place de Grève. Les défenseurs volontaires, en refusant de prendre le costume de la garde nationale et de se confondre avec elle, lui avaient inspiré de la défiance, et cette défiance s'accrut par divers bruits qu'on fit circuler dans le château. Ils s'organisèrent en deux troupes formant environ deux cent cinquante hommes; l'une fut placée à la porte de l'appartement de la reine; l'autre resta dans l'antichambre du roi, que l'on appelait l'*œil de bœuf*. Les pièces d'artillerie et les bataillons de la garde nationale furent placés aux points qu'on jugea les plus faibles contre l'ennemi.

Le roi se montra sur le balcon, et sa présence produisit, parmi les soldats de la garde nationale qui étaient présents, une dernière étincelle d'enthousiasme. Dans le moment où quelques cris de *vive le roi!* se faisaient entendre, les bataillons de garde nationale formés plus tard que les autres se présentèrent; quelques-uns se joignirent à ceux qui poussaient des cris de *vive le roi*; d'autres, se rappelant les *chevaliers du poignard* et toutes les fables qu'on avait débitées, se crurent trahis. Ils s'agitèrent en tumulte, et se rangèrent du côté opposé à la cour; les canonniers de la garde nationale suivirent leur exemple, et tournèrent leurs pièces contre la façade du château.

Afin de ranimer le courage de ses partisans, le roi descendit pour passer en revue les bataillons de la garde nationale. « Il était accompagné, dit Toulongeon, de quelques officiers généraux, d'officiers de ses gardes suisses, et du ministre de la guerre. La garde nationale prononça *vive le roi!* les canonniers et le bataillon de la Croix-Rouge répétèrent *vive la nation!* Deux bataillons composés de piques et d'armes à feu étaient entrés pendant cette revue : on les fit passer sur la terrasse de la Seine; en défilant devant le roi, ils criaient *vive Pétion! vive la nation!* et ces cris étaient mêlés d'injures.

« Le roi passa ensuite sur la terrasse de la façade du château. Là étaient les bataillons des gardes nationales, connus sous le nom de bataillons des *Petits Pères* et des *Filles-Saint-Thomas*; c'étaient ceux sur lesquels on comptait le plus. Des grenadiers entourèrent le roi et le pressèrent vivement de se porter jusqu'au Pont-Tournant, qui ferme l'entrée du jardin, pour y passer en revue le poste qui l'occupait; le trajet était assez long, et déjà les deux bataillons de piques qui bordaient la terrasse de la Seine criaient hautement *à bas le veto! à bas le traître!.....*

« Les troupes du Pont-Tournant se trouvèrent dans des dispositions rassurantes : mais le retour du roi fut périlleux. Plusieurs hommes se détachèrent de leurs bataillons, se mêlèrent à son cortége et lui dirent des injures ; en rentrant par le vestibule du milieu, il fut obligé de recommander aux officiers qui l'accompagnaient de faire former une barrière par les grenadiers, au devant du péristile. Peu après les deux bataillons que l'on avait placés sur la terrasse sortirent par la porte du Pont-Royal, et traînèrent leurs canons en face de la grille, braqués contre le château.

« Deux autres bataillons que l'on avait postés dans la cour se débandèrent, emmenèrent leurs canons, se postèrent opposés dans le Carrousel, et laissèrent en partant l'esprit de doute et de méfiance parmi les troupes qui restaient. »

Tandis que la cause royale éprouvait ainsi les plus alarmantes défections et que des bataillons

17

de la garde nationale se rangeaient du côté des insurgés, ceux-ci voyaient sans cesse accroître leur nombre et leur puissance. Dès le point du jour ils avaient forcé l'Arsenal, et s'étaient emparés de trois mille fusils; la veille cinq mille cartouches à balle leur avaient été distribuées. Ceux de la rive gauche de la Seine avaient fixé le point de leur rassemblement sur la place du Théâtre-Français (de l'Odéon); pour ceux de la rive droite, le point de réunion était à l'Arsenal. Les habitants du faubourg Saint-Antoine et ceux du faubourg Saint-Marceau formèrent le premier noyau des insurgés; les premiers étaient au nombre d'environ quinze mille, les seconds au nombre d'environ cinq mille. Mais les hommes qui se réunissaient à ces colonnes étaient innombrables; les quais, les ports, les rues adjacentes étaient couverts d'une population animée qui suivait la direction prise par les colonnes. Elles se mirent en marche vers six heures. Celle de la rive gauche se partagea; une partie arriva par le Pont-Neuf et les quais du Louvre; l'autre par le Pont-Royal et se déploya le long de la terrasse des Tuileries jusqu'aux Champs-Élysées. La colonne de la rive droite suivit la rue Saint-Honoré, et déboucha par le Carrousel vers les huit

heures : elle était conduite par un ancien sous-
officier *Westermann*. Ce chef n'avait encore sous
ses ordres que deux pièces d'artillerie ; mais en arrivant, il fit signe aux canonniers de la garde nationale placés dans les cours du château d'aller le
joindre avec leurs pièces, et ils lui obéirent (1).

Tandis que les troupes restées fidèles à la cause
royale hésitaient sur la conduite qu'elles avaient
à tenir, et connaissaient à peine les chefs qui devaient les commander, les insurgés étaient fermes
dans leurs résolutions, et obéissaient à leurs chefs
avec une exactitude parfaite. La force de l'opinion,
dit l'historien que je viens de citer, peut seule expliquer l'obéissance, la docilité de ces masses nombreuses et mobiles : elles avançaient de tous les points
de Paris, hâtaient, ralentissaient, pressaient leurs
mouvements, s'arrêtaient à la voix de leur chef,

(1) Les sous-officiers ont joué un grand rôle dans le cours de
la révolution. Étant passés avec leurs soldats dans le parti populaire, presque tous devinrent officiers : c'est de leurs rangs
que nous avons vu sortir les plus grands généraux. Les officiers
étaient en général restés attachés à la cour. Westermann lui-
même, qui n'était que sous-officier au moment de l'insurrection,
devint bientôt après un général distingué. Le célèbre Hoche
qui, s'il eût vécu, eût rivalisé avec Bonaparte pour les talents
militaires, n'était qu'un sergent-major quand il prit parti pour
les Parisiens dans l'insurrection du 14 juillet.

17.

de manière à soutenir leurs opérations politiques avec justesse et précision, et à combiner l'exécution du moment avec les projets ultérieurs. On se portait à l'attaque avec confiance et avec une volonté commune et générale : la défense, au contraire, était en crainte et en incertitude.

Au moment où les colonnes des insurgés allaient déboucher sur le Carrousel, un membre de la municipalité expulsée par des commissaires de quelques sections, apporta la nouvelle que les colonnes rassemblées se pressaient de tous les points de Paris vers les Tuileries. Eh bien ! que veulent-ils, dit le garde des sceaux ? — La déchéance, répondit l'officier municipal. — Que l'assemblée la prononce donc. — Mais que deviendra le roi ? reprit la reine. — L'officier s'inclina et garda le silence. Le procureur général du département, Rœderer, parut alors à la tête de l'administration départementale ; et il demanda à être seul avec le roi et la reine. Il leur annonça que le péril était à son comble; que la plus grande partie de la garde nationale parisienne s'était rangée du côté des insurgés; que le reste était incertain et ne pouvait suffire pour la défense de la famille royale; qu'infailliblement le roi, la reine, leurs enfants et tout ce qui se trouvait près d'eux seraient égorgés, si l'on tentait de se défendre ; il proposa en conséquence au roi de chercher un refuge pour lui et pour sa famille au sein de l'assemblée nationale. La reine s'opposa fortement à l'exécution de ce conseil : elle avait déjà dit qu'elle préférerait se faire clouer aux murs du château, plutôt que d'en sortir, et elle persista dans sa résolution. On lui représenta si elle voulait rendre ses défenseurs responsables de la mort du roi, de son fils, d'elle-même et de toutes les personnes qui étaient accourues pour les défendre. Le roi, sans attendre sa réponse, se leva, fit signe de le suivre ; et tous les gentilshommes se précipitent à sa suite pour profiter de l'asile qui lui est offert.

La famille royale et les principaux officiers de la cour et des gardes firent leur retraite par le jardin. Le roi, en arrivant au bas de l'escalier de la porte d'entrée dite des Feuillants, rencontra des obstacles pour sortir. L'attroupement s'amoncela sur son passage ; il eut à essuyer des injures et des menaces. Cependant les officiers publics le dégagèrent et le conduisirent avec sa famille, ses six ministres et quelques hommes de sa cour, au milieu de l'assemblée nationale. Il fut escorté par trois cents gardes nationaux, par deux compagnies suisses et par quelques-uns de leurs officiers. Une députation de l'assemblée alla le recevoir pour le conduire dans son sein. Je viens, dit-il, pour éviter un grand crime, et je pense, Messieurs, que je ne saurais être plus en sûreté qu'au milieu de vous. Le président lui répondit qu'il pouvait compter sur la fermeté de l'assemblée nationale, et que ses membres avaient juré de mourir en défendant les autorités constituées. Le roi fut placé à côté du président ; mais, sur l'observation de Chabot, que l'assemblée ne pouvait pas constitutionnellement délibérer en sa présence, il fut placé avec sa famille dans la loge du journaliste chargé de recueillir les séances.

Le roi et sa famille ayant abandonné les Tuileries, l'attaque et la défense de ce château étaient également sans objet; les insurgés n'avaient plus d'intérêt à y pénétrer, puisqu'ils n'y étaient pas conduits par l'espoir du pillage ; de leur côté, les gardes de l'intérieur n'avaient plus de motifs raisonnables de résistance, puisqu'il était déjà jugé que la défense était impossible, et que d'ailleurs la famille royale, contre laquelle l'insurrection était formée, avait accepté un autre asile. Mais, tandis que les administrateurs du département s'étaient occupés de la sûreté du roi et de sa famille, et que les ministres, les courtisans et même la plupart des officiers s'étaient occupés d'eux-mêmes, personne n'avait songé aux soldats ou aux citoyens qui s'étaient dévoués à la défense de la constitution ou de la royauté. Tous les appartements du château étaient encombrés de monde; aucun ordre n'avait été laissé pour diriger cette multitude; aucun officier supérieur n'était resté pour veiller à son salut; tous avaient suivi le roi.

On était fort irrésolu dans le château avant que la famille royale se fût refugiée dans le sein de l'assemblée; mais aussitôt que le roi fut parti, la défense se trouva désorganisée. Non-seulement on n'avait point de chef pour la diriger, mais tout motif de résistance avait cessé chez la plupart des hommes que l'approche du danger avait rassemblés. Un grand nombre auraient volontiers exposé leur vie par affection pour le roi et pour sa famille; beaucoup d'autres auraient consenti à courir les mêmes dangers dans l'espérance de sauver le gouvernement monarchique tel que la constitution l'avait fait; d'autres enfin auraient combattu dans l'espérance que la victoire leur donne-

rait les moyens de détruire la révolution. Mais
pouvait-il se trouver dans les Tuileries beaucoup
de personnes qui voulussent s'exposer à une mort
à peu près certaine pour sauver un mobilier ? Et
s'il s'en trouvait plusieurs qui y fussent disposées,
convenait-il de mettre leur dévouement à l'épreuve ?
Quoi qu'il en soit, aucune mesure ne fut prise pour
assurer la retraite des personnes qui étaient dans
le château, ou pour faire connaître aux insurgés
que le roi et sa famille n'y étaient plus, et pour
faire cesser par ce moyen le désir de s'en rendre
maître.

Cependant, sur le rapport que fait Rœderer de
l'état des esprits, l'assemblée envoie vingt de ses
membres pour tâcher de calmer la multitude et
de prévenir l'effusion du sang ; mais il n'était plus
temps ; à peine les commissaires étaient partis,
qu'une décharge d'artillerie porta la consternation
dans l'assemblée. Le roi assura qu'il avait fait défendre aux Suisses de tirer ; cependant le bruit des
coups de canon et de la mousqueterie continua de
se faire entendre ; on vint annoncer à l'assemblée
que ses commissaires avaient été dispersés. Au
même instant, la porte de la salle retentit de
coups redoublés ; nous sommes forcés, s'écria un

officier municipal, et les balles viennent frapper le plafond dans l'intérieur de la salle. Le président se couvre, l'assemblée et les tribunes se lèvent et crient : vive la nation, vive la liberté. Tout-à-coup, on entend crier : victoire ! victoire ! les Suisses sont vaincus.

Un combat meurtrier s'était en effet engagé entre les insurgés et les Suisses. Les ennemis étaient restés en présence pendant près d'un quart d'heure ; mais enfin les hostilités commencèrent. On prétend que les insurgés, s'étant emparés de cinq factionnaires suisses, les massacrèrent, et qu'alors un officier suisse fit faire feu. Les assaillants se replièrent sur la porte d'entrée. Le feu des fenêtres les força à évacuer les cours. Turler, qui commandait un détachement d'environ cent vingt Suisses, s'empara de deux pièces de canon ; il les plaça à la porte d'entrée, et établit un feu roulant sur les hommes qui occupaient la place du Carrousel ; il se rendit maître de quatre autres pièces de canon. Une autre troupe, composée de Suisses, de gardes nationaux et de quelques volontaires, descendit l'escalier dit des Princes et acheva de disperser les hommes qui étaient sur la place. C'est dans le moment où les Suisses de Turler rentraient du Car-

rousel dans les cours, que d'Hervilly vint leur si-
gnifier la défense du roi de tirer. Cette troupe fut
conduite au corps-de-garde de l'emplacement des
Feuillants, et sur l'ordre de ses officiers, elle rendit ses armes aux gardes nationaux. Les officiers
furent emmenés par des membres de l'assemblée
nationale et placés dans la salle des inspecteurs.

Les assaillants, forcés d'abandonner un moment la place du Carrousel, revinrent soutenus
de nouveaux renforts. On établit un feu d'artillerie dirigé, sur le château, des angles de chacune
des rues qui aboutissent au Carrousel. Un grand
nombre de ceux que le feu avait éloignés de la
place, rentrèrent par les portes latérales du jardin. Cette irruption décida le succès : les Suisses,
se voyant attaqués de tous côtés, perdirent toute
assurance. La confusion se mit parmi eux, et ce
ne fut plus alors qu'un massacre. La foule se précipita dans le château, et frappa sans pitié tous
ceux qui cherchaient un asile contre ses fureurs.
Les dames de la reine allaient être massacrées,
lorsqu'une voix s'écria : « Grace aux femmes, ne
déshonorez pas la nation, » et elles sont sauvées.
Au milieu de ces mouvements de colère et de vengeance, quelques hommes manifestent des senti-

ments de générosité. Ils protégent les Suisses qu'ils ont fait prisonniers, et les conduisent à l'assemblée nationale pour qu'elle les mette à l'abri des haines populaires.

Nous pouvons encore observer ici, au milieu des passions les plus violentes et les plus cruelles, ces mouvements de désintéressement que nous avons observés au commencement de la révolution : plusieurs hommes des dernières classes apportent à l'assemblée nationale divers objets précieux, et particulièrement des bijoux ; d'autres lui apportent des sacs remplis d'or et d'argent qu'ils ont trouvés dans le château.

Lorsque, par une suite naturelle de la réaction des opinions, l'attaque des Tuileries a été considérée comme un crime, on a fait diverses versions sur la question de savoir de quel côté les premiers coups étaient partis ; mais cette question n'a pas l'importance qu'on a voulu lui donner. Les insurgés ne firent jamais un mystère des intentions hostiles qui les avaient assemblés. Or, du moment qu'une population irritée, et ayant les armes à la main, se trouvait en présence d'une troupe également armée qui avait mission de défendre ce que les premiers venaient attaquer, il était presque impossible qu'un engagement n'eût

pas lieu. Il suffisait d'une insulte ou d'un coup
de fusil tiré par hasard pour produire une explosion générale, et c'étaient là des accidents inévi-
tables, surtout si l'on considère les éléments divers dont ces attroupements étaient composés. Il
y avait de l'absurdité à prendre sur soi la responsabilité de l'insurrection, et à rejeter sur les vaincus la responsabilité du combat; en pareil cas, la
présomption de l'attaque ne peut jamais être contre celui qui est resté fidèle à son poste, et dont
le devoir était de se tenir sur la défensive. On
voit, au reste, par les journaux du temps, que
des chefs de la conjuration se présentèrent à
l'assemblée pour accuser les Suisses d'avoir tiré
les premiers. « Le sang du peuple a coulé, disait
Léonard Bourdon. Le peuple, juste dans sa colère, s'est vengé. » On ne se croyait pas encore
assez maître pour se vanter d'avoir commencé
l'attaque. Lorsque les Suisses qui avaient survécu
furent interrogés sur les causes du combat, ils
répondirent qu'ils avaient été provoqués par leurs
officiers à tirer sur la garde nationale, et qu'ils
n'avaient obéi qu'après des ordres souvent réité-
rés et des menaces. Il eût été trop dangereux pour
eux de démentir les vainqueurs.

Les hommes qui avaient voulu renverser le roi

par le moyen d'une insurrection afin de se rendre maîtres du gouvernement, étaient parvenus à leur but ; après avoir fait assassiner le commandant de la garde nationale et avoir fait jeter son cadavre dans la rivière, ils avaient expulsé la municipalité constitutionnelle de Paris et s'étaient mis à sa place, tandis qu'une grande partie de la population se dirigeait contre les Tuileries. Aussitôt que les insurgés eurent triomphé, cette prétendue municipalité voulut donner à son usurpation une apparence de légalité. Elle ne songea point à demander une élection nouvelle aux habitants de Paris, car elle aurait couru risque de se voir retirer les pouvoirs qu'elle avait usurpés. Elle envoya une députation à l'assemblée nationale, moins pour lui demander d'être maintenue dans ses pouvoirs, que pour lui annoncer son existence, pour lui faire connaître qu'elle avait confié à Santerre le commandement militaire et pour lui enjoindre de se dissoudre.

« Les circonstances, dirent ses députés, commandaient notre élection ; et notre patriotisme saura nous en rendre dignes..... Pétion , Danton et Manuel (leurs complices) sont toujours nos collègues : Santerre est à la tête de la garde nationale..... Le peuple qui nous envoie vers vous nous a chargés de vous déclarer qu'il n'a jamais cessé de vous croire dignes de sa confiance; mais il nous a chargés en même temps de vous déclarer qu'il ne peut reconnaître d'autre juge des mesures extraordinaires auxquelles la nécessité et la résistance à l'oppression l'ont forcé, que le peuple français, votre souverain et le nôtre, réuni dans ses assemblées primaires. »

L'assemblée nationale, dont la plupart des membres avaient déjà disparu, ne mit point en question l'autorité des usurpateurs; elle les invita à porter aux citoyens des paroles de calme et de paix; et ne voulant ni leur céder entièrement, ni se mettre trop en opposition avec eux, elle rendit un décret par lequel elle suspendit provisoirement Louis XVI de la royauté, ordonna un plan d'éducation pour le prince royal, et convoqua une convention nationale. Ce décret ne satisfit point les hommes qui voulaient usurper tous les pouvoirs et qui en tenaient déjà une grande partie; quelques-uns se présentèrent à la barre pour lui demander la déchéance : Vergniaud, qui craignait peut-être la faiblesse du président, prit la parole : « Paris, dit-il, n'est qu'une section de l'empire, et les représentants du peuple français seraient indignes de sa confiance, s'ils étaient capables de voter par faiblesse une mesure que la loi ne les autorise pas à prononcer. »

Louis XVI, étant suspendu de la royauté, on jugea qu'on ne pouvait conserver ses ministres ; on les renvoya et l'on en appela six nouveaux : ce furent Roland, Clavières, Servan, Danton, Monge et Lebrun.

Les conjurés qui voulaient dépouiller tout à la fois Louis XVI de son pouvoir et le peuple de ses droits, avaient habilement formé leur complot. Pendant que la population était occupée de déjouer les projets qu'ils avaient attribués à la cour, ils s'étaient portés dans la maison commune. Là, ils avaient assassiné le commandant de la garde nationale, et avaient nommé à la place un de leurs complices. Ils avaient expulsé la municipalité constitutionnelle et l'administration départementale, et s'étaient emparés de leurs fonctions. Enfin, ils avaient hardiment fait connaître leur existence à l'assemblée nationale; ils lui avaient interdit de les juger, et lui avaient implicitement enjoint de se dissoudre. Pour assurer le succès de tant d'audace, il fallait s'assurer une garde avant que les

Parisiens eussent eu le temps de revenir de leur surprise. Le jour même de l'insurrection et pendant que les insurgés étaient sous les armes, ils firent rendre un décret qui les autorisait à former, sous Paris, un camp de volontaires, et à placer de l'artillerie sur les hauteurs de Montmartre. Le lendemain, ils firent accorder une solde de trente sous par jour aux Marseillais, et en formèrent leur garde.

L'assemblée put alors délibérer sur la question de savoir dans quel lieu il convenait de fixer la résidence de la famille royale ; on avait d'abord préparé le palais du Luxembourg ; on proposa ensuite la maison du ministre de la justice (Danton) ; enfin, les individus qui avaient usurpé les pouvoirs de la commune exigèrent qu'elle fût conduite dans la tour du Temple. « Ainsi, dit l'historien Toulongeon, se trouva vérifiée cette parole inexplicable de la reine : *Ce qui pourrait nous arriver de plus heureux, serait d'être enfermés dans une tour.* Elle croyait y trouver la sûreté du moment ; et de là voyait au loin s'approcher les armées nombreuses d'étrangers qui s'avançaient vers elle. » La reine était si loin de soupçonner qu'il fût possible d'attenter à la vie d'aucun des membres de sa famille, par des formes judiciaires, qu'elle disait au moment d'être conduite à la tour du Temple : *Ce ne sont que six mauvaises semaines à passer.*

Les conjurés étaient maîtres de Paris et de l'assemblée nationale; mais cette assemblée, que la terreur avait réduite à environ un tiers de ses membres, pouvait leur échapper. Elle jouissait de la confiance publique; si les députés que la crainte avaient écartés étaient rentrés dans son sein, et si après avoir dissipé les craintes de trahison à l'aide desquelles l'insurrection avait été produite, elle avait rétabli les autorités expulsées, ou appelé les habitants de Paris à en élire de nouvelles, les usurpateurs étaient déchus de leur pouvoir. Ils écartèrent ce danger en faisant ordonner la formation d'une nouvelle assemblée sous le nom de convention, et en s'assurant la nomination d'une partie des nouveaux membres. Le lendemain de l'insurrection, Santerre, se disant commandant général de la garde nationale, se présente à la barre de l'assemblée. Il annonce que les dépôts publics ont été conservés; mais il assure en même temps que le peuple est encore en grande fermentation. Dans la même séance, et après avoir accordé trente sous de solde à la garde prétorienne

18

de Danton, Marat et Robespierre, l'assemblée
décrète la convention. Elle supprime la distinction
entre les citoyens actifs et les citoyens non actifs :
tout individu vivant de son travail, qu'il soit simple ouvrier ou manœuvre, devint électeur et éligible, lors même qu'il ne payait aucune contribution. Les assemblées primaires sont convoquées
pour le 26 août, et les électeurs chargés de la
nomination des députés pour le 2 septembre.

L'usurpation que la fraude et la violence éta-
blissent ne peut se maintenir que par la terreur
et par l'imposture ; aussi les individus qui avaient
envahi tous les pouvoirs publics et qui avaient
ainsi dépouillé les habitants de Paris de l'élection
de leurs administrateurs et de leurs officiers, se
hâtèrent-ils de s'emparer des imprimeries et de
détruire, comme royalistes, les journaux qui n'é-
taient pas disposés à les seconder ; la France fut
alors aussi abusée sur les circonstances qui avaient
précédé, accompagné ou suivi leur usurpation,
qu'elle le fut sur les usurpations analogues qui eurent lieu par la suite ; on sollicita l'adhésion des
départements, et plusieurs l'accordèrent sans savoir
même de quoi il était question ; car les journaux
étaient aussi muets ou aussi menteurs que ceux

que nous avons vus sous toutes les censures.

Les voyageurs même ne purent pas aller raconter ce qui s'était passé ; il leur fut interdit de sortir de Paris, ou bien ils furent arrêtés comme suspects. Les mêmes individus qui avaient usurpé les pouvoirs municipaux en chassant les officiers élus par le peuple, l'autorité de commander la garde nationale par l'assassinat de son commandant, l'autorité législative et le pouvoir exécutif en faisant rendre des décrets à la minorité de l'assemblée, n'eurent pas de peine à usurper l'autorité de la police et le pouvoir judiciaire. Cette marche était naturelle : l'usurpation ne peut souffrir d'autres pouvoirs que les siens : s'il en existait d'autres, ils s'emploieraient à la détruire.

L'assemblée nationale, en tolérant cette usurpation de tous les pouvoirs constitutionnels, commit une faute des plus graves, si même elle ne commit pas un crime ; car elle laissa préparer ainsi tous les malheurs et toutes les atrocités qui ne tardèrent pas à peser sur la France. En supposant que la cour eût inspiré une méfiance telle qu'il fût impossible de maintenir Louis XVI à la tête du gouvernement, il cessa d'être à craindre au moins quand il fut déchu. L'assemblée pouvait donc alors

18.

rétablir les membres de l'administration qui avaient
été violemment expulsés dans la nuit du 9 au 10
août; et si ces élus du peuple n'avaient plus sa
confiance, il fallait ordonner des élections nouvelles. Qu'aurait pu opposer à une nouvelle élection cette poignée de misérables qui ne pouvaient
avoir quelque puissance qu'en trompant les classes
les plus ignorantes de la société, et en flattant
leurs préjugés? Ils avaient pu soulever la population contre la cour, et cela ne leur avait point
été difficile puisqu'une partie de l'assemblée et de
la municipalité les avait secondés; mais par quel
moyen auraient-ils pu soulever le peuple contre
lui-même, et repousser un appel à de nouvelles
élections? ils n'avaient pas encore tous cette horrible célébrité qu'ils acquirent quelques jours après;
mais plusieurs étaient assez connus pour inspirer
de l'effroi, et leur persistance dans leur usurpation
aurait dû suffire pour les rendre suspects et les
faire repousser.

Mais les membres de l'assemblée nationale se
montrèrent d'une faiblesse inconcevable. Presque
tous les constitutionnels abandonnèrent leur poste.
Dans la séance du 8 août, le nombre des membres
présents était de 630. Dans la séance du 10 et du

11, ils ne furent plus que 284. Plus de la moitié avait pris le parti de se cacher; et les décrets qui furent rendus dans ces deux journées ne furent que l'ouvrage de la minorité. Cette minorité qui voulait ne pas défendre la cour, ne défendit pas mieux les droits du peuple : elle laissa usurper les droits que la constitution avait garantis aux citoyens, aussi facilement qu'elle avait laissé renverser le gouvernement. Les misérables qui avaient envahi les pouvoirs de la commune vinrent lui dire que les circonstances commandaient qu'ils s'emparassent du pouvoir, et pas une voix ne se fit entendre pour revendiquer les droits des électeurs. Ils vinrent insolemment lui faire des déclarations et des injonctions *au nom du peuple*, et pas une voix ne s'éleva en faveur des droits du peuple qu'ils avaient usurpés; personne ne leur demanda quel était ce peuple et comment il les avait chargés de cette mission. Danton lui inspirait une profonde antipathie, et elle le choisit presqu'à l'unanimité pour ministre de la justice : Marat et Robespierre lui inspiraient du dégoût et même de l'horreur, et elle les confirma dans les fonctions d'officiers municipaux qu'ils avaient usurpées. Santerre avait été constitué commandant de la garde nationale par un assassinat, et il ne se trouva pas un seul homme qui osât lui demander quelle était l'origine de ses pouvoirs. Enfin, cette minorité qui avait eu le courage de ne pas fuir sembla n'être restée que pour servir d'instrument aux usurpateurs de la commune; elle leur donna une garde soldée de brigands ou de fanatiques; elle les autorisa à placer un camp auprès de Paris et de l'artillerie, comme pour préparer l'asservissement de l'assemblée qui devait la suivre. Elle ne se retira qu'après avoir donné aux conjurés le moyen de se faire élire membres de la convention, en mettant au rang des électeurs les hommes aveugles qui leur servaient d'instruments. Cette minorité opposa peu de temps après aux usurpateurs une vive résistance; mais alors il n'était plus temps. Les hommes dont elle se composait, leur ayant donné le temps et les moyens de s'organiser, essayèrent vainement de les renverser; il ne leur resta qu'à expier une impardonnable faiblesse par une mort héroïque. Exemple terrible qui doit nous apprendre qu'il faut se résigner à subir tous les excès d'une usurpation ou la frapper à l'instant où elle s'établit.

L'assemblée nationale était sans doute dans une position très-difficile; les ennemis étrangers envi-

ronnaient la France, et il pouvait être dangereux
de se diviser; la minorité, qui n'avait point abandonné son poste, pouvait craindre d'affaiblir la
résistance, en se prononçant contre les hommes qui
s'étaient violemment emparés du pouvoir (1). Mais
ne devait-elle pas craindre aussi que la révolution
ne devînt odieuse à tous les peuples d'Europe et à la
France elle-même, en acceptant pour chefs un petit
nombre de misérables disposés à se souiller de tous
les crimes? Si ces hommes étaient propres à accroître
l'énergie des basses classes de la société, et si, par
conséquent, ils pouvaient faciliter la défense du
territoire national, n'étaient-ils pas propres aussi
à multiplier les ennemis de la révolution, à la faire
craindre aux nations étrangères, et à faire désirer
le retour de l'ancien régime? L'énergie qu'ils donnaient aux moyens d'attaque n'excédait-elle pas de
beaucoup celle qu'ils pouvaient donner à la défense? A aucune époque la population de Paris ne
montra plus d'union et d'énergie que dans la première année de la révolution, quand elle eut Bailly

(1) Il est juste de dire que Vergniaud eut le courage de refuser la déchéance, et de dire que Paris n'était qu'une section
du peuple français; mais personne ne défendit les droits des citoyens de Paris, usurpés dans la nuit du 9 au 10 août.

pour maire et La Fayette pour commandant général. Pour repousser l'armée de Brunswick aurait-elle fait moins que pour repousser les régiments suisses? Quoi qu'il en soit, les hommes qui avaient usurpé l'autorité publique sous l'assemblée législative en restèrent en possession sous la convention nationale (1).

Après le 10 août, l'autorité civile resta donc presque tout entière dans les mains des individus qui avaient expulsé la municipalité constitutionnelle; la force resta à la partie la plus ignorante et la plus brutale des insurgés sous le commandement de Santerre.

La garde nationale parisienne disparut en quelque sorte par le seul fait de l'insurrection. Cependant, l'organisation que l'assemblée constituante lui avait donnée parut redoutable. Une nouvelle loi lui fit éprouver les changements qu'exigeait la révolution qui venait de s'opérer, et lui ravit jusqu'à son nom.

(1) Je ne parle point ici des efforts que firent les officiers-généraux de l'armée, et particulièrement M. de La Fayette, pour soutenir la majorité de l'assemblée nationale, et réprimer l'usurpation de Danton, de Marat, de Robespierre et de quelques autres. Ces détails m'écarteraient trop de mon sujet. On peut les lire dans la plupart des historiens de cette époque.

QUATRIÈME ÉPOQUE.

La garde nationale parisienne reçoit une nouvelle organisation. — Elle reçoit le titre de *sections armées*. — Les indigents y sont admis et reçoivent une solde. — Une partie de la garde nationale est désarmée et emprisonnée. — Massacre des prisonniers au 2 septembre.

Par son institution, la garde nationale était soumise à l'autorité municipale, et elle était tenue d'exécuter les ordres légaux qu'elle recevait du pouvoir civil. Tant qu'il y avait identité entre les citoyens qui nommaient aux emplois administratifs et les hommes qui veillaient à l'ordre public comme gardes nationaux, il pouvait difficilement exister du désaccord entre la force armée et l'autorité : l'une et l'autre sortaient de la même source, des intérêts et de la volonté de la partie la plus éclairée et la plus indépendante de la population. Mais lorsque les pouvoirs publics eurent été usurpés, cette harmonie ne pouvait plus exister; il fallait ou que l'usurpation fût renversée, ou que la force publique fût composée de manière à exécuter les volontés des nouveaux maîtres. Ce fut ce dernier parti qui prévalut.

En abolissant la distinction établie par l'assemblée constituante entre les citoyens actifs et les citoyens non actifs, les membres de l'assemblée législative qui étaient restés à leur poste avaient mis au rang des électeurs et des éligibles tous les individus qui avaient les moyens de vivre par leur travail. Cette classe à Paris était fort nombreuse; car elle comprenait, outre les ouvriers employés dans des ateliers ou des manufactures, tous les manœuvres, maçons, couvreurs, ramoneurs, porteurs-d'eau, commissionnaires, décroteurs, vidangeurs, balayeurs des rues, chiffonniers, charbonniers, forts des halles, et beaucoup d'autres encore. Tous ces hommes devenant dans Paris la source principale de l'autorité publique, il fallait bien que la force armée résidât dans leurs mains, afin que l'autorité fût obéie. Aussi le décret du 21 août les appela-t-il à faire partie de la nouvelle garde municipale. On trouve dans ce décret, comme dans tous ceux qui furent rendus sous l'empire de la prétendue municipalité de Paris, les traces évidentes de sa domination (1).

(1) Les domestiques vivent par le moyen de leur travail aussi

Le décret de la nouvelle organisation divisa la garde nationale parisienne en quarante-huit sections qui prirent le titre de *sections armées*. Le nombre de compagnies de chaque section fut proportionné à sa population. Chaque compagnie compta cent vingt-six individus y compris les officiers et sous-officiers. On donna à chaque section un commandant en chef, un commandant en second, un adjudant et un porte-drapeau; et il dut y avoir en outre un commandant général de toutes les sections. On ordonna qu'il y aurait une ou plusieurs compagnies d'artillerie à chaque section, et que le *conseil de la commune* présenterait ses vues à l'assemblée nationale sur la répartition et formation du corps d'artillerie parisienne. On ordonna de plus qu'il serait attaché à chaque compagnie d'artillerie un certain nombre d'ouvriers pris parmi les citoyens armés de piques, pour être employés dans les manœuvres et à la défense des retranchements. Tous les individus appartenant à une section concouraient à élire les officiers et tous étaient éligibles.

L'assemblée décréta en même temps la formation

bien que les ouvriers ; cependant on les avait exclus de la nouvelle garde , par la raison sans doute qu'ils étaient placés sous une influence aristocratique.

et l'organisation des cavaliers volontaires nationaux et des fantassins destinés à servir au camp de Paris; mais comme ce camp devait renfermer des fédérés de tous les départements, et que les individus destinés à le former devaient être soldés, nous n'avons pas à nous en occuper ici. Il nous suffit d'observer que le général du camp et de l'armée employée à la défense de la capitale devait être nommé par le pouvoir éxécutif *de concert avec la commune de Paris*; que ce général était tenu de communiquer régulièrement *au conseil de la commune* les comptes qu'il rendait au pouvoir exécutif; enfin, que le pouvoir exécutif était tenu de se concerter *avec la commune*, tant pour les approvisionnements du camp, que pour les réglements relatifs à l'application des forces mobiles à la défense locale, à l'ordre du service pour la garde, à la garnison des forts, et à l'indication des postes suivant les positions, la nature du terrain et l'espèce d'armes. On voit que déjà le gouvernement était dans ce qu'on appelait la commune, c'est-à-dire dans les mains des usurpateurs. L'assemblée nationale, après avoir secondé leur puissance, essaya de les renverser, mais la peur l'obligea presque aussitôt à rapporter son décret.

On avait admis dans le rang des sections armées tous les individus qui n'étaient ni mendiants ni domestiques, quoiqu'ils n'eussent d'ailleurs aucun revenu et ne payassent aucune contribution. Dans Paris le nombre de ces individus était fort grand; cependant les citoyens jouissant de quelque indépendance et ayant quelques lumières, pouvaient se trouver en majorité, ou exercer du moins une grande influence sur ceux qui leur étaient inférieurs par l'éducation, par leurs moyens d'existence ou par la nature de leurs travaux. Les usurpateurs de la commune, que nous pourrions désigner désormais sous le nom de gouvernement, avaient donc une mesure à prendre pour rendre leur pouvoir irrésistible; il fallait qu'ils écartassent des *sections armées* les hommes des classes moyennes; qu'ils y appelassent les vagabonds ou gens sans aveu, et qu'ils trouvassent le moyen de tenir sans cesse sous les armes les individus qui ne pouvaient vivre que par leur travail de chaque jour. L'occasion d'exécuter ces mesures ne tarda point à se présenter.

Dès qu'ils avaient été maîtres du pouvoir, les usurpateurs s'étaient hâtés de destituer les généraux qui commandaient les armées, et ils les

avaient remplacés par des officiers de leur choix.
Le 26 août, ils apprirent qu'une place avait été
prise par les armées étrangères; cet événement
augmenta leur audace dans l'intérieur, et leur
donna le moyen de s'environner d'une force imposante, ayant les idées et les inclinations de l'administration nouvelle. Trois jours après qu'ils ont
reçu la nouvelle de la prise de Longwi, ils font
fermer dans la nuit les barrières de la ville, et ils
défendent qu'elles soient ouvertes de deux jours;
ils placent des pataches sur la Seine afin que personne ne puisse échapper par cette voie, et ils ordonnent aux communes environnantes d'arrêter
quiconque sera surpris dans les campagnes ou sur
les routes. Ces mesures prises, ils ordonnent des
visites domiciliaires; ils désarment et arrêtent les
gardes nationaux qui, par une pétition, se sont
opposés à la formation d'un camp des fédérés sous
Paris; ceux qui, par une autre pétition, ont im-
prouvé l'attentat commis le 20 juin contre le roi
et contre la représentation nationale, et enfin tous
ceux qu'il leur plaît de désigner sous le nom de
suspects. En même temps que les conjurés désarment et emprisonnent les citoyens les plus dévoués
à la liberté, ils font faire, dans les sections, le re-

censement des indigents, leur donnent des armes, et leur accordent par jour quarante sous de solde. Et comme un individu qui ne gagne dans sa journée que ce qui lui est rigoureusement nécessaire pour vivre, ne peut suspendre ses occupations sans tomber aussitôt dans la classe des indigents, ils se font une armée soldée de toute la populace de Paris.

Les élections des membres de la convention nationale devaient avoir lieu le 2 septembre, et ce fut le 29 et le 30 août qu'un nombre immense de citoyens furent désarmés et arrêtés, et que les indigents ou les individus des plus basses classes reçurent des mains des conjurés des armes et une solde. Il n'en eût sans doute pas fallu davantage pour assurer leur élection et inspirer la terreur à leurs ennemis, puisque la populace à laquelle ils commandaient et qu'ils soudoyaient était appelée à élire et disposée à leur obéir; cependant ils eurent recours à des moyens plus énergiques. Ils avaient formé à la mairie un comité dit de *surveillance*, présidé par Marat et composé de Duplain, Panis, Sergent, Lenfant, Lefort et Jourdeuil. C'est par la direction et sous les ordres de ce comité que le désarmement et les arrestations avaient été ef-

fectués: Danton, ministre de la justice, était allé
à la mairie conseiller ces mesures.

Le 30, pendant que Marat et ses complices faisaient procéder aux arrestations par les moyens de
leurs commissaires, Danton se rendit dans un comité de l'assemblée nationale où l'on délibérait sur
les mesures à prendre contre l'invasion des armées
étrangères. Désapprouvant tous les avis qui avaient
été ouverts, il prétendit que les républicains
étaient exposés à deux feux, celui de l'étranger,
placé au dehors, et celui des royalistes placé au
dedans. Il assura qu'il existait dans Paris un directoire royal qui correspondait avec l'armée prussienne. «Vous dire où il se réunit, qui le compose,
ajouta-t-il, serait impossible aux ministres. Mais
pour le déconcerter, et empêcher sa funeste correspondance avec l'étranger, il faut..... il faut faire
peur aux royalistes.... » Et il accompagna ces mots
d'un geste exterminateur. Voyant l'effroi qu'inspiraient ses intentions, il reprit: «Il faut, vous
dis-je, leur faire peur..... C'est dans Paris surtout
qu'il vous importe de vous maintenir, et ce n'est
pas en vous épuisant dans des combats incertains
que vous réussirez... » Après ces mots, il se retira
laissant dans la stupeur tous les membres du comité,

Danton se rendit immédiatement à la commune où siégeaient Marat et les autres conjurés. Là, dans la nuit du 30 au 31 août, ils arrêtèrent l'exécution du complot qu'ils avaient d'avance préparé. Un individu nommé Maillard, qui leur était dévoué, avait réuni sous ses ordres une bande disposée à exécuter tous les attentats qui lui seraient commandés. Ils l'avertirent de se tenir prêt à agir au premier signal, de préparer des assommoirs, de prendre des précautions pour empêcher les cris des victimes, de se procurer du vinaigre, des balais de houx, de la chaux vive, des voitures couvertes. Tout fut disposé pour le massacre. Déjà le désarmement et les arrestations qui avaient eu lieu avaient répandu l'effroi dans une grande partie de la population : mais bientôt les bruits les plus sinistres se répandirent, et la terreur fut à son comble.

Les conjurés paraissaient maîtres de la force armée; cependant ils crurent qu'ils avaient encore des mesures à prendre pour assurer l'exécution de leurs desseins. Ils répandirent le bruit que les hommes qu'ils venaient de faire prisonniers avaient formé le complot de s'échapper pendant la nuit, de se répandre dans la ville, d'égorger les patriotes, d'enlever le roi et d'ouvrir Paris aux Prussiens. Quelque grossière que fût cette invention, elle agita la multitude, et il se trouva dans *la basse classe* du peuple un grand nombre d'individus qui ne doutèrent pas de la réalité du complot. Au moment où cette nouvelle commençait à agiter les esprits ignorants et crédules, les conjurés en répandirent une autre : ils annoncèrent faussement que Verdun était pris. Pour donner à cette nouvelle plus de consistance, et peut-être aussi pour écarter les hommes qui pourraient s'opposer au massacre projeté, Danton fait décréter aux conjurés qui composent la commune que le lendemain 2 septembre on battra la générale, on sonnera le tocsin, on tirera le canon d'alarme; que tous les citoyens disponibles se rendront en armes sur le Champ-de-Mars; qu'ils y camperont toute la journée, et qu'ils en partiront le lendemain pour se rendre à Verdun.

La terreur était générale; les partis se craignaient mutuellement, et presque tout le monde craignait l'invasion des armées étrangères. Toutes les autorités, tous les corps étaient en permanence: la commune usurpatrice, les jacobins, l'assemblée nationale, les sections. A un signal donné, le toc-

sin sonne, la générale commence à battre, le canon d'alarme se fait entendre. Les citoyens les plus
zélés pour la défense de la patrie se dirigent avec
leurs armes vers le Champ-de-Mars, et de là
marchent contre l'ennemi ; d'autres s'attroupent
devant l'Hôtel-de-Ville. Lorsque les premiers sont
partis, Maillard et une bande de sicaires se dirigent
vers les prisons, traînant à leur suite une troupe
d'hommes féroces qui veulent, avant que de tourner leurs armes contre l'ennemi, détruire, disent-
ils, les aristocrates qui égorgeraient leurs femmes
et leurs enfants. Les prisonniers ne pouvaient opposer aucune résistance ; on avait eu soin, en leur
servant leur dîner, de leur enlever jusqu'à leurs
couteaux ; et ils avaient pu prévoir le sort qui les
attendait.

Je dois épargner aux lecteurs le détail de ces
horribles massacres ; il suffit de dire qu'ils durèrent
pendant trois jours, et qu'ils furent successivement exécutés dans toutes les prisons, à la Force,
à l'Abbaye, au Châtelet, à la Conciergerie, à Bi-
cêtre, à la Salpétrière, dans les cloîtres des Carmes,
des Bernardins. Une seule prison fut respectée ; ce
fut celle qui renfermait le roi et sa famille. Quelques tentatives furent faites par un petit nombre

19.

de fonctionnaires pour arrêter le massacre ; mais elles furent impuissantes. Les hommes qui avaient enlevé aux citoyens toute influence, et qui avaient donné des armes et une solde aux individus les plus misérables, avaient seuls le pouvoir.

Santerre, que les conjurés avaient choisi pour commandant général, ne fit rien pour mettre un terme à ces attentats, soit qu'il n'en eût pas la puissance, soit qu'il fût dans le complot, ce qui est plus probable.

Pour concevoir et exécuter tant de crimes, il avait fallu une inconcevable audace ; les conjurés en montrèrent une plus grande encore en osant les avouer, et se donner en exemple à toutes les communes de France. Le 2 septembre, pendant que les massacres s'exécutaient, ils rédigèrent une circulaire pour en conseiller de semblables à leurs frères et amis. Ils disaient que la *commune* avait été réduite à la nécessité de se servir de la puissance du peuple pour sauver la nation, et que l'assemblée nationale, après avoir reconnu ses services, s'était empressée de la destituer pour prix de son brûlant civisme. « A cette nouvelle, ajoutaient-ils, les clameurs publiques élevées de toutes parts ont fait sentir à l'assemblée nationale la nécessité urgente de s'unir au peuple, et de rendre à la commune, par le rapport du décret de destitution, *le pouvoir dont elle l'avait investi.* » Les conjurés, prétendant toujours former la commune de Paris, annonçaient aux départements qu'ils s'empresseraient de se soumettre au niveau de la commune la moins nombreuse de l'empire lorsqu'ils n'auraient plus rien à redouter. Ils annonçaient aussi d'une manière implicite qu'ils gouverneraient l'état jusqu'à ce qu'il leur plût de reconnaître que leurs services ne lui étaient plus nécessaires. Ensuite, ils s'expliquaient en ces termes sur les massacres qu'ils avaient préparés dans les ténèbres, et qu'ils faisaient maintenant exécuter.

« Prévenue que des hordes barbares s'avançaient contre elle, la commune de Paris se hâte d'informer ses frères de tous les départements qu'une partie des conspirateurs féroces détenus dans les prisons a été mise à mort par le peuple; actes de justice qui lui ont paru indispensables, pour retenir par la terreur les légions de traîtres renfermées dans ses murs, au moment où il allait marcher à l'ennemi; et sans doute la nation, après la longue suite de trahisons qui l'a conduite sur les bords de l'abîme, s'empressera d'adopter ce moyen

si utile et si nécessaire ; et tous les Français diront
comme les Parisiens : Nous marchons à l'ennemi,
et nous ne laissons pas derrière nous des brigands
pour égorger nos femmes et nos enfants. »

Le désarmement, l'arrestation et le massacre
d'une partie de la garde nationale, l'armement et
la solde d'une multitude de vagabonds et de prolétaires, l'absence de toute autorité et de tout chef
propres à inspirer de la confiance, et la terreur
qu'inspiraient les usurpateurs des pouvoirs publics,
avaient enlevé toute influence aux hommes qui
possédaient quelque fortune ou qui avaient reçu
quelqu'éducation. Ce fut au milieu de ces circonstances, préparées par les conjurés, que les fanatiques qui leur avaient servi d'instruments furent
appelés à élire des députés à la convention nationale. Dans les départements sur lesquels les conjurés n'avaient pas encore étendu leur influence,
les choix furent assez sages, quoiqu'aucune condition ne fût imposée pour être électeur ou éligible. A Paris, les misérables qui avaient usurpé
l'autorité publique, ceux qui avaient préparé les
massacres et présidé à leur exécution, furent tous
élus. Et quel est le citoyen qui eût osé se faire le
concurrent d'individus qui commandaient à une

multitude de sicaires, et qui venaient de faire égorger douze ou treize mille hommes? Quel est celui qui eût osé se présenter aux élections dans l'intention de les exclure?

Lorsque la convention nationale se réunit, ces hommes possédaient au sein de Paris une puissance à laquelle rien ne pouvait résister ; comme chefs du club des jacobins, ils imprimaient à la multitude ignorante les impressions qui convenaient à leurs desseins; comme membres de la commune, ils faisaient agir à leur gré la populace qu'ils avaient armée et qu'ils tenaient à leur solde ; celui d'entre eux qui avait conçu et préparé les massacres de septembre s'était fait livrer le ministère de la justice; celui qui avait acquis le commandement des sections armées par le meurtre de Mandat ne tenait que d'eux son autorité militaire; enfin, tous, en devenant membres de la convention, avaient le pouvoir de la dominer et de lui commander des décrets; cette assemblée lui fut entièrement asservie à l'instant même où elle se forma.

La garde nationale cessa donc d'exister par le triomphe des hommes qui, en usurpant les pouvoirs de la municipalité, avaient acquis le moyen d'usurper tous les pouvoirs du gouvernement et de la nation elle-même. Un nombre considérable des gardes nationaux qui n'avaient point été désarmés ou qui n'avaient point péri dans les premiers jours de septembre, étaient allés se ranger sous les drapeaux de l'armée active pour y chercher un refuge ou pour repousser l'ennemi. Beaucoup de ceux qui restèrent furent jetés dans les prisons ou périrent sur l'échafaud comme royalistes ou comme fayettistes, et les hommes les plus dévoués à la liberté ou les plus distingués par leurs richesses, leurs lumières et leur patriotisme, furent les premiers sacrifiés. Quant à ceux qui purent rester dans leurs foyers, les uns se dégoûtèrent du service en se voyant placés sous une autorité qui pouvait les faire concourir à l'exécution des crimes les plus abominables; les autres, étant confondus avec des individus soldés dont plusieurs étaient des vagabonds, ne purent exercer aucune utile influence.

La garde nationale parisienne était sortie du milieu de l'insurrection pour la défense de la liberté, de l'ordre public et des autorités reconnues ou établies par les représentants de la nation; les sections armées, telles que les organisèrent les con-

jurés qui usurpèrent l'autorité publique dans la
nuit du 9 au 10 août, ne furent propres qu'à paralyser les efforts des bons citoyens, à faciliter ou
même à seconder les attentats de ceux qui leur
avaient donné des armes et une solde, et surtout
à opprimer la représentation nationale, à lui commander des décrets ou des arrêts de mort. La garde
nationale avait été infatigable pour veiller à la
tranquillité publique, toujours elle avait été fidèle
à son poste; les sections armées n'agirent presque
jamais qu'en masse et pour seconder la tyrannie,
jusqu'au moment où les conjurés du 10 août eurent été renversés par leurs propres excès. Suivant
un historien de nos jours, les sections armées,
remplies d'hommes de toute espèce, étaient dans
une désorganisation complète lorsque la convention se réunit. Tantôt elles se prêtaient au mal,
tantôt elles le laissaient commettre par négligence.
Des postes, dit-il, étaient complètement abandonnés, parce que les hommes de garde n'étant pas
relevés, même après quarante-huit heures, se retiraient épuisés de dégoût et de fatigues. Tous les
hommes paisibles avaient quitté ce corps naguère
si régulier, si utile (la garde nationale); la
sûreté de Paris était donc livrée au hasard ; et

d'une part la commune, de l'autre la populace, y pouvaient tout entreprendre (1).

Dans les mouvements populaires qui avaient eu lieu depuis l'insurrection du 14 juillet jusqu'à celle du 10 août, on avait eu plusieurs fois occasion d'observer des sentiments de vengeance et de cruauté; mais ces sentiments avaient toujours paru dégagés de tout calcul de cupidité. Dans la prise et dans l'invasion des Tuileries, des hommes des dernières classes s'étaient emparés de richesses considérables et les avaient rapportées à l'assemblée nationale; même parmi les auteurs des massacres de septembre, il s'était trouvé des individus qui s'étaient emparés des bijoux des victimes et qui les avaient rapportés à l'autorité. Mais aussitôt que les hommes qui avaient usurpé l'autorité publique et commandé ces massacres furent assurés du pouvoir, la cupidité vint se mêler aux passions féroces : le Garde-Meuble fut pillé, non par les indigents des sections, mais par les misérables qui les dirigeaient. Des valeurs immenses passèrent ainsi dans les mains des dominateurs de la commune,

(1) M. A. Thiers, Histoire de la révolution française, t. 3, p. 139 et 140.

qui en disposèrent pour le succès de leurs complots, ou les détournèrent à leur profit (1).

Le 20 septembre, la convention nationale se réunit; deux jours après, avant que la plupart des députés des départements fussent réunis, les usurpateurs de la commune lui firent décréter que tous les membres du corps administratif et des tribunaux seraient réélus, et que les conditions d'éligibilité fixées par la constitution de 1791 seraient considérées comme nulles. Ainsi, ils se préparèrent les moyens d'établir sur tous les points de la France des autorités analogues à celle qu'ils avaient eux-mêmes fondées dans Paris. Quelques sections, dans lesquelles des citoyens honorables étaient en majorité, osèrent demander l'élection d'une municipalité nouvelle; mais elles ne furent point soutenues, et les usurpateurs restèrent en possession du pouvoir; Santerre conserva le commandement général de la force armée.

Le procès de Louis XVI ne tarda point à être commencé, et dans cette occasion, la convention nationale se trouva environnée de tous les hommes

(1) Un des membres du comité qui avait préparé les massacres, de concert avec Danton, fut surnommé *Agathe*, à cause d'un bijou précieux qu'il avait volé : son nom était Sergent.

qui servaient d'instrument à la commune, et dont plusieurs avaient figuré aux massacres de septembre. Ainsi, tandis que les hommes qui avaient fait préparer et exécuter ces assassinats faisaient connaître leurs volontés à l'assemblée, la populace qu'ils tenaient à leurs ordres menaçait par ses vociférations les députés qui osaient résister. Il n'y eut point de dissidence sur la culpabilité; mais on se divisa sur la peine. Cependant les hommes qu'on appelait les montagnards et parmi lesquels figuraient les usurpateurs de la commune, obtinrent une condamnation à mort. Lorsque le moment de l'exécution arriva, on mit sur pied une force armée redoutable. « Une double haie de soldats, dit Toulongeon, était disposée sans intervalle, sur quatre de hauteur; des réserves étaient placées aux carrefours avec de l'artillerie, et une escorte de cavaliers, conduite par le commandant de la garde de Paris, entourait la voiture. Outre ces précautions et sur la motion de Robespierre, faite la veille à la séance des jacobins, on avait invité les membres à désigner dans leurs sections, des hommes éprouvés et sûrs, qui devaient se réunir sur la place destinée à l'exécution, et se presser autour de l'échafaud. »

A la fin de l'assemblée législative, les députés qui étaient restés à leur poste et qui formaient le parti dit des *Girondins*, avaient essayé de combattre les hommes qui avaient préparé et fait exécuter les massacres de septembre, mais ils avaient échoué. Les uns et les autres étaient entrés dans la convention, et la lutte s'était engagée dès les premières séances. Le procès de Louis XVI ralentit leurs attaques mutuelles, et donna pour un moment une autre direction aux passions. Dès que ce procès fut terminé, les hostilités recommencèrent. Marat, l'*ami du peuple*, n'avait cessé, depuis le commencement de la révolution, de calomnier tous les amis de la liberté et de prêcher le meurtre et le pillage. Mis en accusation par la majorité de la convention sur la demande des girondins, il fut absous par le tribunal révolutionnaire. Bientôt il se forma un complot entre lui et quelques autres individus du même caractère, et la mort des girondins fut résolue. On se divisa d'abord sur les moyens; les uns, fidèles à leurs habitudes, voulaient ne recourir qu'à l'assassinat, et promettaient des instruments dévoués; les autres préféraient l'insurrection et l'échafaud. Dans l'un et l'autre système, la calomnie était nécessaire; Robespierre et Marat se chargèrent d'y pourvoir.

L'exécution du complot fut préparée comme l'avait été celle du complot du 10 août. Des discours prononcés dans le sein de la convention ou dans le club des Jacobins, et les articles des journaux commencèrent à y préparer les esprits. On fit ensuite arriver des pétitions, pour demander l'exclusion des traîtres dénoncés par Marat et Robespierre. On fit une première tentative contre la convention, comme on en avait fait une au 20 juin de l'année précédente contre l'assemblée nationale et contre les Tuileries. Enfin, lorsque tous les moyens furent disposés, la commune suscita une insurrection. La première mesure qu'elle prend, est de nommer un commandant général provisoire : elle nomme Henriot, homme grossier, qui lui est entièrement dévoué. Elle avait précédemment accordé une solde à tous les indigents qui serviraient dans les sections; maintenant elle va plus loin ; elle arrête qu'il sera donné quarante sous par jour à tous les citoyens peu aisés qui seront de service. Elle ordonne de plus que ces quarante sous seront pris immédiatement sur le produit d'un emprunt forcé sur les riches. Le prix de la journée de travail étant en général inférieur à la solde accordée pour le service dans les sections, une multitude d'hommes de la classe ouvrière abandonnent leurs travaux et viennent se mettre au service des conjurés. La convention est forcée de sanctionner ces mesures destinées à l'opprimer.

L'insurrection avait commencé le 31 mai 1793. Dans la nuit du samedi au dimanche matin, 2 juin, la générale, le tocsin et le canon d'alarme, mirent sous les armes une population nombreuse qui n'avait aucune connaissance des desseins des conjurés. Près de quatre-vingt mille hommes furent rangés autour de la convention; mais plus de soixante-quinze mille ne prenaient aucune part à l'événement, en ignoraient même la nature, et se contentaient d'y assister l'arme au bras. Les bataillons de canonniers, dévoués aux conjurés qui les payaient, environnaient le palais où siégeait l'assemblée; ils avaient cent soixante-trois bouches à feu, des caissons, des grils à rougir les boulets, des mèches allumées et tout l'appareil militaire propre à effrayer l'assemblée et à vaincre toutes les résistances. Des bataillons destinés pour la Vendée étaient rentrés dans Paris pour seconder les conjurés; on leur avait persuadé qu'un grand complot venait d'être découvert et que les principaux coupables étaient dans le sein de la convention.

La majorité de cette assemblée, se voyant ainsi environnée par une armée menaçante, voulut se retirer; mais de toutes parts elle fut repoussée par les complices des conjurés. La minorité, à la tête de laquelle se trouvaient les assassins de septembre, lui arracha alors un décret d'accusation contre les plus distingués de ses membres, et bientôt après elle les fit envoyer à l'échafaud.

La garde nationale, désignée sous le nom de sections armées, fut dénaturée après le 10 août, quand les usurpateurs de l'autorité publique désarmèrent ou firent périr un grand nombre de ses membres, et y introduisirent des indigents auxquels ils accordèrent une solde; mais après le 31 mai, tous les ouvriers et tous les prolétaires recevant pour faire le service une solde de quarante sous, aux dépens des citoyens aisés, il n'y eut plus de garde nationale proprement dite.

Cependant, quelques mois après, les hommes qui avaient établi leur assemblée par la proscription de ses principaux membres, prirent une mesure qui ne laissa aucune ombre d'influence aux véritables membres de la garde nationale. Ils organisèrent une armée révolutionnaire composée de six mille hommes et de douze cents canonniers.

Bouchotte, chargé de composer cette armée, la re-
cruta de tout ce que Paris renfermait de gens sans
aveu, et prêts à se faire les satellites de quiconque
les soudoierait. L'état-major fut rempli des hommes
les plus violents, et les plus disposés à seconder
les desseins des usurpateurs de la commune.

Afin de mieux dominer la population aisée de
Paris, à laquelle tout pouvoir avait été ravi, les
sections où les hommes les plus misérables avaient
voix délibérative, avaient une séance tous les jours.
Mais bientôt la faim devait en chasser tous ceux
qui, pour vivre, avaient besoin de leur travail
journalier; on remédia à cet inconvénient en dé-
clarant qu'il n'y aurait plus que deux séances par
semaine, et en accordant aux indigens qui voudraient y assister quarante sous par séance. Ainsi,
les assemblées délibérantes se trouvèrent en harmonie avec la force armée qui devait faire exécuter leurs résolutions : de part et d'autre on trouva
les mêmes éléments. Ce fut alors que les conjurés
firent succéder les meurtres judiciaires aux massacres des prisons, jusqu'au moment où les moins
violents, croyant n'avoir plus d'obstacles à vaincre
dans l'intérieur, jugèrent qu'il était temps de s'arrêter ; mais ils furent alors attaqués et détruits par

20

ceux-là mêmes dont ils avaient toujours secondé les
desseins. Enfin, après avoir été long-temps dominée
par les insurrections, la convention, s'insurgea
elle-même contre ses oppresseurs. Ceux-ci se réfu-
gièrent dans le sein de la commune où résidait
leur principale puissance ; mais ils furent vaincus et
envoyés au supplice.

Ainsi finirent les hommes qui avaient profité
des méfiances qu'inspirait la cour pour renverser
le trône de Louis XVI, et qui, au moyen de ce renversement, avaient usurpé les droits des citoyens
de Paris (1).

La domination de ces hommes a été nommée le
règne de la terreur. Parvenus au pouvoir par l'imposture et la violence, ils furent obligés de se
maintenir par des moyens analogues à ceux qui
avaient servi à leur élévation. S'ils furent plus violents que les usurpateurs ordinaires, c'est qu'ils
rencontrèrent des adversaires dont l'énergie dé-
passait les bornes communes. Dans l'intérieur, ils
eurent à lutter contre des hommes aux yeux desquels la liberté était le premier des biens ; ne pouvant ni les intimider, ni les corrompre, ils les

(1) Soixante-onze membres de la commune furent exécutés
après Robespierre.

tuèrent. Ils avaient à lutter de plus contre des prêtres et des royalistes, qui aspiraient à l'établissement d'un pouvoir autre que le leur ; ils firent éprouver à un grand nombre le même sort. A l'extérieur, ils avaient à lutter contre des puissances qui aspiraient à les renverser et à donner à un prince tous les pouvoirs qu'ils avaient usurpés ; ils employèrent, pour les vaincre, tous les moyens que la France put leur fournir. Ils contribuèrent à sauver l'indépendance nationale : c'était une condition de leur existence. La convention nationale, les autorités constituées et la France elle-même acceptèrent la tyrannie. Elles préférèrent une oppression intérieure passagère au gouvernement et à l'oppression qui seraient établis par les puissances coalisées.

On a vu dans le pouvoir de ces hommes une véritable dictature dont l'existence avait été nécessaire au salut de la France ; c'est, il me semble, une grave erreur. Lorsque les Romains, qui n'étaient qu'un peuple de soldats, établissaient un dictateur, ils lui donnaient, sur chacun d'entre eux, le pouvoir qu'un général possédait sur son armée hors des murs de Rome. Chez eux, la dictature était une magistrature conférée par l'autorité publique, et qui ne devait du-

20.

rer que quelques jours. Un homme qui serait arrivé
au pouvoir par le massacre des consuls, par l'asservissement du sénat, et par l'usurpation des droits
du peuple, eût été considéré comme un usurpateur et comme un tyran, et non comme un dictateur. Si l'on voulait trouver quelqu'analogie entre
les événements qui eurent lieu depuis le 10 août
jusqu'au renversement des usurpateurs de la commune, avec les événements de l'histoire romaine,
on aurait pu les comparer à la conjuration de Ca-
tilina. Les mœurs et l'audace du conjuré romain
pourraient nous donner une idée des mœurs et
de l'audace de Danton; et le renversement de
Louis XVI, le meurtre du commandant de la garde
nationale, le désarmement et le massacre des
suspects, l'usurpation des droits du peuple, l'asservissement de l'assemblée nationale, enfin les
secours empruntés à une populace égarée contre
les autres classes de la société, avaient une analogie assez frappante avec les projets que dénonça
le consul romain après les avoir déjoués.

Lorsque la convention nationale eut renversé
les conjurés et conquis une partie de son indépendance, elle se trouva dans une position fort difficile. Elle avait abattu ses tyrans; mais tous leurs

instruments et un grand nombre de leurs complices étaient encore debout, et elle devait craindre de les voir passer dans d'autres mains, et se
tourner contre elle. Il fallait qu'elle les traitât avec
ménagement; il fallait qu'elle supprimât la solde
des ouvriers et des indigents qu'on avait armés, et
qu'elle les renvoyât à leurs travaux sans les irriter,
et sans les obliger à se donner d'autres chefs. D'un
autre côté, les violences et les excès auxquels les
usurpateurs s'étaient livrés pendant le cours de
leur sanglante tyrannie, avaient en quelque sorte
déshonoré la liberté et l'égalité au nom desquelles
ils avaient toujours parlé. Ils avaient suscité à la
révolution un nombre incalculable d'ennemis dans
l'intérieur comme à l'extérieur.

L'assemblée constituante avait soulevé contre la
France les classes privilégiées de tous les états de
l'Europe; mais tous les peuples étaient partisans
de ses institutions et de ses réformes. Aussi, tant
qu'elle exista, nulle puissance n'osa déclarer la
guerre à la nation française; le gouvernement anglais lui-même, quels que fussent ses sentiments
contre la révolution, fut contraint de rester en paix
par l'opinion de sa propre nation. La France,
ayant pour elle tous les peuples, et contre elle toutes

les cours, eût aisément vaincu ses ennemis; elle n'aurait pas même eu besoin de ces efforts inouis et de ces énormes sacrifices qu'elle fut obligée de faire pour conserver son indépendance. Mais, lorsqu'une révolution commencée et exécutée pour la liberté des opinions et de l'industrie, pour la sûreté des personnes et des propriétés, parut ne produire que des désordres, des persécutions et des massacres, l'opinion publique se tourna contre elle en France et dans les pays étrangers. Les idées rétrogradèrent; les hommes modérés qui avaient désiré sincèrement la liberté commencèrent à douter s'ils n'avaient pas formé un vœu insensé; des républicains regrettèrent la monarchie; les royalistes conçurent de nouvelles espérances et devinrent plus entreprenants. Les esprits étaient dans cet état lorsque la convention secoua le joug qui avait pesé sur elle, depuis le jour de sa formation. Si elle ne s'emparait pas des hommes qui avaient servi d'instrument à la tyrannie, et si elle ne se résignait pas à satisfaire leurs intérêts et leurs passions, elle s'exposait donc à être abandonnée par les classes moyennes et à être écrasée par les contre-révolutionnaires.

La convention sortit de cette difficulté avec

beaucoup de prudence. Elle voulut d'abord supprimer le tribunal révolutionnaire ; mais les fureurs des jacobins d'un côté, et de l'autre les menaces des ennemis de la révolution, l'obligèrent de rapporter son décret. Elle se borna d'abord à modifier cette institution, à mettre l'accusateur public en jugement, à nommer d'autres jurés ou d'autres juges, et à accorder aux accusés quelques garanties nouvelles. Pour attaquer d'une manière plus sûre le système dont les principaux auteurs venaient d'être renversés ; on fit durer long-temps le procès de quelques membres du tribunal révolutionnaire, et l'on prit un soin particulier d'exposer aux yeux du public les actes de cruauté que ce tribunal avait commis.

Pour achever de conquérir son indépendance, la convention devait surtout s'appliquer à prévenir les insurrections ; et pour cela, il fallait affaiblir les puissances qui les préparaient, les jacobins et les sections. Elle prépara la chute des jacobins en accueillant la dénonciation portée contre les plus violents d'entre eux, et en faisant connaître les excès auxquels ils s'étaient portés. Elle paralysa l'influence qu'ils exerçaient dans les sections, en rapportant le décret qui accordait quarante sous à tous les indigents qui assistaient aux séances. Elle prit des dispositions pour se mettre à l'abri de l'influence de la commune de Paris, que le supplice d'une partie de ses membres n'avait point abattue. Elle osa rendre un décret qui interdisait aux jacobins de recevoir dans leur club un certain nombre d'individus ; elle leur fit un devoir de s'épurer. Enfin, après avoir fait mettre le scellé sur leurs papiers, elle fit fermer le lieu où ils tenaient leurs séances.

La publication des excès commis par les hommes les plus violents de la révolution ayant tourné l'opinion publique contre les jacobins, la convention s'occupa de la réorganisation, ou pour mieux dire, du rétablissement de la garde nationale parisienne. Par un décret du premier pluviôse an 3, elle ordonna d'abord la réélection des officiers et sous-officiers, laissant aux citoyens la faculté de maintenir ceux qu'ils jugeraient dignes de leur confiance, et d'exclure ceux qui n'en seraient pas dignes. Les citoyens de chaque compagnie devaient nommer leurs capitaines, lieutenants, sous-lieutenants et sergents ; et ceux-ci devaient ensuite se réunir pour la nomination de l'état-major. Les adjudants-généraux et ceux de sections étant soldés, la convention se réservait la faculté de les nommer elle-même.

Environ trois mois après (le 28 germinal), la convention régla par un décret spécial l'organisation de la garde nationale de Paris. Elle décréta qu'elle serait composée d'infanterie et de cavalerie, et qu'elle serait divisée en bataillons de 761 hommes chacun, fournis par les quarante-huit sections de Paris, en raison de la population de chacune. Chaque bataillon fut composé de dix compagnies; chaque compagnie fut divisée en deux pelotons, et chaque peloton en deux escouades. Chaque bataillon eut son état-major; les bataillons de chaque section eurent aussi leur état-major. Une compagnie de canonniers fut acordée à chaque section, attachée au premier bataillon et aux ordres du chef de brigade. Les sections furent réunies en divisions, à raison de quatre chacune, Paris étant divisé en douze arrondissements.

La garde nationale à cheval fut portée à 2,400 hommes, à raison de 200 hommes par arrondissement. Ces 2,400 hommes furent répartis en trois brigades, composées chacune de quatre escadrons, à raison d'un par arrondissement: chaque escadron, de deux compagnies; chaque division de deux escadrons.

La convention ayant ainsi réglé l'organisation de la garde nationale parisienne, elle régla les rapports qui devaient avoir lieu entre elle et l'autorité civile. Elle la plaça sous les ordres du comité de la guerre, et ordonna qu'elle serait employée au maintien de l'ordre public, et à la sûreté des personnes et des propriétés.

Il restait encore une mesure importante à prendre; c'était de ramener la garde nationale parisienne au principe de son institution, en dispensant du service toutes les personnes qui n'avaient pas les moyens de le faire gratuitement. C'est ce qu'elle fit quelques jours après qu'elle en eut ordonné la réorganisation. Le 10 prairial, elle décréta que les citoyens moins aisés parmi la classe des artisans, journaliers et manouvriers, pourraient se dispenser de faire le service de la garde nationale. En prenant cette mesure elle évita de blesser les personnes auxquelles elle s'appliquait; elle révoqua par ce moyen, d'une manière implicite, la solde accordée aux indigents (1).

(1) Peu de jours après avoir réglé la garde nationale parisienne, la convention organisa la garde nationale des départements. Elle déclara qu'on ne comprendrait point dans l'organisation les ouvriers ambulants et non domiciliés, ni ceux travaillant dans les manufactures sans domicile fixe. On ne devait pas admettre non plus dans les contrôles les citoyens peu

La convention porta plus loin la sollicitude : après avoir dispensé du service les personnes qui ne pouvaient pas le faire gratuitement, elle en dispensa les citoyens qui avaient d'autres devoirs publics à remplir; elle en dispensa particulièrement les assesseurs des juges de paix, les instituteurs publics, les receveurs des domaines nationaux, les professeurs des écoles de santé de Montpellier, de Paris et de Strasbourg, et les officiers publics de l'état civil (1). L'assemblée constituante avait précédemment dispensé du service tous les magistrats qui étaient autorisés par la loi à requérir la force armée.

Les jacobins étaient dispersés ; mais ils existaient toujours. Voyant que les lois de la convention sapaient leur puissance dans ses fondements, ils formèrent quelques clubs particuliers pour délibérer sur les moyens de rétablir leur puissance. Ils eurent recours comme à l'ordinaire à l'insurrection des ouvriers; le moment était favorable, car cette partie de la population souffrait déjà de la

fortunés, domestiques, journaliers et manouvriers des villes, à moins qu'ils ne demandassent positivement à faire le service. Les citoyens conservaient au reste l'élection de leurs officiers. Voyez la loi du 28 prairial an 3 de la république.

(1) Ce décret est du quatrième jour complémentaire de l'an 3.

disette. Le 5 germinal an 4, ils firent une première tentative qui échoua, par la fermeté des officiers municipaux; mais le 12 germinal suivant (le 1ᵉʳ avril 1796), ils parvinrent à réunir un attroupement beaucoup plus considérable. Au moment où l'assemblée entendait un rapport sur l'état des subsistances, une foule immense composée de femmes, d'enfants et d'hommes dont un grand nombre étaient ivres, se portèrent sur le lieu de ses séances et envahirent la salle où elle délibérait. La convention avait enlevé le tocsin à la commune, et l'avait transporté sur l'édifice dans lequel elle s'assemblait. Au moment où elle se vit envahie, elle en fit entendre le son. Les sections qui formaient alors véritablement la garde nationale prirent les armes, et allèrent la délivrer. Ainsi, le premier résultat du rétablissement de cette garde fut d'assurer l'indépendance de la représensation nationale, et de prévenir le retour de la domination et des violences des hommes de la montagne.

Un nouveau plan d'insurrection ne tarda pas à être concerté par un comité composé d'anciens membres des comités révolutionnaires. Ce plan consistait, comme tous ceux du même genre, à mettre les femmes en avant, à les faire suivre par un rassemblement immense, à envelopper la convention, et à lui faire sanctionner ensuite les volontés des conjurés. Afin d'agir avec plus de concert, et d'imprimer à l'insurrection un mouvement plus uniforme, les conjurés préparèrent une espèce de manifeste ou de proclamation dans laquelle leurs desseins étaient exposés. Ils devaient demander du pain, la constitution de 93, la destruction du gouvernement, l'arrestation des membres dont il était composé, la mise en liberté des détenus patriotes, et la convocation des assemblées primaires pour nommer de nouveaux députés. Les barrières de Paris devaient être fermées, et le peuple devait s'emparer de la rivière, du télégraphe, du canon d'alarme et des tambours. Les canonniers, les gendarmes, les troupes à pied et à cheval qui se trouvaient à Paris ou dans les environs, étaient invités à se rallier sous les drapeaux du peuple. Tout agent du gouvernement ou autre fonctionnaire public qui tenterait de s'opposer à l'insurrection, devait être regardé comme ennemi du peuple et traité comme tel. Tout pouvoir non émané du peuple était suspendu; tout fonctionnaire et agent du gouvernement qui n'abdiquerait point à l'instant les fonctions du gouvernement

devait être considéré comme tyran ou partisan de
la tyrannie, et traité comme ennemi du peuple. Il
devait être fait une adresse aux armées pour
les instruire des motifs de l'insurrection et de ses
succès.

La convention nationale eut connaissance de ce
complot peu de jours après que l'exécution en eut
été résolue, et cependant elle n'eut pas le moyen
de prévenir l'insurrection. Lorsque les conjurés
crurent que les esprits étaient suffisamment préparés dans la classe ouvrière, ils firent imprimer leur
manifeste, et le répandirent dans Paris. Le lendemain, 1er prairial (20 mai) les femmes de la basse
classe du peuple parcouraient les rues en s'excitant mutuellement à marcher contre la convention
qui, suivant elles, n'avait tué Robespierre que
pour le remplacer. Elles l'accusaient d'affamer le
peuple, de protéger les marchands qui suçaient le
sang du pauvre, et d'envoyer à la mort tous les
patriotes.

Dès le lendemain, à la pointe du jour, le tumulte était général dans les faubourgs Saint-Antoine et Saint-Marceau, dans le quartier du Temple,
dans les rues Saint-Denis, Saint-Martin, et surtout
dans la cité. Les insurgés s'étaient emparés de

toutes les cloches, faisaient battre la générale et tirer le canon. De son côté, le comité de sûreté général faisait sonner le tocsin et appelait la garde nationale sous les armes. Une partie des sections étaient dans le complot, et celles-là marchaient avant que les autres se fussent assemblées.

Le rassemblement, qui grossissait toujours dans sa marche, s'avançait lentement vers les Tuileries où siégeait la convention. Une troupe de femmes, au milieu desquelles on voyait un grand nombre d'hommes ivres, formaient l'avant-garde et criaient *du pain et la constitution de* 93! Elles étaient suivies d'une troupe de bandits armés de piques, de sabres, et d'armes de toute espèce. Après des flots de la plus vile populace, venaient quelques bataillons régulièrement armés, sortis des faubourgs Saint-Marceau et Saint-Antoine. Vers les dix heures, la convention était environnée par ce nombreux attroupement.

Dès le matin, les conjurés avaient fait envahir par des affidés une partie des tribunes de l'assemblée. Aussitôt que l'attroupement fut arrivé aux portes de la salle, le député Grabeau lut à la convention le manifeste répandu de la veille. Cette lecture fut accueillie par les applaudissements d'une

partie des tribunes ; mais lorsqu'un membre s'é-
cria que la convention saurait mourir à son poste,
et que tous les autres répétèrent la même déclaration, les autres tribunes applaudirent encore plus
vivement. Une multitude de femmes se précipi-
tèrent alors à la tribune en criant *du pain ! du pain !*
et en menaçant l'assemblée ou lui disant des injures.
Le président voulut la faire respecter; mais il ne
put y réussir; sa voix fut couverte par les cris *du
pain ! du pain !*

Dans ce moment, la colonne de bandits qui
marchait à la suite des femmes arrivait; l'on entendait gronder les flots de la populace. Tout-à-coup
la porte placée à la gauche du bureau retentit de
coups violents; les ais crient, les platras tombent;
la salle est sur le point d'être envahie. Un général
qui s'était rendu dans l'assemblée avec des jeunes
gens pour lui présenter une pétition, était présent
à la séance. Sur-le-champ, le président le nomme
commandant provisoire de la force armée, et le
somme en cette qualité de veiller sur la représentation nationale. Cette nomination est confirmée
par les applaudissements de l'assemblée. Le général promet de remplir la mission qui lui est confiée, et de mourir, s'il le faut, à son poste. Il sort

pour aller requérir la force armée. Dans ce moment, le président ordonne aux citoyens qui sont
dans les tribunes de se retirer, et déclare que pour
les faire évacuer on va employer la force. Des citoyens se retirent en effet, mais les femmes restent
et poussent des vociférations. Le général, nommé
commandant provisoire, rentre suivi de quelques
fusiliers, et d'une foule de jeunes gens armés de
fouets de postes. Ils escaladent les tribunes, et, à
grands coups de fouet, en chassent les femmes qui
se retirent en poussant des cris épouvantables.

Les tribunes sont à peine évacuées que les insurgés reviennent à la charge; ils attaquent de nouveau la porte de la salle et la brisent. Les membres
de l'assemblée se retirent dans les bancs supérieurs, et une haie de gendarmes se forme entre
eux et les assaillants. Des citoyens armés se présentent aussitôt par la porte opposée, refoulent en
arrière la populace, mais ils sont bientôt ramenés
par la foule. Les gardes nationaux de la section
de Grenelle, étant arrivés les premiers, se présentent pour défendre la convention. Un député, ancien militaire, se met à leur tête le sabre à la
main; il leur commande de croiser la baïonnette,
et la foule est obligée un instant de se retirer.

Deux ou trois sections avaient à peine eu le temps d'arriver en armes et de se jeter dans le palais national, tandis que les insurgés recevaient sans cesse de nouveaux renforts. Les autres sections étaient aussi accourues; mais elles se trouvaient séparées de la convention par la multitude ; elles n'avaient d'ailleurs aucun ordre, et ne savaient quel usage faire de leurs armes. Cependant les assaillants font un nouvel effort et arrivent jusqu'à la porte brisée ; alors le combat s'engage : les défenseurs de la convention croisent les baïonnettes; les assaillants font feu ; les balles viennent frapper les murs de la salle. Les députés se lèvent aux cris de vive la république ! De nouveaux détachements accourent et viennent défendre la représentation nationale. La multitude qui se presse sur le derrière des assaillants, les pousse malgré eux sur les baïonnettes. Un jeune député, Féraud, qui, depuis quinze jours, ne s'était occupé que de hâter l'arrivage des subsistances, se précipite au-devant de la foule et proteste qu'elle le tuera avant que d'arriver jusqu'à l'assemblée. En effet, il tombe ou il est renversé; on le foule aux pieds.

Pendant ce temps, des femmes ivres, des hommes armés de sabres, de piques et de fusils, portant

sur leurs chapeaux ces mots *du pain! la constitution de* 93! se précipitent dans la salle. Plusieurs
remplissent les banquettes que les députés ont
abandonnées, d'autres remplissent le parquet,
d'autres se placent dans le bureau ou dans l'escalier qui conduit au siége du président. Un jeune
officier des sections, nommé Mailly, veut arracher
l'inscription qu'un de ces hommes portait sur son
chapeau ; mais plusieurs coups de feu l'atteignent
et le renversent grièvement blessé. Au même instant, une multitude de piques menaçantes se dirigent sur le président, Boissy-d'Anglas, qui demeure immobile et calme sur son siége. Féraud,
qui s'était relevé, s'élance dans un mouvement de
désespoir vers le président et veut le couvrir de
son corps. Un homme de la populace tente de le
retenir, et reçoit un coup de poing d'un officier ;
il riposte par un coup de pistolet qui atteint Féraud
dans les épaules et le renverse. D'autres s'emparent
du malheureux jeune homme, l'entraînent hors de
la salle, lui coupent la tête et la placent au bout
d'une pique.

Tandis qu'une troupe de misérables tiennent le
président au milieu de leurs piques prêtes à le per-
cer, et qu'il reste calme et impassible au milieu du

danger, d'autres individus veulent contraindre l'assemblée, à délibérer et à convertir en décrets leurs propres résolutions. Mais alors s'établit entre eux un violent débat sur les objets qu'il s'agit de lui faire adopter ; chacun veut parler, et comme tout le monde crie, personne ne peut se faire entendre. Tous les tambours battent pour rétablir le silence ; mais la populace, au milieu de laquelle se trouvent des individus qui veulent avilir et détruire la représentation nationale, s'amuse de cet effroyable désordre ; elle pousse des vociférations de joie, en voyant l'état auquel elle a réduit l'assemblée. Un canonnier monte à la tribune, et veut lire le manifeste de l'insurrection, afin que les insurgés procèdent d'une manière conforme au plan qui leur a été tracé ; mais il est à chaque instant interrompu, et il lui est impossible de se faire entendre. Les hommes qui ont préparé ce mouvement voyant que le temps se passe sans que leurs projets soient convertis en lois, et craignant que l'occasion ne leur échappe, supplient cette populace de laisser délibérer l'assemblée. Quelques députés de la *Montagne* qui partagent leurs opinions se joignent à eux ; mais ni les uns ni les autres ne peuvent se faire entendre ; le tumulte recommence et se prolonge encore pendant une heure. Pendant cette scène, un homme couvert de haillons paraît dans l'assemblée, portant une tête au bout d'une pique (c'était celle du jeune Féraud); il s'avance hardiment et la présente à Boissy-d'Anglas qui s'incline avec respect. Au même instant, un autre qui, par ses vêtements, paraît appartenir à cette populace, passe près du président, et lui dit à demi-voix : *êtes-vous satisfait de votre liberté ? En avez-vous assez ?* Il disparaît après ces mots. Il passe une seconde fois et ensuite une troisième, et toujours il lui tient le même langage. Boissy-d'Anglas l'observe; il s'aperçoit que sous le costume d'un ouvrier, il a des mains blanches et douces, qui paraissent étrangères aux habitudes du travail : cette vue et les mots énigmatiques qu'il vient d'entendre le font tressaillir.

Enfin, un des chefs de l'attroupement propose de faire descendre les députés des hautes banquettes où ils se sont retirés, de les réunir au milieu de la salle, et de les contraindre à rendre les décrets dont on a besoin. Cette résolution est à l'instant adoptée; les députés sont poussés des extrémités de la salle vers le centre; on les entoure d'une haie de piques. Vernier remplace à la présidence Boissy-d'Anglas, que six heures de présidence et de dangers ont accablé de fatigues, et qui a constamment refusé de mettre aux voix les propositions des révoltés, et on établit une espèce de délibération. On arrête que le peuple restera couvert, et que les députés seuls lèveront leurs chapeaux en signe d'approbation ou d'improbation. On fait alors diverses motions, telles que la mise en liberté des terroristes, le rappel des députés exclus le 12 germinal, l'arrestation des journalistes. On oblige le président à mettre ces propositions aux voix, et on crie *adopté*, *adopté*, au milieu d'un bruit épouvantable, et sans qu'il soit possible de distinguer ceux qui ont voté de ceux qui n'ont point voté. Après avoir formé un bureau auquel on n'avait pas pensé d'abord, on propose la suspension des comités, et la nomination d'une commission extraordinaire, pour assurer l'exécution des décrets qu'on vient de rendre. Ces propositions sont adoptées dans les mêmes formes que les précédentes.

Les comités qui composaient le gouvernement n'avaient pu garantir la convention des attentats qui étaient commis contre elle; mais tandis que les révoltés lui arrachaient des décrets, ils s'occupaient de la délivrer, au moyen des jeunes gens qui s'étaient ralliés à eux, et des citoyens des sections armées. Afin de rencontrer moins de résistance, ils avaient attendu que la fatigue et la nuit eussent dispersé une partie de l'attroupement. Prévoyant que les révoltés auraient fait rendre des décrets favorables à leurs desseins, ils avaient pris un arrêté par lequel ils refusaient d'en reconnaître l'authenticité. Dès qu'il leur paraît que le moment est venu d'attaquer l'attroupement, cinq de leurs membres se mettent à la tête de forts détachements, et se rendent près de la convention. Arrivés là, ils conviennent de laisser les portes ouvertes, afin que les révoltés puissent se retirer; deux d'entre eux, Legendre et Delecloi, pénètrent ensuite dans la salle; le premier monte à la tribune et somme de se retirer tous les individus qui sont étrangers à l'assemblée. Avant que d'exécuter cette résolution hardie, ils ont fait promettre à leurs collègues de charger avec vigueur, si les révoltés ne se retirent pas à la première sommation. « Ne craignez rien pour nous, leur ont-ils dit, dussions-nous périr dans la mêlée, avancez toujours. »

Au moment où Legendre prend la parole, il est assailli par des huées et par des coups; mais, sans s'émouvoir , il invite l'asssemblée à rester ferme, et les citoyens à sortir. Les cris *à bas! à bas!* l'obligent lui-même à se retirer. Mais ses collègues avancent avec la force armée ; ils somment la multitude d'évacuer la salle ; le président l'y invite au nom de la loi ; elle répond par des huées. Les citoyens, conduits par le commandant de la garde nationale Raffet, baissent les baïonnettes et avancent d'un pas ferme. Les révoltés cèdent d'abord, mais en criant, à nous *sans-culottes!* ces cris leur annoncent un renfort qui leur donne un moment l'avantage. Mais d'autres gardes nationaux arrivent et décident la victoire ; les révoltés sont repoussés à coups de sabres et de baïonnettes ; les uns se sauvent par la porte , les autres en escaladant les tribunes ou en sautant par les fenêtres.

Dès que l'assemblée est remise du trouble dans lequel elle a été jetée , elle fait détruire les papiers sur lesquels sont consignés les décrets qu'on lui a fait rendre , et elle s'occupe du châtiment des individus qu'elle considère comme les auteurs ou les complices de cet attentat ; elle ordonne l'arrestation et prononce ensuite l'accusation de ceux de ses membres qui se sont ralliés aux révoltés ou qui ont secondé leurs entreprises ; elle décrète le désarmement des terroristes ; elle charge les sections de l'effectuer, et les autorise même à faire arrêter ceux qu'elles croiront devoir traduire devant les tribunaux.

Les révoltés avaient été dispersés ; mais le lendemain, les chefs trouvent le moyen de les assembler encore. Afin d'éviter les inconvénients qu'ils ont éprouvés la veille par une trop grande confusion, ils arment trois bataillons d'ouvriers. Ils les font avancer avec leurs canons jusqu'auprès du palais où la convention tient ses séances ; mais là ils rencontrent les bataillons des sections qui viennent défendre la représentation nationale. Les auteurs secrets de ces mouvements avaient toujours une grande facilité à mettre en insurrection les classes peu éclairées de la société ; il leur suffisait pour cela d'une disette ou de quelques calomnies. Mais lorsqu'il fallait ensuite arriver à l'exécution de leurs desseins secrets, la multitude, qu'ils avaient si facilement soulevée, ne les secondait pas toujours et faisait quelquefois autre chose que ce qu'ils auraient voulu. C'est ce qui arrive dans cette occasion ; les canonniers des sections les ont abandonnées et sont allés joindre les canonniers des insurgés. Cependant quelques personnes ayant ob·

servé que de bons citoyens ne doivent pas s'égorger
entre eux , et qu'il faut au moins chercher à s'entendre , de part et d'autre on sort des rangs et
l'on s'explique. Des membres des comités , des
commissaires de la convention s'introduisent dans
les bataillons qui semblaient ennemis, et leur font
entendre le langage de la raison. Des deux côtés,
on rompt les rangs et l'on se mêle ; dès ce moment
la guerre n'est plus possible. Les chefs des insurgés sont réduits au simple rôle de pétitionnaires ;
la convention consent à les entendre , et les ouvriers se retirent paisiblement dans leurs faubourgs.

Peu de jours après , le meurtrier de Féraud fut
arrêté, mis en jugement et condamné au dernier
supplice. Aussitôt, il se trouva des hommes qui formèrent le complot de l'enlever et de le soustraire
à la mort. Soustraire au châtiment le meurtrier
d'un député , était une autre manière de faire la
guerre à la représentation nationale. Au jour fixé
pour l'exécution , une troupe d'hommes , qu'on
pouvait prendre pour des oisifs que la curiosité
avait attirés, se réunirent sur la place de Grève.
Lorsque le cortège arriva , ils se jetèrent sur les
gendarmes , les dispersèrent, s'emparèrent du condamné et le conduisirent dans le faubourg Saint-

Antoine. Dans la nuit, les chefs de ce complot firent mettre les ouvriers sous les armes, ils firent des barricades, et placèrent leurs canons sur la place de la Bastille.

Dès que cet événement fut connu, la convention décreta que le faubourg Saint-Antoine livrerait le condamné, qu'il remettrait ses armes et ses canons, ou qu'il serait bombardé. Elle pouvait disposer de quatre ou cinq mille hommes de troupes de ligne, d'environ vingt mille hommes de gardes nationales, et d'une nombreuse troupe de jeunes gens. Ces jeunes gens, au nombre d'environ douze cents, eurent l'imprudence de s'aventurer les premiers dans le faubourg. On les laissa s'engager sans les inquiéter, et lorsqu'ils se furent avancés, une multitude innombrable leur coupa la retraite; les femmes placées à leurs fenêtres menacèrent de faire pleuvoir sur eux une grêle de pierres; les redoutables bataillons d'ouvriers s'avancèrent. Cependant, après en avoir châtié quelques-uns, comme pour leur donner une leçon de prudence, les habitants du faubourg les laissèrent se retirer en paix.

Le général Menou arriva avec ses quatre ou cinq mille hommes de troupes de ligne, et ses bataillons de garde nationale; il fit occuper toutes les issues du faubourg, et braquer ses canons. Une députation lui fut envoyée pour connaître les volontés de l'assemblée. Il demanda le meurtrier de Féraud, et la remise des armes. Le meurtrier ne pouvait être livré, ceux qui l'avaient enlevé l'ayant fait évader; mais les armes furent remises. Les riches habitants du faubourg, craignant la destruction de leurs ateliers, déterminèrent les ouvriers à se soumettre. A compter de ce moment, la représentation nationale n'eut plus à craindre les insurrections de cette partie énergique de la population parisienne; mais en appelant à son aide la troupe de ligne contre les citoyens, et en frappant en masse des fractions considérables de la population, elle prépara pour la liberté des dangers beaucoup plus graves, au milieu desquels elle devait succomber.

Pendant long-temps, la simple imputation d'*aristocratie* ou de *royalisme* avait suffi pour perdre l'homme le plus impartial et le plus désintéressé, le citoyen le plus attaché à l'égalité, le républicain le plus sincère. Lorsque, par leurs excès ou leurs violences, des furieux eurent souillé la révolution par leurs crimes, et que la convention eut renversé leur tyrannie et désarmé leurs instruments, la qualification de *terroriste* fut le moyen qu'on employa pour flétrir ou pour proscrire les vrais amis de la liberté. C'est alors que commença à se développer la puissance qu'avaient donnée aux ennemis secrets de la révolution, les violences et les sottises qui avaient été commises en son nom; la réaction contre les patriotes fut presqu'aussi forte que l'avait été l'action révolutionnaire. Sur plusieurs points de la France, on se livra, contre les hommes qui avaient pris part à la révolution, à des vengeances aussi cruelles que celles qui avaient été commises en son nom quelques années auparavant.

Tant que la convention eut à combattre des révolutionnaires trop ardents, elle trouva un appui dans la plupart des sections de Paris, même dans celles où il existait des royalistes. Aussitôt qu'elle les eut complètement vaincus, et qu'elle eut manifesté l'intention d'établir un régime légal, les réacteurs se tournèrent contre elle-même. Ils se firent un levier des excès que souvent elle n'avait pas pu empêcher ou dont elle avait elle-même été la victime. Sa principale mission, après celle de sauver la France de la domination étrangère, avait été celle d'établir une constitution ; la première étant remplie, elle s'occupa de la seconde. Mais elle pouvait craindre que, si elle prononçait sa propre dissolution quand la constitution serait promulguée, les deux conseils représentatifs qu'elle avait créés ne fussent remplis d'hommes ennemis de la révolution. Ce danger lui paraissait d'autant plus grave, que les partisans de l'ancien régime, qui se disaient purs de tout excès, avaient appris à parler le langage de la liberté, et affectaient d'en avoir toutes les idées. Afin de prévenir cet inconvénient, elle prit une résolution opposée à celle qu'avait prise la première assemblée nationale : celle-ci avait déclaré qu'aucun de ses membres ne pourrait être appelé à la législature suivante ; la convention déclara par un premier décret que les deux tiers de ses membres entreraient dans les deux conseils ; elle fixa, par un second décret, le mode de réélection. Il faut ajouter toutefois que la convention ne se perpétua point ainsi dans le pouvoir de sa propre autorité ; elle soumit ses deux décrets à l'adoption des assemblées primaires, en même temps que l'adoption de son projet de constitution.

La constitution nouvelle était l'ouvrage d'hommes très-modérés, et républicains sincères. Elle divisait le pouvoir législatif en deux assemblées dont les fonctions duraient trois années, et qui n'étaient renouvelées que par tiers. L'une, composée de cinq cents membres qui devaient être âgés de trente ans au moins, était nommée conseil des *cinq cents* ; l'autre composée de deux cent cinquante membres âgés au moins de quarante ans, était nommée *conseil des anciens*. Le pouvoir exécutif était confié à cinq directeurs, nommés par le conseil des anciens sur la présentation du conseil des cinq cents. La monarchie inspirait encore trop d'ombrage pour qu'on osât proposer de confier le pouvoir exécutif à un président. Le directoire, quoique responsable, ne pouvait agir par lui-même ; il devait déléguer le pouvoir à des ministres dont il avait le choix et la direction. Pour être électeur ou éligible, on exigea des conditions de propriété, très-bornées, mais suffisantes pour prévenir le retour des excès démagogiques qu'on y avait vus pendant le cours de la révolution. L'institution de la garde nationale était maintenue, il en était de même de tous les principes proclamés par l'assemblée constituante.

Le mode adopté par la convention nationale pour obtenir la réélection des deux tiers de ses membres, lui a été reproché comme un attentat aux droits des citoyens. Il faut observer cependant que ce mode donnait à l'opinion publique une puissance qu'aucun autre système ne lui a jamais donnée. Dans le système ordinaire, il suffit qu'un député obtienne la majorité des voix des électeurs de son arrondissement ou de son département, pour devenir le représentant de la nation tout entière. Il peut arriver et il arrive souvent qu'un homme inconnu ou sans considération dans quatre-ving-cinq départements soit élu, s'il convient à la majorité des électeurs du quatre-vingt-sixième. Mais, comme ce qui peut arriver pour un peut arriver pour tous, il est possible de former une assemblée très-impopulaire avec des élus d'une multitude de fractions du peuple. Tel individu à qui il suffit d'obtenir quatre cents voix pour être élu, n'en obtiendrait pas quatre cent cinquante, si tous les électeurs de France étaient appelés à voter; tandis que son concurrent qui est exclu parce qu'il n'a dans son département que trois cent quatre-vingt-dix-neuf voix, en obtiendrait quatre-vingt mille, si tous les autres départements avaient la faculté de faire connaître leur opinion. La convention, en appelant tous les citoyens à voter sur tous les députés, avait donc adopté le mode d'élection le plus populaire qui ait jamais été connu.

Quoique les excès qui avaient été commis pendant la révolution eussent affaibli le zèle qu'un grand nombre de bons citoyens avaient porté jusqu'alors dans la défense de la liberté, il n'y aurait pas eu de sûreté à attaquer ouvertement la constitution républicaine proposée par la convention. Il y aurait eu moins de sûreté encore à parler du rétablissement de la monarchie. Aussi le parti royaliste, qui n'espérait plus rien de l'étranger, et qui s'agitait au milieu de Paris, se garda-t-il d'attaquer la constitution soumise aux citoyens réunis dans les assemblées primaires. Il dirigea tous ses efforts contre les deux décrets qui avaient pour objet la réélection des deux tiers des membres de la convention. Il espérait entrer en majorité dans les deux conseils par les élections; maître des conseils, il était maître du gouvernement, puisqu'il nommait les directeurs, et par eux les ministres et tous les autres agents du pouvoir exécutif. Pour attaquer les deux décrets, il prétendit qu'ils portaient atteinte à la souveraineté nationale, et il rappela les excès commis sous l'empire de la convention. Afin de bien concevoir la lutte qui va s'engager et dans laquelle nous allons voir une partie de la garde nationale parisienne jouer un rôle très-actif, il est nécessaire de faire connaître la composition et la force des divers partis. Voici comment un historien décrit les forces et les moyens du parti royaliste à cette époque :

« Les passions les plus vives, dit M. Thiers, fermentaient dans les sections de Paris : on n'y était pas royaliste, mais on servait le royalisme sans s'en douter. On s'était attaché à combattre les terroristes ; on s'était animé par la lutte ; on voulait persécuter aussi, et on s'irritait contre la convention qui ne voulait pas laisser pousser la persécution trop loin ; on était toujours prêt à se souvenir que la terreur était sortie de son sein ; on lui demandait une constitution et des lois, et la fin de la longue dictature qu'elle avait exercée. La plupart des hommes qui demandaient tout cela ne songeaient guère aux Bourbons ; c'était le riche tiers-état de 89 ; c'étaient des négociants, des marchands, des propriétaires, des avocats, des écrivains, qui voulaient enfin l'établissement des lois et la jouissance de leurs droits ; c'étaient des jeunes gens sincèrement républicains, mais aveuglés par leur ardeur contre le système révolutionnaire ; c'étaient beaucoup d'ambitieux, écrivains de journaux ou orateurs de sections, qui, pour prendre leur place, désiraient enfin que la convention se retirât devant eux. Les royalistes se cachaient derrière cette masse : on comptait parmi eux quelques émigrés, quelques prêtres rentrés, quelques créatures de l'ancienne cour qui avaient perdu des places, et beaucoup d'indifférens et de poltrons qui redoutaient une liberté orageuse ; ces derniers n'allaient pas dans les sections ; mais les premiers y étaient assidus, et employaient tous les moyens pour les agiter. L'instruction donnée par les agents royalistes à leurs affidés consistait à prendre le langage des sectionnaires, à réclamer les mêmes choses, à demander comme eux la punition des terroristes, l'achèvement de la constitution, le procès des députés montagnards, mais à demander tout cela avec plus de violence, de manière à compromettre les sections avec la convention, et à provoquer de nouveaux mouvements ; car tout mouvement était une chance, et dégoûtait du moins d'une république si tumultueuse.

« A tout ce qu'ils disaient ou faisaient dire dans les sections, ajoute le même historien, les intrigants au service du royalisme ajoutaient des pamphlets et des articles de journaux. Ils mentaient ensuite selon l'usage, se donnaient une importance qu'ils n'avaient pas , et écrivaient à l'étranger qu'ils avaient séduit les principaux chefs du gouvernement. C'est avec ces mensonges qu'ils se procuraient de l'argent, et qu'ils venaient d'obtenir quelques mille livres sterling d'Angleterre. Il est constant néanmoins que , s'ils n'avaient gagné ni Tallien ni Hoche, comme ils le disaient, ils avaient gagné quelques conventionnels , deux ou trois peut-être. On nommait Rovère et Saladin , deux fougueux révolutionnaires , devenus deux fougueux réacteurs; on croit aussi qu'ils avaient touché, par des moyens plus délicats, quelques-uns de ces députés d'opinion moyenne, qui avaient quelque penchant pour une monarchie représentative , c'est-à-dire pour un Bourbon soi-disant lié par des lois à l'anglaise. A Pichegru on avait offert un château , des canons et de l'argent; à quelques législateurs ou membres des comités on avait pu dire : la France est trop grande pour être république ; elle serait bien plus heureuse avec un roi, des ministres responsables , des pairs héréditaires ou des députés. »

Lorsque les deux décrets de la convention furent connus, tous les hommes qui se croyaient intéressés au renouvellement de tous les députés s'agitèrent ; les royalistes qui aspiraient au renversement de la république, des orateurs et des écrivains qui aspiraient à entrer dans le gouvernement, des jeunes gens qui voulaient ne voir dans les fonctions publiques et surtout dans les conseils que des citoyens purs ou des républicains sans taches, se rendirent dans les sections pour aviser aux mesures qu'il fallait prendre. Celle qui se présentait naturellement, était d'adopter la constitution, et de faire rejeter les deux décrets par toutes les assemblées primaires. Tel fut en effet le parti auquel on s'arrêta : tous les écrivains royalistes se signalèrent par des articles de journaux, des pamphlets ou des discours. Le chef de l'agence Le Maître, et ceux qu'il avait mis dans le secret, voulaient pousser les choses plus loin. Ils voulaient profiter de la circonstance pour exciter une insurrection sur tous les points de la France, et se débarrasser ainsi de la convention. Les agents de Le Maître firent parvenir son projet dans les provinces où ils avaient des correspondances. Une de leurs lettres fut saisie et lue à la tribune. Cette découverte ne fit point abandonner le complot.

La convention parut ne pas être effrayée des projets qui se tramaient contre le gouvernement républicain ; cependant elle prit des mesures propres à la mettre à l'abri d'un attentat pareil à ceux qu'elle avait déjà éprouvés. Elle avait désarmé trois sections du faubourg Saint-Antoine, pour se mettre à l'abri des complots tramés sous des apparences ou des prétextes démagogiques. Elle ne pouvait pas les appeler à son aide pour se garantir des mouvements qui seraient suscités par les royalistes. Elle fit donc avancer quelques troupes de ligne, et les réunit dans le camp des Sablons sous Paris. Les meneurs des sections se hâtèrent d'attaquer une mesure qui pouvait déjouer leurs projets. Ils prétendirent que la présence de la force armée était une atteinte à la liberté. Cette opinion fut adoptée par quatre des quarante-huit sections de Paris : la section Le Pelletier (autrefois Saint-Thomas) et celles du Mail, de la Butte-des-Moulins, des Champs-Élysées et du Théâtre-Français.

Dans les pétitions qu'elles présentèrent à l'assemblée, elles demandèrent si les Parisiens avaient démérité et si l'on se défiait d'eux. Elles se plaignirent de la violence faite à leurs choix : l'une d'elles osa lui dire : Méritez nos choix et ne les commandez pas. La convention répondit qu'elle se soumettrait à la volonté nationale quand elle serait connue, et qu'elle obligerait tout le monde à s'y soumettre.

La difficulté pour les meneurs était de former

un centre pour diriger le mouvement qu'ils proje-
taient, et de fonder une coalition sur des motifs
capables d'entraîner les citoyens qui n'avaient pas
d'autre but que d'arriver dans les conseils, ou d'y
faire arriver des hommes d'une conduite irréprochable. On choisit pour point central la section Le
Pelletier, et là on rédigea une espèce de manifeste
qui pût convenir aux esprits les plus démocra-
tiques. On déclara que tous les pouvoirs cessaient
en présence du peuple souverain, et que les assemblées primaires représentaient le peuple souverain.
Tout cela ne prouvait pas grand chose. Car le peu
ple français n'était ni dans une section de Paris,
ni même dans toutes les sections réunies. C'était
ici le même langage qu'avaient tenu à l'assemblée
législative les usurpateurs de la commune après
le 10 août. Les auteurs de ce manifeste disaient de
plus que les sections étaient sous la sauvegarde
les uns des autres, et qu'elles devaient se garantir
mutuellement leur indépendance. Enfin, ils invitaient les quarante-huit sections de Paris à nommer chacune un commissaire pour exprimer les
sentiments des citoyens sur la constitution et sur
les décrets. La loi défendait aux assemblées primaires de correspondre entre elles et de s'envoyer

des commissaires. La convention cassa cet acte, et déclara qu'elle en considérerait l'exécution comme un attentat à la sûreté publique.

Privés de la faculté de nommer un comité central capable de diriger une insurrection, les meneurs des sections furent obligés de se résigner à recueillir les votes des citoyens sur la constitution et sur les décrets. Mais comme les réacteurs avaient alors pour eux l'opinion de la masse, ils commencèrent par exclure tous les citoyens qu'on désignait sous le nom de patriotes. Dans quelques sections, on les mit violemment à la porte; dans d'autres on leur annonça, par des placards, que, s'ils osaient se présenter, ils seraient ignominieusement chassés. Les exclus allèrent se plaindre à la convention; elles les écouta, mais refusa d'intervenir dans la querelle, ne voulant pas être accusée de se mêler des élections.

A Paris, toutes les sections acceptèrent la constitution; mais aussi toutes, moins une, rejetèrent les décrets. Dans les départements, où les mêmes intrigues n'avaient point été établies, et où le choix des membres envoyés à la convention avait été meilleur qu'à Paris, les décrets furent acceptés à une grande majorité, et la constitution à la presqu'unanimité; les votes y furent parfaitement libres. La constitution, envoyée à toutes les armées, fut reçue par elles avec enthousiasme; c'est là que s'étaient refugiés les hommes les plus dévoués à leur pays. Il n'y avait pas un soldat qui ne fût fier d'avoir défendu la république contre tous les rois conjurés, et qui ne s'en considérât en quelque sorte comme le fondateur.

Le résultat des votes fut enfin proclamé; là constitution était unanimement acceptée; quelques mille voix avaient rejeté les décrets; un très-petit nombre avaient demandé un roi. A cette nouvelle, les meneurs de quelques sections furent d'abord déconcertés; ils manifestèrent des doutes sur la supputation des votes, et osèrent même envoyer des commissaires au comité des décrets pour vérifier les procès-verbaux. Quelqu'injurieuse que fût cette démarche, elle ne fut point repoussée: les commissaires purent se convaincre et se convainquirent en effet que les décrets et la constitution avaient obtenu l'assentiment général.

Si les hommes qui agitaient alors la population parisienne n'avaient réellement eu pour objet que de soumettre à la chance d'une élection nouvelle les membres de la convention, ils n'avaient que fort peu de temps à attendre. Un tiers en effet allait sortir dans quelques jours; un second tiers devait sortir au bout d'une année; et si les conventionnels ne convenaient point à la majorité des citoyens, les nouveaux élus se trouveraient alors en majorité et seraient maîtres du gouvernement. Mais les procédés légaux, dans un état bien constitué, conviennent peu aux chefs de faction; ils laissent trop de temps aux hommes pour réfléchir sur leurs intérêts, et n'offrent pas assez de chances à l'usurpation. En excitant un soulèvement populaire, on avait l'avantage de renverser tout d'un coup la représentation nationale. Ce résultat obtenu, il serait facile de détruire une constitution faite par des hommes odieux, et non encore exécutée. Dès-lors, rien n'était plus aisé que de s'emparer du pouvoir, et de rétablir le régime monarchique. L'insurrection fut donc résolue.

Les chefs du parti se répandirent dans les sections; ils parlèrent d'honneur et d'intérêt public; ils firent craindre le retour de la terreur, tant qu'on serait gouverné par des conventionnels; ils flattèrent la vanité des jeunes gens restés purs au milieu des excès; ils entraînèrent les hommes timides; ils firent crier par des groupes qui parcouraient les rues, *à bas les deux tiers* : enfin, ils prirent tous les moyens de mettre aux prises la convention et les classes moyennes de Paris qui avaient alors la plus grande influence. Afin de profiter du mouvement qui se préparait, Le Maître et ses associés avaient fait venir à Paris plusieurs chefs de chouans et un certain nombre d'émigrés : ils les tenaient cachés, et n'attendaient pour les lancer que d'avoir mis la représentation nationale aux prises avec les citoyens.

Les électeurs qui devaient nommer des députés pour remplacer le tiers sortant étaient convoqués pour le 20 de vendémiaire ; les meneurs de la section Le Pelletier lui firent prendre un arrêté par lequel elle les convoquait pour le 10. La convention ne les avait convoqués pour le 20, disaient-ils, qu'afin de maintenir le tiers de ses membres dans le pouvoir pendant dix jours de plus. S'ils hâtaient de dix jours la convocation, c'était uniquement pour veiller à la conservation des droits des citoyens. Cet arrêté fut communiqué aux autres sections ; quelques-uns l'approuvèrent. Il fut convenu qu'on se réunirait le 11, au Théâtre-Français (aujourd'hui théâtre de l'Odéon). Plusieurs électeurs s'y rendirent, en effet, au jour indiqué, sous la protection de quelques bataillons de la garde nationale.

La nouvelle de cette réunion fut officiellement portée à la convention nationale pendant qu'elle célébrait une fête funèbre, dans la salle de ses séances, en l'honneur des girondins que les députés de Paris avaient envoyés à l'échafaud, dans le temps qu'ils dominaient à la commune. La convention rendit un décret par lequel elle ordonna de se séparer, à toute réunion d'électeurs formée d'une manière illégale, ou avant le temps prescrit, ou pour un objet étranger à ses fonctions électorales. Elle déclara en même temps que ceux qui, entraînés à des démarches illégales, rentreraient immédiatement dans le devoir, ne pourraient être poursuivis. Des commissaires de police accompagnés de six dragons furent chargés d'aller proclamer ce décret, et d'en donner lecture aux individus assemblés dans le Théâtre-Français. Ils s'y rendirent; mais ils furent dispersés avant que d'avoir rempli leur mission. Les chefs des insurgés, car désormais nous pouvons leur donner ce nom, considérèrent cet exploit comme une victoire éclatante. C'était beaucoup en effet que d'avoir déterminé les bourgeois de Paris à faire un premier acte d'hostilité envers la représentation nationale. La convention, ena-pprenant cet acte de violence, avait fait avancer une colonne du camp des Sablons avec deux pièces d'artillerie. Au moment où cette colonne arriva, le théâtre avait déjà été abandonné.

Ce premier acte d'insurrection démontra que les projets des conjurés étaient plus dangereux qu'on ne l'avait cru d'abord. Les républicains ardents dont la convention avait autorisé le désarmement ou l'arrestation, et dont la plupart venaient d'être mis récemment en liberté, se rallièrent à elle, et allèrent demander des armes aux comités qui leur en firent distribuer; ils formèrent un bataillon sous le commandement du général Berruyer. Dès ce moment, les hommes qui voulaient à tout prix compromettre la population parisienne, pour la faire servir d'instrument à leurs desseins, répandirent dans tout Paris que la convention allait commencer la terreur; qu'elle avait armé les terroristes pour les lancer sur les honnêtes gens, et qu'il n'y avait plus de sûreté ni pour les personnes, ni pour les propriétés. Huit sections se déclarèrent aussitôt en état de rébellion; elles firent battre la générale dans leurs quartiers, et enjoignirent aux citoyens de la garde nationale de se rendre dans leurs bataillons, pour veiller à la sûreté publique.

La section Le Pelletier se constitua en permanence, et devint le centre où s'établirent les contre-révolutionnaires. De là, les autres habitants de Paris furent appelés aux armes.

De son côté, la convention se déclara en permanence. Après avoir ordonné à ses comités de veiller à la sûreté publique et à l'exécution de ses décrets, elle légalisa l'armement déjà effectué, et fit une proclamation pour calmer les habitants de Paris. Le général Menou, qui commandait le camp des Sablons, reçut ordre de désarmer la section Le Pelletier. Ce général mit tant d'hésitation et de négligence dans l'exécution de cet ordre, qu'il n'arriva que le soir, et qu'il entassa toute son infanterie dans une rue où elle était exposée à être écrasée, et où elle ne pouvait agir. Les membres de la section étaient assemblés dans le couvent des Filles-Saint-Thomas, qui se trouvait sur la place qu'occupe aujourd'hui l'édifice de la Bourse. Le général Menou et le représentant Laporte, en entrant dans le couvent, trouvèrent, au lieu d'une assemblée délibérante, une armée rangée en bataille, et commandée par M. Delalot. Ils sommèrent les sectionnaires de remettre leurs armes; ceux-ci refusèrent. Il fut convenu, par voie de capitulation, que les insurgés se dissiperaient. Ils firent semblant en effet de se retirer, mais ils rentrèrent immédiatement après dans le lieu de leurs séances. L'hésitation qu'ils avaient observée dans la troupe de ligne avait augmenté leur audace.

La convention apprit que ses décrets n'étaient pas exécutés, et cette nouvelle produisit dans son sein une agitation violente. Diverses mesures furent proposées, débattues et rejetées. Les comités jugèrent qu'il fallait mettre à la tête de la troupe de ligne un général sûr et énergique. Le choix tomba sur le représentant Barras; ils le nommèrent général de l'armée de l'intérieur. Barras avait près de lui un jeune général de brigade, que le député Aubry avait destitué comme terroriste. Il demanda que ce général lui fût adjoint comme commandant en second, et les comités y consentirent. Ce général était Bonaparte. Le choix des comités fut approuvé par la convention.

Des émissaires de la section Le Pelletier étaient allés vanter dans les autres sections l'heureuse résistance qu'elle avait opposée aux troupes du général Menou , et les encourager à se réunir pour combattre les terroristes. L'insurrection s'était donc répandue sur plusieurs points de Paris, et il n'y avait plus moyen de tenter le désarmement ordonné par la convention. Barras et Bonaparte avaient reçu l'ordre positif de ne point tirer, s'ils n'étaient point attaqués, et de se tenir sur la défensive. Bonaparte , sur qui son collègue s'était déchargé du commandement, ne songea donc qu'à garantir l'assemblée des entreprises des insurgés. Il fit avancer l'artillerie du camp des Sablons , et il distribua ses troupes dans les rues et sur les ponts par où l'on pouvait arriver jusqu'à la convention. Il avait cinq mille soldats de ligne , une troupe de volontaires d'environ quinze cents hommes , la légion de police , quelques gendarmes et quelques invalides. Toutes ces troupes réunies s'élevaient tout au plus à huit mille hommes. Les insurgés étaient beaucoup plus nombreux , quoiqu'ils ne formassent qu'une faible partie de la garde nationale.

Du moment que l'insurrection avait été complètement déclarée , quelques-uns des hommes que Le Maître avait fait venir de la Vendée ou de l'émigration étaient sortis de leur retraite. Un Vendéen connu sous le nom du comte de Maulevrier, et un émigré, ex-garde-du-corps, appelé Lafond, s'étaient mis à la tête du mouvement, et en avaient pris la direction. Danican, général destitué par le gouvernement, avait été nommé général en chef des sections. Le premier acte du comité d'insurrection avait été de mettre les comités du gouvernement hors la loi; il avait ensuite formé une espèce de tribunal pour juger les personnes qui résisteraient *à la souveraineté des sections*. Ces mesures prises, on s'était occupé des moyens d'attaquer la convention; les sections de la rive gauche de la Seine, sous les ordres du vendéen Maulevrier, devaient attaquer les Tuileries par les ponts; les sections de la rive droite, sous les ordres de l'émigré Lafond, devaient attaquer par la rue Saint-Honoré, et par les rues transversales qui conduisent de cette rue aux Tuileries. C'était ici le 10 août de la représentation nationale.

Dans la matinée du 13, les insurgés commirent divers actes d'hostilité envers la convention; ils arrêtèrent des armes et des chevaux destinés à sa défense; ils enlevèrent les subsistances qu'elle faisait venir aux Tuileries; ils lui tuèrent un hussard d'ordonnance dans la rue Saint-Honoré ; cependant ses soldats s'abstinrent de faire aucun acte de violence. Lorsque les troupes furent en présence, le général Danican envoya un parlementaire à l'assemblée pour lui proposer des conditions. Introduit devant ses comités, ce parlementaire leur demande d'un ton menaçant le désarmement des citoyens qui sont venus à la défense de l'assemblée, et le rapport des deux décrets relatifs à l'élection des deux tiers de ses membres. Les comités jugent qu'il ne leur convient pas de répondre à de semblables propositions ; cependant ils règlent de nommer une commission de vingt-quatre députés, pour aller porter des paroles de paix aux insurgés. Mais tout-à-coup des coup de fusil se font entendre : les chefs de l'insurrection ont ordonné l'attaque.

Bonaparte fait aussitôt porter huit cents fusils et autant de gibernes dans une des salles de la convention, afin qu'en cas de besoin chaque député puisse se transformer en soldat. Ensuite, il monte à cheval, et, accompagné de Barras, il court au poste du cul-de-sac Dauphin, faisant face à l'église Saint-Roch. Il fait avancer ses pièces et ordonne une première décharge: les insurgés répondent par un feu de mousqueterie; mais une seconde décharge d'artillerie les oblige à se replier. Au même instant, il fait déboucher une troupe de volontaires qui se battent avec la plus grande énergie, et qui achèvent de couper la colonne d'insurgés qui remplissent la rue Saint-Honoré. Bonaparte, maître du point de partage, tourne alors ses pièces à droite et à gauche, fait lancer une grêle de mitraille dans toute la longueur de la rue. Il met les assaillants en déroute, ordonne à un de ses officiers d'achever de les disperser, et se porte sur un autre point. Là, il fait encore tirer à mitraille sur les colonnes serrées et profondes des insurgés, et jette le désordre parmi eux. Les plus braves prennent la fuite et se dirigent vers le quartier-général. Les chefs des insurgés de la rive droite cherchent à se joindre aux insurgés de la rive gauche. Ils rallient une colonne de six à huit mille hommes et la dirigent sur le Pont-Neuf. Ils se joignent en effet, et tous avancent en colonnes serrées du Pont-Neuf sur le Pont-Royal, en suivant le quai Voltaire. Mais Bonaparte a déjà placé une partie de son artillerie de manière à enfiler le quai par lequel ils arrivent; il en a placé une autre partie sur le quai des Tuileries, de manière à les pren-

23.

dre en écharpe. Il les laisse s'avancer, et quand
il les voit à portée, il fait mettre le feu à ses pièces.
Lafond rallie autour de lui les hommes que la mitraille a dispersés, et marche vers le pont pour
s'emparer des pièces : une seconde décharge emporte sa colonne. Il fait de nouveaux efforts pour
ramener ses hommes au combat; mais c'est en vain ;
l'artillerie achève de les disperser. Des hommes
s'étaient retranchés sur la place Vendôme, dans
l'église Saint-Roch et dans le Palais-Royal; en peu
de temps ils en sont délogés.

Le combat avait commencé à quatre heures et
demie ; à six, il était terminé. Le lendemain le calme
était complètement rétabli. Il y eut de part et
d'autre trois ou quatre cents morts ou blessés (1).

Les hommes qui avaient préparé cette révolte,
et qui avaient entraîné à leur suite une partie con-

(1) « Les intrigants royalistes, dit M. Thiers, éprouvèrent
un singulier mécompte en voyant l'issue de l'insurrection du 13.
Ils se hâtèrent d'écrire à Vérone qu'ils avaient été trompés par
tout le monde ; que l'argent avait manqué ; que là où il fallait
de l'or, on avait à peine du vieux linge (des assignats) ; que les
députés monarchiens, ceux desquels ils avaient des promesses,
les avaient trompés, et avaient joué un jeu infame ; que c'était
une race jacobinière à laquelle il ne fallait pas se fier ; que malheureusement on n'avait pas assez compromis et engagé ceux
qui voulaient servir la cause ; que les royalistes de Paris à collet

sidérable de la garde nationale, avaient eu pour
motif apparent de prévenir le retour des violences
révolutionnaires. Si ce motif était fondé, les vaincus devaient s'attendre à de cruelles vengeances
de la part des vainqueurs, car ceux-ci ne doutaient
plus que le mouvement n'eût été conduit dans
l'intérêt du royalisme. Ils devaient craindre surtout
de voir conduire à l'échafaud tous ceux d'entre eux
qui avaient exercé quelque commandement dans
la rébellion; car telle est, en pareille circonstance,
la pratique ordinaire des gouvernements. La convention prit en effet les mesures qu'elle crut commandées par la nécessité; mais ces mesures ne furent point sanguinaires. Elle destitua l'état-major
de la garde nationale; elle prononça la dissolution
des compagnies de grenadiers ou de chasseurs;
elle mit la garde nationale sous les ordres du commandant de l'armée de l'intérieur; elle ordonna le
désarmement de la section Le Pelletier et de celle
du Théâtre-Français, et créa trois commissions
pour juger les chefs de la rébellion. Tout le monde

noir, à collet vert et à cadenettes, qui étalaient leurs fanfaron-
nades aux foyers des spectacles, étaient allés, au premier
coup de fusil, se cacher sous le lit des femmes qui les souffraient. » Histoire de la révolution française, t. 8, p. 58.

se soumit. Les comités du gouvernement laissèrent évader tous les coupables; plusieurs restèrent dans Paris et ne se donnèrent presque pas la peine de se cacher. Un seul chef fut arrêté; c'était Lafond. On voulait le sauver; mais il s'obstina à faire connaître sa qualité d'émigré, et à avouer sa révolte, et il périt (1).

En voyant l'ensemble et le courage avec lequel une partie de la garde nationale parisienne attaqua la convention presqu'aussitôt qu'elle eût fait cesser le régime sanguinaire établi par les usurpateurs de la commune de Paris, une réflexion pénible se présente. On se demande involontairement pourquoi tant d'union et de courage ne furent pas employés à expulser les misérables qui avaient usurpé le commandement de la garde nationale et les pouvoirs municipaux dans la nuit du 10 août. Santerre, Danton, Marat, Robespierre et d'autres qui ne valaient pas mieux, n'avaient pas demandé le consentement des sections pour se maintenir dans les pouvoirs qu'ils avaient usurpés. Si les sections s'é-

(1) Un des membres du comité d'insurrection, M. Castellane, fut condamné par coutumace. Un soir, rencontrant une patrouille, il répondit au *qui vive! — Castellane, contumace!* On peut juger par là de la terreur qu'inspirait alors la convention.

taient insurgées contre eux, si elles avaient reven-
diqué l'exercice de leurs droits, elles auraient pu
dire avec raison qu'elles étaient souveraines relativement à la municipalité. On n'aurait vu alors
ni l'oppression de l'assemblée législative, ni les massacres de septembre, ni l'exécution de Louis XVI,
ni l'exécution des députés girondins, ni le
régime de la terreur. Les sections qui pouvaient,
avec quelque raison, se prétendre souveraines relativement aux officiers dont elles avaient l'élection, ne pouvaient pas, sans absurdité, se prétendre souveraines relativement à la France et à ses
représentants.

Cet attentat contre la convention, ou, pour
mieux dire, contre la constitution qu'elle venait
de publier, car en révolution on n'attaque guère les
hommes que pour arriver à leurs institutions, eut
pour effet d'affaiblir la confiance du gouvernement
dans la garde nationale, et de lui apprendre à
chercher dans l'armée un appui contre les citoyens;
c'est ici que nous trouvons l'origine du gouvernement militaire que nous voyons se développer plus
tard pour tout envahir. L'insurrection devait avoir
un autre effet non moins remarquable; si la convention sévissait contre tous les chefs de la révolte,

elle était obligée de rentrer dans cette carrière de cruautés dans laquelle les usurpateurs de la commune l'avaient entraînée; si elle se montrait indulgente, elle encourageait les factions à des conspirations ou à des révoltes nouvelles. Elle prit ce dernier parti, et le gouvernement qu'elle fonda en éprouva toutes les conséquences. Il est hors de mon sujet de les exposer; les citoyens de la garde nationale parisienne y furent étrangers comme corps armé.

L'acceptation de la constitution et des deux décrets qui l'accompagnèrent fut immédiatement suivie de l'élection d'un tiers des députés et de l'établissement du gouvernement directorial. Ce n'est qu'à compter de ce moment que la république fut organisée. Le directoire s'occupa avec succès de rétablir la confiance, et donner de l'activité au commerce et à l'industrie. Il créa l'Institut national, et fonda une multitude d'établissements d'instruction publique; il établit des écoles primaires, centrales et normales. Une nouvelle loi fut rendue pour l'organisation de la garde nationale. Cette loi, la dernière qui ait été rendue sur ce sujet, est divisée en trois parties. La première est relative à la composition de la garde nationale;

la seconde à son organisation; la troisième à la formation des compagnies.

La réorganisation de la garde nationale fut confiée aux administrations centrales et municipales. Les corps administratifs furent chargés de rappeler aux citoyens qu'aucun Français ne pouvait en exercer les droits, s'il n'était inscrit au rôle de la garde nationale sédentaire. Nul ne fut admis à être inscrit à ce rôle, à moins qu'il ne fût citoyen, ou fils de citoyen, et qu'il ne remplît par conséquent les conditions prescrites par l'acte constitutionnel pour exercer les droits attachés à cette qualité. Aucune raison d'état, de profession, d'âge, d'infirmités ne dispensait un citoyen de l'obligation de se faire inscrire ; les individus qui ne se faisaient pas inscrire ne pouvaient pas faire le service, mais ils étaient obligés de payer ceux qui le faisaient pour eux. La loi désignait tous les citoyens qui ne devaient pas être compris dans l'organisation, ni commandés pour aucun service. Elle désignait également ceux qui pouvaient se faire remplacer. Un citoyen qui passait d'un canton dans un autre était tenu de faire rayer son nom sur le registre du canton où il était établi, et de se faire inscrire dans le canton où il s'établissait. S'il ne se conformait pas à cette disposition, il était sujet au service ou au remplacement dans les deux.

La garde nationale fut organisée par canton, et se forma en bataillons de huit cents hommes au plus, et à raison d'un bataillon au moins par canton. Chaque bataillon fut formé de dix compagnies, dont une de grenadiers, une de chasseurs et huit de fusiliers. Les compagnies furent divisées à peu près comme elles l'avaient été par les lois antérieures; et elles eurent les mêmes officiers et sous-officiers. Dans les cantons qui fournissaient plusieurs bataillons, la réunion des bataillons du canton forma une légion. Paris, Lyon, Bordeaux et Marseille furent exceptés de cette disposition. Les bataillons de ces quatre villes furent réunis par municipalité, pour former une légion. Chaque légion fut sous les ordres d'un chef de légion et d'un adjudant-général. Dans les quatre grandes communes, il y avait de plus quatre adjudans de division par légion. Le rang des bataillons, compagnies, pelotons, sections et escouades devait être tiré au sort toutes les années.

Les membres de l'administration municipale étaient chargés de la première composition des compagnies de fusiliers. Pour y procéder ils se réunissaient au chef-lieu de canton, et y apportaient la liste des citoyens et fils des citoyens inscrits sur le rôle de la garde nationale. Ils réglaient, en raison de la population, le nombre de bataillons à fournir, et les arrondissements qui devaient fournir chacune des huit compagnies de fusiliers du bataillon, calculée sur le pied de cent hommes au plus. Dans les villes, ils devaient, autant que possible, composer les compagnies des citoyens du même quartier; dans les campagnes, ils devaient les composer des citoyens des communes les plus voisines.

Les arrondissements ainsi déterminés, l'administration municipale en faisait publier et afficher l'état, et indiquait le jour et le lieu du rassemblement des citoyens de chaque arrondissement. Dans les quatre grandes communes ces opérations se faisaient par municipalité. Au jour désigné par l'administration municipale, les citoyens de chaque arrondissement se réunissaient sans armes, sous la présidence d'un officier municipal, ou d'un délégué de la municipalité, pour former la compagnie de fusiliers de l'arrondissement. On procédait d'abord au choix des grenadiers et ensuite des chasseurs; les uns et les autres étant choisis, les compagnies procédaient à la nomination de leurs officiers en commençant par leur capitaine. Chaque capitaine organisait sa compagnie.

Ces premières opérations étant terminées, les officiers de chaque compagnie se rendaient au chef-lieu de canton, et là ils élisaient le chef de bataillon, les adjudants et le tambour-major. Dans les cantons et municipalités qui fournissaient plusieurs bataillons, les chefs de bataillon se réunissaient à la municipalité, et, de concert avec elle, ils élisaient le chef de légion, l'adjudant-général et les quatre adjudants de division, lorsqu'il devait en être nommé. Les officiers et sous-officiers de tout grade étaient élus pour un an, et n'étaient rééligibles aux mêmes grades qu'après un an d'intervalle. Les communes et les cantons pouvaient, avec le consentement des autorités municipales, former des compagnies de dragons nationaux.

La loi qui donna une nouvelle organisation de la garde nationale, supprima les compagnies de canonniers. L'uniforme et le drapeau furent conservés tels que les lois antérieures les avaient établis (1).

La défaite du parti royaliste au 13 vendémiaire

_____
(1) Cette loi fut rendue le 25 thermidor an 5.

n'avait pas été assez complète pour le décourager de former de nouvelles entreprises. Il reprit ses projets, et profita avec beaucoup d'habileté du dégoût et de l'effroi qu'avaient inspirés les hommes les plus violents de la révolution, pour introduire dans les conseils des hommes qui leur fussent dévoués. Une nouvelle lutte s'engagea donc entre les royalistes et les républicains ; mais la garde nationale parisienne y fut étrangère. Les royalistes furent vaincus en apparence, puisqu'un grand nombre de députés qui leur étaient dévoués subirent la déportation. En réalité cette défaite fut utile à leur cause ; car elle établit de plus en plus l'influence du pouvoir militaire sur l'autorité civile. Le directoire avait trouvé dans l'armée active une force suffisante pour abattre momentanément ce parti ; il n'en chercha point d'autres pendant la durée de sa puissance. Il ne sut employer pour son salut que la force militaire ; il succomba sous la force qu'il avait employée, et avec lui disparut le gouvernement républicain.

CINQUIÈME ÉPOQUE.

Conjuration du 18 brumaire. — Renversement du gouvernement républicain par la force armée. — Usurpation militaire de l'autorité publique. — Destruction de toutes les institutions populaires — Destruction de la garde nationale. — Rétablissement du gouvernement monarchique. — Les armées périssent. — Invasion de la France. — Rappel de la garde nationale. — Chute de Bonaparte. — Rétablissement des Bourbons. — Conspiration militaire pour leur renversement. — Bonaparte en profite et remonte sur le trône. — Invasion de la France par les puissances coalisées. — Bonaparte est renversé et les Bourbons rétablis une seconde fois. — Conduite de la garde nationale parisienne dans ces diverses circonstances. — Elle est licenciée. — Conclusion.

Le directoire, après avoir pris en main les rênes du gouvernement, se trouva sans cesse entre deux partis également ennemis de la constitution républicaine ; les royalistes, qui ne voulaient pas transiger avec la révolution, et les démagogues, qui aspiraient à l'établissement de l'égalité absolue, et qui ne voyaient pas d'autres moyens de la faire régner que d'abattre tout ce qui s'était élevé. Le premier avait éprouvé de nombreuses défaites : au 14 juillet, il avait perdu le pouvoir absolu ; au 10 août, il avait perdu la royauté et avait été chassé du gouvernement ; au 13 vendémiaire, il avait inutilement compromis une grande partie de la garde nationale parisienne, et avait perdu les appuis qu'il avait dans ce corps ; au 18 fructidor, il fut banni des deux conseils où il s'était introduit, et perdit l'influence des journaux qu'il avait acquise. Le second avait été plusieurs fois vaincu : au 9 thermidor, il avait perdu ses principaux chefs qui avaient établi leur siége aux jacobins, dans la commune de Paris, et dans cette partie de la convention qui s'appelait la *Montagne* ; au 4 prairial, après le meurtre de Féraud, il avait perdu ses armes et l'appui des ouvriers du faubourg Saint-Antoine ; au 20 floréal, il perdit, par la découverte de la conspiration de Babœuf, les seuls chefs qui lui restaient.

Le parti démagogique avait obtenu un triomphe complet depuis le 10 août jusqu'à la chute de Robespierre ; le parti royaliste n'avait jamais obtenu au contraire, que des succès partiels, depuis le commencement de la révolution. Le premier, pour profiter de sa victoire, avait été obligé de se montrer tel qu'il était réellement ; entre sa conduite et ses doctrines, on n'avait observé nulle discordance. Le second au contraire, n'ayant jamais été maître de la force, n'avait pu se faire connaître

que par les principes, les promesses, les protestations les plus propres à multiplier le nombre de
ses partisans. Si, dans les lieux où il avait triomphé, il n'avait montré ni plus de modération ni
plus d'humanité que le parti démagogique, les
actes qu'on pouvait lui reprocher n'étaient pas les
résultats d'un gouvernement organisé, et ils pouvaient être désavoués. Ces actes d'ailleurs, quelle
qu'en fût la violence, n'étaient que des représailles,
et ils n'inspiraient pas par conséquent le même
effroi que ceux qui avaient signalé les journées les
plus horribles de la révolution. L'opinion était
donc beaucoup plus disposée à se rallier au parti
royaliste qu'au parti démagogique. Cette tendance
était fortifiée par la mode et par la vanité, deux
puissances très-grandes en tout pays, mais qui,
dans Paris, souffrent rarement des rivales. Tout
le monde voulait l'égalité; mais tout le monde aussi
voulait avoir quelque reproche à faire à la révolution; c'était une manière modeste de dire qu'on
appartenait aux classes élevées. Celui qui ne pouvait
pas déplorer l'incendie d'un château ou la confiscation d'une terre, devait au moins pleurer la
mort d'un oncle ou porter le deuil d'un cousin.
Pour prouver la réalité de ces pertes et les vifs

regrets qu'elles inspiraient, les sections au sein desquelles la mode avait établi son empire, ne pouvaient pas faire moins que d'aller affronter la mitraille, pour renverser la convention, sous le commandement d'un Vendéen et d'un émigré.

Les défaites des royalistes, loin d'avoir abattu leur courage, avaient donc augmenté leurs espérances et accru leur activité. Le directoire usait ses forces à lutter contre les factions, et quoique les conseils, l'eussent composé des personnes qui pouvaient alors inspirer le plus de confiance, il ne s'y trouvait aucun homme qui par ses talents et par son caractère pût inspirer une parfaite sécurité. Dans tous les temps, de tels hommes sont rares; mais après les meurtres et les proscriptions qui venaient d'avoir lieu, c'eût été un miracle que d'en rencontrer un. D'un autre côté, les armées de la république venaient d'éprouver de récentes et nombreuses défaites, et quelques triomphes de plus pouvaient amener les ennemis au cœur de la France, rappeler les émigrés et rétablir le gouvernement monarchique. Ces diverses circonstances inspirèrent de vives craintes aux hommes qui s'étaient dévoués à l'établissement de la république, et surtout à ceux qui, ayant participé à la destruction

24

de la royauté, se croyaient exposés à de cruelles vengeances. Les uns et les autres auraient voulu placer l'autorité dans les mains d'un homme ferme ayant assez de puissance pour sauver la révolution, mais assez de modération et de philosophie pour respecter la liberté.

Bonaparte, quoique doué d'un grand talent militaire, était fort habile dans l'art de l'intrigue, et surtout fort disposé à profiter des chances que le hasard lui présenterait pour son élevation. En partant pour l'Égypte, il avait établi une correspondance avec Paris, afin d'être tenu au courant de tout ce qui s'y passerait. Ayant appris la disposition dans laquelle se trouvaient les esprits, il abandonna son armée, et partit pour la France. Le souvenir de ses victoires, et les récits merveilleux qu'on faisait de sa dernière expédition, avaient préparé l'opinion publique en sa faveur. Partout où il se présenta il fut reçu avec enthousiasme : par une reconnaissance exagérée, tout le monde lui prépara les voies à l'usurpation. Un autre homme avait été aussi l'objet de l'enthousiasme public, et dans un moment d'ivresse on avait voulu l'investir d'un pouvoir extraordinaire; mais, placé par ses sentiments au-dessus de cette ambition vulgaire qui convoite la fortune et le pouvoir, cet homme n'avait profité de cet enthousiasme que pour donner à ses concitoyens une grande mais inutile leçon. Effrayé de la tendance que manifestait le public à se donner lui-même en récompense des services qu'il avait reçus, il avait rejeté l'offre qui lui était faite et conseillé des mesures pour qu'à l'avenir nul ne pût en faire de pareilles. Il semble qu'il prévoyait déjà ce qui perdrait la liberté (1).

Lorsque Bonaparte arriva à Paris, on y sentait déjà moins le besoin de ses talents militaires. Les puissances coalisées, qui avaient repris l'Italie, voulaient pénétrer en France par la Suisse et par la Hollande. Les armées commandées par Masséna et Brune avaient arrêté leur marche et déjoué leurs projets. Dans la Hollande, Brune avait battu les armées anglaises, et avait obligé le duc d'Yorck à remonter sur ses vaisseaux. En Suisse, Masséna avait attaqué les armées russes commandées par Korsakof

(1) Voyez le discours du général La Fayette aux députés envoyés en 1790 à la fédération du 14 juillet par la garde nationale des départements. — Au reste, toutes les actions reçoivent tôt ou tard leur récompense. Le voyage aux États-Unis et le voyage à Sainte-Hélène renferment une grande et belle leçon. Ils nous montrent de quel côté se trouvent la gloire et la véritable grandeur, et la basse et triviale cupidité.

et Souvarow, et les avait battues pendant quinze
jours consécutifs. Les victoires qu'il avait remportées sur eux étaient si décisives qu'elles avaient
désorganisé la coalition. Ainsi, la France avait
conservé les Alpes et le Rhin pour frontières. Cependant, quoique la France n'eût aucun besoin
de Bonaparte pour défendre son territoire, divers
partis cherchèrent à se l'attacher. Il fit concevoir
des espérances à tous, bien déterminé à ne donner la préférence qu'à celui qui présenterait le plus
de chances à son ambition.

Cromwell, ayant paru dans un siècle où le fana-
tisme religieux était le seul levier à l'aide duquel
on pût soulever les peuples, avait employé l'hypocrisie religieuse pour se rendre maître du pouvoir.
Bonaparte, arrivant dans un siècle de philosophie,
employa une autre espèce d'hypocrisie pour parvenir au même but : au lieu de prendre le costume
et le langage du sectaire, il prit l'habit et les
mœurs du philosophe. Il ne parut que très-rare-
ment au spectacle, de peur que les républicains
ombrageux ne l'accusassent de rechercher la popularité ; mais il se montra fréquemment à l'Institut et rechercha les philosophes et les savants. Il
évitait même autant qu'il pouvait de prendre son

costume de général, tant il avait d'éloignement pour les mœurs et la vie militaire. Il parvint à gagner ainsi la confiance de quelques hommes simples, qui avaient passé leur vie à cultiver les sciences, et à qui il n'était jamais venu dans l'esprit qu'une hypocrisie profonde pût se trouver dans la politique aussi bien que dans la religion.

Il existait alors dans le directoire un homme qui jouissait d'une certaine influence dans le conseil des anciens. Cet homme avait publié, au commencement de la révolution, un pamphlet qui serait aujourd'hui fort médiocre, mais qui alors avait fait quelque bruit. Élu par la ville de Paris le dernier de ses députés, en 1789, il était entré à l'assemblée constituante; il s'y était fait une grande réputation de profondeur, par son silence, et par quelques mots qu'il avait laissé échapper sur son mérite. Arrivé à la convention, il y avait suivi la même politique; tant qu'il y avait eu des hommes de talent qui avaient combattu au péril de leur vie pour la justice et l'humanité, il avait gardé un silence dédaigneux, et réservé pour lui les trésors de son génie. Mais lorsque la mort eut moissonné ce qu'il y avait de plus illustre, et qu'il n'y eut plus de danger à se mettre en scène, il crut qu'il était temps de se montrer. Une commission avait été formée pour présenter un projet de constitution; les hommes les plus distingués de la convention y avaient été appelés; mais, dédaignant de s'associer à eux, il avait présenté ses idées en particulier, et l'assemblée avait la complaisance de l'écouter. Cet homme était l'abbé Sièyes.

Parvenu au directoire, Sièyes trouva trop petite la part de fortune et de pouvoir que la constitution lui donnait. Il fit serment d'être fidèle à ses dispositions, en attendant qu'il trouvât l'occasion de la renverser pour y substituer la sienne. Mais, quelque vif que fût son désir d'établir sa constitution, l'abbé n'était pas homme à s'abaisser à une discussion. En daignant raisonner, il eût reconnu des égaux en intelligence, et son orgueil n'en pouvait tolérer. Il voulait être le législateur unique d'une grande nation; mais c'était à la façon de Moïse. Ses lois devaient sortir du milieu des éclairs et des tonnerres, et les hommes devaient les recevoir en silence et avec respect. A dire vrai, il n'était guère possible de les faire adopter autrement. L'abbé Sièyes ne concevait pas qu'il pût exister dans aucune classe de citoyens une capacité suffisante pour élire un maire ou choisir un juge de paix. Il réduisait les droits de citoyen à former diverses classes d'éligibles; il plaçait ces classes les unes au-dessus des autres en forme de pyramide, de manière cependant que les élus étaient au-dessus des éligibles. Au sommet de sa pyramide, il plaçait une façon de pape destitué de passions, ayant une intelligence sans bornes et étant par conséquent infaillible.

Du point élevé où se trouvait ce personnage, il voyait chacun des individus dont la nation la plus nombreuse se trouvait composée, ou bien il jugeait à la seule inspection d'un nom à quelles fonctions était propre celui qui le portait. Il jugeait avec non moins de sagacité quels étaient les besoins de chacune des plus petites localités. Il pouvait, sans être jamais sorti de son palais, choisir avec sûreté, dans les montagnes du Jura ou dans le fond de la Basse-Bretagne, l'homme le plus capable d'être maire ou juge de village. Cet être extraordinaire devait avoir la nomination de tous les fonctionnaires de quelque ordre qu'ils fussent; et comme la France était alors beaucoup plus étendue qu'aujourd'hui, il avait à choisir tous les jours quelques milliers d'officiers publics, parmi plusieurs millions d'éligibles. Il devait de plus re-

présenter la nation envers les puissances étrangères, et donner audience aux ambassadeur. Sièyes
n'exigeait rien de plus de lui; et pour sa peine, il
lui donnait le titre de *proclamateur-électeur*, le palais de Versailles, trois mille hommes de garde et
six millions de rente.

Sièyes rêvait depuis long-temps sur les moyens
d'établir ce chef-d'œuvre politique. Il avait déjà
jeté les yeux sur quelques généraux; mais les uns
n'avaient pas assez de génie pour s'élever à la hauteur de ses conceptions; les autres n'avaient pas
assez de docilité pour les adopter aveuglément.
Après quelques incertitudes, il fixa son choix sur
Bonaparte : il trouvait en lui tout ce dont il avait
besoin; un général célèbre, un néophyte de sa
religion et une grande popularité. De son côté,
Bonaparte eut bientôt aperçu le parti qu'il pouvait tirer de l'ambitieux abbé; il flatta sa vanité,
il lui fit concevoir de vastes espérances. L'astuce
du soldat triompha du sot orgueil du prêtre. Le
complot fut arrêté; Sièyes se chargea de séduire
quelques membres du conseil des anciens. Aux
hommes avides, il fit espérer des dignités et de
l'argent; aux hommes désintéressés, il vanta la
philosophie de Bonaparte, son mépris des gran-

deurs, son amour pour la liberté, et surtout sa simplicité de cœur. De son côté, Bonaparte se chargea d'entraîner les militaires; il fit luire à leurs yeux des grades, des honneurs et des richesses.

Pour exécuter la conjuration, il fallait renverser le directoire et détruire la représentation nationale. Un pareil attentat au milieu de Paris était fort difficile; les tribunes auraient été témoins des violences militaires; la garde nationale aurait pu accourir et les réprimer. Il fut résolu que la scène se passerait dans un lieu où il n'y aurait ni tribunes, ni public, ni garde nationale. Les auteurs de la constitution républicaine, afin de soustraire les représentants aux violences dont ils avaient été les victimes aux jours orageux de la révolution, avaient autorisé le conseil des anciens à transférer la représentation nationale hors de Paris. Le 18 brumaire, les membres de ce conseil, que Sièyes avait fait entrer dans la conjuration, convoquèrent leurs complices et ceux de leurs collègues qu'ils jugèrent les plus faibles. Dès que la séance fut ouverte, les chefs des conjurés firent un tableau effroyable des dangers dont le gouvernement était menacé de la part des jacobins. Tous les individus de cette secte répandus sur la surface de la France, disaient-ils, étaient accourus dans Paris et allaient y rétablir le gouvernement révolutionnaire. Regnier, l'un des conjurés, proposa de transférer le corps législatif à Saint-Cloud, de nommer Bonaparte commandant de la dix-septième division militaire, et de le charger de la translation. La proposition fut adoptée. Le décret en fut apporté à Bonaparte, qui l'attendait avec anxiété, et qui était déjà assemblé avec les principaux de ses complices.

Afin d'avoir une troupe armée toute prête à agir, sans néanmoins exciter les soupçons du directoire, des ministres, du conseil des cinq-cents et des habitants de Paris, Bonaparte avait préparé pour ce jour-là une revue. Lorsque le décret de translation lui fut apporté, tous les chefs militaires dont il se trouvait environné, lui adressèrent leurs félicitations et tirèrent leurs épées en signe de fidélité. Tous marchèrent alors aux Tuileries où siégeait le conseil des anciens; Bonaparte prêta serment de fidélité à ce conseil, et nomma pour son lieutenant le chef même de la garde du directoire, le général Lefèvre. L'abbé Siéyes envoya alors sa démission des fonctions de directeur, et détermina Roger Ducos, son collègue, à suivre son exemple. Les autres directeurs voulurent prendre des mesures pour arrêter la conjuration; mais leur garde n'osa leur obéir contre l'acte qui avait appelé Bonaparte au commandement. Le décret de translation fut affiché dans Paris; les hommes qui étaient sincèrement attachés à la liberté conçurent les plus vives alarmes.

A Saint-Cloud, deux salles avaient été préparées pour les conseils; l'orangerie pour les cinq-cents; la galerie de Mars pour les anciens. Dès le matin, ces deux salles étaient environnées d'une force militaire imposante; mais à l'exception des chefs principaux, personne ne savait quel était l'objet de cet appareil. Les républicains n'apercevaient que d'une manière vague les dangers qui menaçaient la liberté, et les violences qu'on préparait à la représentation nationale. Ils s'agitaient en groupes dans les jardins; ils formaient des projets de résistance; mais leurs projets étaient vagues comme leurs craintes Bonaparte cependant commençait à parler en maître, et disait aux courtisans qu'attirait vers lui l'appât de la puissance, *je veux*, *j'entends*, avec la même insolence qu'il a dit plus tard *nous voulons*, *nous entendons*.

Les deux conseils ouvrent leurs séances. Dans celui des cinq-cents, présidé par Lucien, frère de Bonaparte, Émile Gaudin, l'un des conjurés, monte à la tribune, et propose de remercier celui des anciens des mesures qu'il a prises pour le salut de la république. A ces mots, le plus violent tumulte se manifeste dans l'assemblée; le petit nombre de conjurés qui s'y trouvent sont interdits, et n'osent prendre la parole. Un député propose de renouveler le serment à la constitution; et tous sans exception jurent avec enthousiasme d'y rester fidèles et de la défendre.

Instruit de ce qui se passe dans ce conseil, Bonaparte craint que les conjurés du conseil des anciens ne soient pas maîtres de la majorité. Il s'y présente et leur fait un discours où l'on trouve tout le désordre de ses idées. Il leur dit qu'ils sont sur un volcan; qu'il était tranquille lorsqu'on lui a notifié le décret de translation; qu'il a volé à leur secours avec ses camarades; et que maintenant on le calomnie; qu'on parle de César, de Cromwell et de gouvernement militaire. Ensuite, il jure que la patrie n'a pas de plus zélé défenseur que lui; il atteste que quatre des directeurs ont donné leur démission, et que le cinquième a été mis en surveillance pour sa sûreté, et il conclut de ce mensonge improvisé qu'il n'y a plus de gouvernement. Puis il ajoute : « Le conseil des cinq-cents est divisé ; il ne reste que le conseil des anciens ; qu'il prenne des mesures ; qu'il parle, me voilà pour exécuter. »

« Jurez donc avec nous obéissance à la constitution », répond un membre du conseil ; et Bonaparte est un moment déconcerté. Mais bientôt il reprend la parole ; il dit qu'il n'y a plus de constitution, et il cite trois époques où elle a été violée ; il ajoute qu'elle est invoquée par toutes les factions ; qu'elle a été violée par toutes ; qu'elle ne peut être un moyen de salut, parce qu'elle n'obtient plus de respect de personne ; qu'il faut un autre pacte et de nouvelles garanties. A ces mots, les conjurés, ayant repris courage, font retentir la salle du bruit de leurs applaudissements ; ceux qui attendent la constitution merveilleuse que le génie de l'abbé Sièyes leur a fait espérer, se joignent à eux, et ceux qui n'ont pas été mis dans le secret restent muets d'étonnement.

Charmé du triomphe qu'il vient d'obtenir, Bonaparte, accompagné de quelques grenadiers, vole au conseil des cinq-cents, et pense qu'il va les subjuguer par la force de son éloquence. Il s'avance et laisse ses grenadiers à quelques pas derrière lui. A peine le conseil aperçoit les baïonnettes, qu'il juge que c'est l'avant-garde de la force militaire, et qu'il se lève tout entier par un mouvement spontané. Une multitude de voix font entendre au même instant les cris de *hors la loi! à bas le tyran! à bas le dictateur.* Bigonnet le saisit par le bras : *Que faites-vous?* lui dit-il. *Téméraire! retirez-vous! vous violez le sanctuaire des lois!* Bonaparte se trouble, pâlit, recule, et ses grenadiers l'emportent.

Après sa retraite, le tumulte continue; un grand nombre de voix demandent que le tyran soit mis hors la loi ; d'autres proposent que le conseil se déclare en permanence ; d'autres, qu'il se rende sur-le-champ à Paris. Bonaparte n'était pas encore revenu de sa frayeur; l'abbé Sièyes, qui s'est rendu sur le lieu de la scène avec une voiture à six chevaux pour prendre la fuite en cas de défaite, voit qu'il n'y a pas de temps à perdre et qu'il est temps de recourir à la force. Sur son conseil, Lefèvre fait enlever par un détachement Lucien Bonaparte, qu'on avait mis dans le complot, mais qui, n'ayant pu exercer aucune influence sur le conseil, s'était démis de la présidence. Dès que celui-ci se voit libre, il monte à cheval, usurpe un titre qu'il a abdiqué, et adresse aux soldats cette courte harangue :

« Citoyens soldats, le président du conseil des
« cinq-cents vous déclare que l'immense majorité
« de ce conseil est dans ce moment sous la terreur
« de quelques représentants à stilets qui assiégent
« la tribune, présentent la mort à leurs collègues,
« et enlèvent les délibérations les plus affreuses !....
« Général, et vous soldats, et vous tous citoyens,
« vous ne reconnaîtrez pour législateurs de la
« France que ceux qui vont se rendre auprès de
« moi ! Quant à ceux qui resteraient dans l'orange-
« rie, que la force les expulse. Ces brigands ne
« sont plus représentants du peuple, mais les re-
« présentants du poignard. »

Bonaparte prend la parole après son frère :
« Soldats, dit-il, je vous ai menés à la victoire,
« puis-je compter sur vous ! — Oui ! oui ! vive le
« général ! — Soldats, on avait lieu de croire que
« le conseil des cinq-cents sauverait la patrie ; il se
« livre au contraire à des déchirements ; des agita-
« teurs cherchent à le soulever contre moi ! Sol-
« dats, puis-je compter sur vous ? — Oui ! oui !

« vive Bonaparte! — Eh bien! je vais les mettre à
« la raison. » Aussitôt il donne ses ordres. Une
troupe de grenadiers entre dans la salle; mais elle
hésite, quand elle entend des députés lui rappeler
le respect qu'elle doit aux représentants du peuple. Un renfort, commandé par le général Leclerc,
entre immédiatement après en colonne serrée. «Au
nom du général Bonaparte, dit Leclerc, le corps
législatif est dissous; que les bons citoyens se retirent. Grenadiers, en avant! » Le bruit des tambours se fait aussitôt entendre, et les grenadiers
avancent dans toute la largeur de l'orangerie, et
en présentant la baïonnette. Ils chassent ainsi devant eux les représentants du peuple indignés, qui
se retirent en faisant entendre le cri de vive la république!

Avec le conseil des cinq-cents périrent la représentation nationale, la liberté de la presse, les
institutions populaires, et toutes les garanties que
la nation française avait conquises par le sacrifice
de trésors immenses, et par la mort de près d'un
million de citoyens; c'est de cette époque que date
la contre-révolution.

Les conjurés avaient attiré les représentants du
peuple dans un lieu où ils pourraient se débarrasser

d'eux sans témoins. Dès que leur attentat eut été consommé, ils songèrent à le faire considérer par la France comme un des événements les plus heureux. Un seul journal eut le courage de rendre compte de ce qui s'était passé, en évitant toutefois autant que possible de rien dire d'offensant contre les conjurés; mais il fut saisi. Alors commença ce système d'imposture qui n'a fini qu'avec le gouvernement que l'usurpation avait fondé. Les calomnies grossières, à l'aide desquelles Lucien Bonaparte avait entraîné la force armée, furent répandues par les journaux que le pouvoir a servis; et pendant long-temps elles ont été considérées comme des vérités historiques. La France, trompée par ces calomnies, se crut menacée d'un nouveau régime de la terreur.

Les conjurés étaient maîtres du pouvoir; le directoire était renversé; il n'existait plus de représentation nationale; la constitution avait disparu. Il s'agissait donc de reconstituer la nation; Sièyes ouvrit enfin pour la première fois les trésors de son génie. Il exposa sa constitution pyramidale. Bonaparte, qui aimait assez les figures de géométrie, l'écouta d'abord fort attentivement. Il vit, non sans plaisir, que le peuple de ce nouvel in-

25

stituteur était destitué de capacité et de mouvement,
et n'était propre qu'à servir de marche-pied à ses
courtisans et à sa puissance. Mais quand Sièyes
arriva à son électeur-proclamateur, à son château
de Versailles et à ses six millions, Bonaparte, qui
était déjà trop fort pour laisser la grosse part à
Sièyes, trouva cette part trop petite. « Et comment
avez-vous pu imaginer, lui dit-il avec humeur ,
qu'un homme de quelque talent et d'un peu
d'honneur voulût se résigner au rôle d'un cochon
à l'engrais de quelques millions ? » Par ces mots, la
constitution de Sièyes fut jugée. Les bases en furent
cependant conservées parce qu'elles convenaient à
un gouvernement essentiellement despotique : les
vains palliatifs en furent retranchés comme d'inutiles entraves.

Les conjurés, s'étant attribué la souveraine
puissance, se la partagèrent en frères et ne s'oublièrent pas dans le budget ; Bonaparte prit pour
lui la meilleure part ; les autres se nommèrent sénateurs, et se chargèrent de choisir des législateurs ; les autres furent ministres ou conseillers,
selon qu'ils avaient plus ou moins contribué à
remporter la victoire sur la représentation nationale. Sièyes eut pour sa part une petite portion

d'autorité, et une terre qui n'était pas petite. Bientôt après, Bonaparte, l'ayant payé, le renvoya. Il lui faisait l'honneur de le croire dangereux.

La convention, croyant qu'il importait à la durée de la constitution républicaine que les deux tiers de ses membres restassent quelque temps dans les deux conseils, avait proposé leur élection aux assemblées primaires dans deux décrets séparés de la constitution. Elle n'avait appelé à voter que des citoyens, et elle leur avait ménagé la faculté d'accepter la constitution et de rejeter les hommes qui leur étaient proposés pour la maintenir. Les conjurés du 18 brumaire procédèrent autrement; ils s'enfermèrent dans leur constitution comme les Grecs dans le cheval de Troie. La nation ne pouvait pas se l'approprier sans amener au pouvoir les hommes qui devaient compléter son asservissement et sa ruine. Les citoyens n'étaient pas appelés à voter dans les assemblées primaires; mais des registres étaient ouverts dans toutes les communes et on était admis à signer l'adoption du nouveau gouvernement.

Lorsque le nombre des signatures en faveur de la nouvelle constitution et des individus qui s'y étaient renfermés fut promulgué, tout le monde fut étonné de l'immense popularité de la journée du 18 brumaire. La constitution démagogique de 1793 n'avait obtenu que 1, 801, 118 suffrages. La constitution républicaine de l'an III n'en avait obtenu que 1, 057, 390. La constitution présentée par les usurpateurs des droits du peuple fut approuvée par 3, 011, 007 signatures. Ainsi, le nombre des signatures en faveur de l'usurpation excéda des trois quarts au moins le nombre des citoyens sachant signer. Fallait-il une preuve plus éclatante de la nécessité et même de la légitimité de l'attentat exécuté par la force armée?

Voici l'explication de cette merveille. Par la nouvelle constitution le peuple était déclaré incapable de faire aucune nomination : Bonaparte nommait à tous les emplois publics sans exception. Or les registres destinés à recevoir les signatures ne furent déposés que dans les mains des employés. Tout individu, quels que fussent son âge, son sexe, sa condition, son pays, était non-seulement admis, mais invité à signer. J'ai vu signer des enfants qui n'avaient aucune idée de l'acte qu'on leur faisait faire, et qui apposaient leur signature sur le registre comme ils l'auraient apposée sur leur cahier d'écriture. Dans les villes où les citoyens ne se présentaient pas pour signer, on faisait la liste de leurs noms, et on la faisait copier par des enfants sur les registres. J'ai connu des jeunes gens qui avaient employé des journées entières à ce genre de travail. Enfin, le recensement des signatures fut exécuté par une commission que les chefs des conjurés avaient formée, et dans laquelle ils n'avaient fait entrer que leurs complices.

Cette conjuration, la plus funeste qui ait jamais été exécutée contre la France, paraît étrangère à la garde nationale parisienne ; mais elle s'y rapporte sous deux points de vue. Le soin que prirent les conjurés d'entraîner la représentation nationale hors de Paris pour exécuter leur complot, et le désir que manifestèrent, dans leur détresse, les représentants du peuple, de chercher un refuge et un appui dans la capitale, sont l'hommage le plus éclatant qui ait jamais pu être rendu au patriotisme de ses citoyens et à leur amour pour la liberté. D'un autre côté, les conjurés ne pouvaient rester maîtres du pouvoir qu'en ravissant à la nation toute espèce d'influence sur sa destinée ; il fallait donc qu'ils détruisissent l'institution de la garde nationale comme ils avaient détruit toutes les

autres institutions populaires. Leur constitution , dans laquelle ils s'étaient placés, leur en
fournit le moyen.

La dernière loi sur l'organisation de la garde
nationale voulait que les citoyens fussent convoqués tous les ans pour l'élection de leurs officiers ;
mais cette convocation ne pouvait être faite que
par l'autorité municipale qui présidait elle-même
à l'élection. Dès que Bonaparte eut usurpé le droit
dont jouissaient les citoyens de nommer leurs
administrateurs municipaux, leurs juges de paix
et les administrateurs des départements, il défendit
aux agents par lesquels il avait remplacé les élus
du peuple, d'appeler les citoyens à la nomination
des officiers de la garde nationale. Dès ce moment
il n'exista plus en France de gardes nationales,
puisque les citoyens n'avaient plus de chefs, et
qu'ils n'avaient aucun moyen régulier d'en élire
de nouveaux.

Depuis le commencement de la révolution
jusqu'au 18 brumaire, la nation française n'avait
fait la guerre que pour détruire les priviléges,
conquérir sa liberté et défendre son indépendance.
Un million de citoyens avaient péri dans cette
lutte ; mais peu de temps après que Bonaparte eut

usurpé le pouvoir, la guerre prit un autre caractère ;
les citoyens furent traînés sur les champs de bataille
pour créer des majorats, faire des ducs et multiplier des princes. La constitution de l'an 8, cette
fille bâtarde de l'abbé Sièyes, avait frappé les
Français d'incapacité comme citoyens, en leur
ravissant le droit d'élire leurs administrateurs et
leurs magistrats. Bonaparte, devenu grand électeur-
proclamateur, les frappa bientôt d'incapacité comme lecteurs et comme écrivains, en leur interdisant de publier ou de lire des écrits que ses agents
n'auraient pas approuvés, ou que des imprimeurs
nommés par lui n'auraient pas imprimés. Ensuite,
il les frappa d'incapacité comme pères de famille,
en leur ravissant le droit de choisir les instituteurs
et les professeurs de leurs enfants. Ensuite, il les
frappa d'incapacité comme justiciables de ses tribunaux, en leur interdisant de confier la défense
de leurs droits ou de leurs intérêts à des hommes
autres qu'à ceux qu'il aurait lui-même patentés.
Ensuite, il les déclara incapables comme négociants,
en leur interdisant de vendre ou d'acheter des marchandises par des autres intermédiaires que ceux
qu'il aurait lui-même élus et proclamés. Enfin, il
alla jusqu'à les déclarer incapables de choisir leurs

aliments, en leur interdisant dans certaines villes d'acheter du pain ou de la viande, si ce n'est des hommes nommés et approuvés par lui. Il compléta la constitution de Sièyes, en s'instituant grand électeur-proclamateur des marchands de tabac et des bouchers.

Pour arriver à l'accomplissement de ce grand œuvre, il avait fallu sacrifier plus d'hommes que n'en avaient consommé les discordes civiles et les guerres de l'indépendance et de la liberté. En 1806, craignant que la conscription ne pût pas lui fournir assez de soldats pour exécuter ses projets à l'extérieur, et pour garder les places frontières, il songea à employer les gardes nationales. D'abord, il commença par les faire déclarer incapables d'élire leurs chefs; par se constituer électeur-proclamateur de leurs officiers dans toutes les parties de la France; par faire déclarer qu'elles seraient réorganisées par décrets impériaux, c'est-à-dire d'une manière arbitraire, et que sa majesté impériale déterminerait l'époque où la nouvelle organisation serait effectuée dans chacun des départements, arrondissements et cantons de l'empire qui seraient alors désignés (1).

(1) Senatus-consulte du 2 vendémiaire an 14. — La con-

Peu de jours après que ce sénatus-consulte eut été publié, un décret impérial, daté du quartier-général-impérial de Strasbourg (8 germinal an 14), détermina l'organisation générale de la garde nationale ; mais l'organisation ne fut ordonnée dans aucun département. Un autre décret impérial, rendu bientôt après (12 novembre 1806), organisa la garde nationale dans les départements qui parurent les plus menacés ; savoir ; dans ceux de la Lys, du Pas-de-Calais, de la Somme et du Nord.

En 1809, pendant que Bonaparte était à Vienne, les Anglais débarquèrent dans l'île de Walkeren, et menacèrent la France d'une invasion. Le gouvernement, à la tête duquel se trouvait l'archichanchelier Cambacérès , ordonna l'armement des gardes nationales, sur la proposition de Fouché. On forma à la hâte des colonnes *mobiles ;* on leur donna pour chefs des sénateurs , dont le dévoue-

stitution de l'an 8 porte que les gardes nationales ne seront soumises qu'à la loi : et le sénat, conservateur de cette constitution, les soumet aux décrets impériaux ; mais il ne les y soumet qu'en ce qui est relatif à l'organisation. Tout ce qui est relatif à la capacité, aux droits, aux obligations, et même à la discipline, est donc réglé par les lois. Celles qui ont été rendues depuis 1790 ont été modifiées sur quelques points ; mais elles n'ont pas été abrogées.

ment au gouvernement impérial était assuré, et on les fit marcher vers l'ennemi. On ordonna en même temps la formation de douze cohortes *sédentaires* dans la capitale. Le préfet Frochot fut chargé d'en surveiller l'organisation. A peine la nouvelle en fut portée à Bonaparte, qu'il ordonna la suppression des cadres. Fouché, qui avait conseillé la mesure, fut renvoyé du ministère. Il avait compromis le pouvoir impérial de deux manières : il avait laissé entrevoir à la France qu'elle pouvait se défendre sans le secours d'un auguste maître ; il avait donné des armes à des hommes qui, par leur position, devaient détester la tyrannie.

Tout ce que la France avait conquis de liberté par la révolution avait depuis long-temps disparu, et les priviléges renaissaient en foule. Les conquêtes des armées impériales donnaient à leur chef le moyen de rétrograder toujours davantage vers la barbarie du moyen âge. L'empire avait des grands-fiefs comme du temps de Charlemagne, et parmi les grands feudataires, on comptait de vieux sans-culottes et des rédacteurs de journaux révolutionnaires.

Pour élever ces grands personnages il avait fallu sacrifier l'élite de la population française. Il n'y avait plus moyen de défendre le territoire à moins de mettre sous les armes les pères de famille dont on avait sacrifié les enfants. Il fallait armer aussi les hommes qui avaient satisfait à la conscription, et qui ne pouvaient plus être légalement appelés à un service actif. Bonaparte mit alors la garde nationale en harmonie avec les autres institutions impériales ; il lui donna une teinte de féodalité. Il la fit diviser, par un sénatus-consulte, en premier ban, en second ban et en arrière-ban. Il jeta dans le premier ban tous les hommes dont il voulait faire des soldats. Il leur promit qu'ils ne dépasseraient jamais les frontières.

Bonaparte ne rencontrait dans les hommes qu'il s'était donnés pour instruments aucun obstacle à sa volonté, et les autres, n'ayant aucun point de ralliement, ne pouvaient, lui opposer aucune résistance. Il voulut être obéi à Saint-Pétersbourg comme à Paris. Les Russes livraient leurs denrées aux Anglais, et ils recevaient en échange leurs marchandises. Cela lui déplut ; il leur ordonna de cesser ce commerce. N'étant point obéi, il leur déclara la guerre, et partit avec une armée innombrable pour aller fermer leurs boutiques. Pendant qu'il est dans cette glorieuse expédition, quelques prisonniers détenus dans une prison de Paris forment le projet de détrôner ce maître du monde, et de rétablir la république. Ils fabriquent un sénatus-consulte, sortent de prison, se rendent maîtres d'une partie des troupes, arrêtent le ministre et le préfet de police et les font conduire à la Force; enfin, ils sont sur le point de vaincre le dernier obstacle, lorsqu'un acte d'imprudence ou de faiblesse fait échouer leur entreprise et les perd. Tout cela se passe au milieu de Paris, non-seulement sans qu'aucun individu s'y oppose, mais sans que personne s'en aperçoive. A son retour Bonaparte, qui avait déjà sacrifié près d'un million de Français à son ambition, fait un discours violent contre les sanguinaires *idéologues*, et rappelle aux membres de son conseil d'état que leur premier devoir est de mourir pour sa personne sacrée.

L'armée que Bonaparte avait traînée en Russie avait péri presque tout entière; il s'agissait d'en former une nouvelle pour repousser les innombrables armées qui venaient l'attaquer jusque dans le centre de son empire. La guerre que les puissances coalisées faisaient alors, n'avait plus en effet l'objet qu'elle avait eu à la première coalition. Il n'était plus question d'éteindre les principes de liberté et d'égalité pour lesquels nos premières armées avaient si vaillamment combattu. Il pouvait être moins question encore de renverser des institutions populaires, dangereuses par leur exemple pour les gouvernements arbitraires de l'Europe. A cet égard, Bonaparte avait fait pour eux plus que n'osa leur promettre l'insolent manifeste du duc de Brunswick. Ce n'était plus qu'une guerre de dynasties. Bonaparte avait dit qu'en moins de dix ans, *sa dynastie* serait la plus ancienne de l'Europe. Les rois, pour prévenir l'accomplissement de ses desseins, avaient soulevé leurs peuples en leur promettant la liberté; et tandis que les nations d'Allemagne marchaient au nom de leurs droits et de leur indépendance, la France devait achever de s'épuiser pour soutenir un prince parvenu, et donner des royaumes à ses augustes frères.

Ce fut pour soutenir cette ignoble querelle et venir au secours des grands *feudataires* de l'empire que le *premier ban* de la garde nationale fut appelé sous les armes. Il lui était promis qu'il n'irait point au-delà des frontières; mais cette promesse ne fut pas mieux observée que ne l'avaient été toutes celles qui étaient sorties de la même source. Les contributions ordinaires ne suffisant plus, les

maires reçurent ordre de celui qui les avait choisis, de lui faire hommage des biens des communes.
Dès ce moment, chacun fut tenu de faire des dons
volontaires; le propriétaire apprenait, avec surprise, que le gouvernement acceptait le don de son
cheval; les membres des conseils généraux de département, qui ne s'étaient pas assemblés; apprenaient de leur préfet, avec non moins de surprise,
qu'ils avaient voté au nom des cultivateurs l'offre
des chevaux employés à l'agriculture et que leur
offre était acceptée; enfin, les avoués, les avocats,
les notaires apprenaient que sa majesté impériale
et royale daignait accepter les secours pécuniaires
qu'ils ne lui avaient jamais offerts.

Ces misérables ressources étant insuffisantes
pour arrêter les armées qui marchaient au renversement de la *dynastie napoléonienne*, il fallut convoquer le corps des muets et lui demander de nouvelles contributions. Mais au grand étonnement
de Bonaparte et de ses courtisans, ce corps, qui
n'avait dit mot depuis quatorze ans, recouvra la
parole, et pour la première fois osa parler de liberté. Il fut cassé, et quelques-uns de ses membres
furent menacés d'être fusillés pour le bon exemple.
Ils ne le furent point cependant, grace à l'inépui-

sable clémence de sa majesté impériale et royale. Avant que de retourner dans leurs départements, ces législateurs reçurent injonction de se présenter à la cour où ils avaient à recevoir une leçon. A leur arrivée, l'auguste monarque écumait de colère; il se promenait à grands pas, frappant du pied la terre. Il se recueillit un moment, et prononça ce discours que Fontanes n'avait point poli. Il mérite d'être conservé, ne fût-ce que pour apprendre aux jeunes poètes qui aspirent à prendre la nature pour guide, comment ils doivent faire parler les héros.

« Il y a parmi vous des factieux et de mauvais citoyens..... Vous n'êtes pas les députés des départements, et moi seul, je suis le représentant du peuple..... Ce trône n'est que du bois recouvert de velours; le trône, c'est moi..... Je me suis mis à la tête de la nation, parce que la constitution de l'état me convenait..... En supposant même que j'eusse des torts, vous deviez vous abstenir de me les reprocher publiquement; c'est en famille et non devant tout le monde qu'il faut laver son linge sale.... Au surplus, la France a plus besoin de moi que que je n'ai besoin de la France..... »

Bonaparte n'avait laissé en Allemagne que quelques garnisons, et les puissances coalisées, plus unies qu'elles ne l'avaient été à aucune époque, s'avançaient avec une armée formidable qui s'étendait de la Suisse jusqu'à la Hollande. Pour arrêter cette invasion, l'armée active tout entière n'était pas suffisante; il n'était pas possible d'en détacher une partie pour la garde des villes. Quelque forte que fût la répugnance qu'inspirait l'armement des citoyens, il fallut se résoudre à leur donner des armes.

Le 8 janvier 1814, l'organisation de la garde nationale parisienne fut ordonnée. La division établie par la loi rendue sous le directoire fut en grande partie conservée. Cette garde fut divisée en douze légions; la légion était composée de quatre bataillons et de vingt compagnies. Les corps de la garde nationale conservèrent pour circonscription la délimitation territoriale des arrondissements et des quartiers.

La garde nationale reçut pour chefs supérieurs des dignitaires de la plus haute classe; elle eut pour commandant général le ci-devant roi de Hollande, créé plus tard roi des Espagnes et des Indes, et devenu depuis roi *in partibus;* elle eut pour aides-majors-généraux le grand chambellan comte de Montesquiou, le chambellan duc de Montmorency,

et le comte Hullin commandant de la place de
Paris; elle eut pour chef d'état-major le maître
des requêtes chevalier Allent; pour adjudants
commandants elle eut le duc de Brancas et le
comte Germain, chambellan, et Tourton, banquier; les colonels des légions furent le duc de
Choiseul pour la première, le comte Regnault de
Saint-Jean-d'Angely pour la seconde, le baron
Hottinguer pour la troisième, le comte Jaubert
pour la quatrième, le comte de Marinais pour la
cinquième, le marquis de Fraguier pour la sixième
(ces deux derniers sont devenus officiers des
gardes-du-corps), le comte de Brevanes pour la
septième, Richard Lenoir, manufacturier, pour
la huitième, de Graville pour la neuvième, le duc
de Cadore pour la dixième, Acloque, fils du commandant de l'ancienne garde nationale, et Claude
Salleron, fabricant de cuirs.

Je cite ces noms afin de prouver aux hommes
qui voient une institution révolutionnaire dans
la garde nationale telle que l'empire nous l'a lé-
guée, qu'ils sont dans une illusion complète. A sa
renaissance, cette garde n'a rien eu qui dût les
effrayer: on ne trouve parmi ses officiers que rois,
ducs, marquis, comtes ou barons. Certes, ce n'é-

26

tait pas là une *garde bourgeoise*, comme le disent
M. le comte Corbière et M. le marquis Peyronnet,
dans l'intention de lui faire injure. Si l'on rencontre
par-ci par-là le nom de quelque négociant ou de
quelque manufacturier, c'est que dans une ville telle
que Paris, il était bien difficile de les éviter tous. Il
fallait d'ailleurs s'assurer du service des habitants
du faubourg Saint-Antoine et du faubourg Saint-
Marceau ; et le langage d'un duc ou d'un marquis
n'aurait peut-être pas été ce qu'il y avait au monde
de plus propre à exciter leur enthousiasme.

Le 23, Bonaparte assembla dans la galerie du
Muséum toute sa noblesse qu'il avait mise à la tête
de la garde nationale. Cette scène était bien préparée ; il n'y avait point de discours improvisé ; point
de linge sale à laver. Aussi, quand il parut tenant
d'une main son impériale épouse et de l'autre l'espérance de la France, tout le monde fut attendri.
Chacun vit à l'instant que la querelle devenait sérieuse et que le gouvernement n'était plus sûr.
Le commandant-général désespéra de reprendre
ses royaumes, les grands feudataires prévirent la
perte de leurs fiefs, les chambellans doutèrent de
la durée des antichambres, et le commandant de
la place vit en perspective la demi-solde. A ces ef-

froyables pensées tous les visages furent inondés de larmes, tout le monde poussa des sanglots ; c'était un spectacle à fendre le cœur. Cependant, quand des pleurs abondants eurent rendu à chacun la faculté d'articuler quelques paroles, on avisa aux moyens de salut. L'auguste empereur parla avec une noble familiarité à ses fidèles. Il leur prit affectueusement la main et leur rappela que leur premier devoir était de se faire tuer pour sa personne sacrée. Ils furent sensibles à cette marque de tendresse, et pour lui en prouver leur reconnaissance, ils lui promirent qu'ils feraient marcher au feu les *pékins*.

Cependant, les armées étrangères s'avançaient sur le territoire. Bonaparte partit pour aller se mettre à la tête des siennes, laissant à son frère et à ses courtisans le soin d'organiser la défense de Paris. Afin d'exciter l'enthousiasme des Parisiens, les dignitaires impériaux, revêtus de leurs grands costumes et suivis de leurs nombreux laquais, se rendirent en pompe et avec fracas au palais du Luxembourg. Sans l'abattement et le morne silence de la population, on aurait pu se demander si les parades de théâtres se répandaient dans les rues, ou si l'on était dans une jour-

26.

née de carnaval. A ce moyen, les grands de l'empire en ajoutèrent un autre : ils osèrent faire entendre dans les rues l'air de la *Marseillaise*; mais, au lieu du refrein terrible par lequel des voix indépendantes et fières appelaient les citoyens aux armes, aux temps orageux de la révolution, des agents de police criaient aux coins des rues, en accompagnant leurs rauques voix d'un orgue de Barbarie, *Français*, *obéissons !*

Quoiqu'une grande partie de la France eût déjà passé sous le joug des armées étrangères, la population de Paris était loin de se douter qu'elle fût elle-même exposée à subir la même destinée. Les journaux que le gouvernement avait envahis prenaient, pour la tromper, autant de soin qu'ils en auraient pris pour tromper l'ennemi. Les armées de la coalition étaient déjà dans la plaine de Saint-Denis, qu'à Paris on l'ignorait encore. On croyait que c'était un petit détachement qui avait fait ce qu'on appelle une pointe, et qui n'aurait pas la faculté de se retirer. Afin de motiver les précautions que la sûreté de la ville commandait, on manifesta la crainte que, dans les grands mouvements des armées, il ne s'échappât ainsi quelque petit corps ennemi, et qu'il ne tombât au milieu de la capitale à peu-près comme les pierres tombent de la lune.

Pour prévenir les accidents de ce genre, on arma les gardes nationaux ; aux uns on donna des fusils, aux autres on délivra des piques. Tous ces fusils n'étant pas de calibre, on fut obligé de faire trois espèces de cartouches ; de vingt à la livre pour les fusils de munitions, de trente pour les fusils étrangers, et de quarante-deux pour les carabines et les fusils de chasse. Les compagnies de grenadiers reprirent le costume qu'elles avaient à l'époque de la première formation. La garde nationale fit alors le service de Paris presque tout entier. Elle fit ce qu'on appelle le *service d'honneur*, c'est-à-dire qu'elle monta la garde aux Tuileries, chez l'ex-roi Joseph, devenu lieutenant-général du royaume, et à l'Hôtel-de-Ville. Elle fit également le service d'ordre et de sûreté; elle eut la garde des mairies, des maisons d'arrêt, du trésor, de la caisse d'amortissement, de la banque de France et de la Monnaie.

Le 18, on fit défiler sur les boulevards une troupe de malheureux prisonniers qui étaient dans l'état le plus déplorable. Le gouvernement avait dépeint l'armée d'invasion comme une troupe

de barbares qui mettaient tout à feu et à sang. Il
voulut, en promenant dans la capitale des prisonniers couverts de haillons, soulever la population
contre eux ou lui donner du moins le spectacle
d'un triomphe. Il fut trompé dans ses calculs; les
Parisiens ne virent dans ces prisonniers que des
hommes souffrants; de toutes parts on accourut
pour leur porter du pain ou de l'argent. Des gardes
nationaux les escortaient; mais quand même ils
n'auraient point eu d'escorte, ils n'en auraient
pas été moins en sûreté. Dans la nombreuse population qui était accourue à leur passage, il ne
se trouva pas un individu qui eût l'idée de leur
faire une insulte.

L'approche des armées étrangères fit accélérer
les travaux du génie. On mit des palissades partout où il fut possible d'en placer. On éleva des
retranchements sur tous les points où ils furent
jugés utiles. La garde nationale reçut des cartouches; et sur la demande du ministre de la guerre,
elle fut chargée d'*appuyer les postes des barrières
de l'Est.* Vingt-quatre barrières qui n'aboutissaient
qu'à des chemins vicinaux furent fermées. Les
clefs en furent remises au commandant de la
place, conformément aux lois qui régissent le ser-

vice militaire. Dix-sept barrières, dont le service était indispensable pendant le jour, furent fermées pendant la nuit. Il n'y resta qu'un petit poste de la ligne pour défendre les ouvrages (1).

Au moment où les armées coalisées commencèrent à s'approcher de Paris, la garde nationale eut à remplir des fonctions pénibles, mais qui furent fort utiles. Ces armées chassaient devant elle des multitudes de paysans qui fuyaient épouvantés, et amenaient avec leurs femmes et leurs enfants le peu qu'ils avaient pu sauver de leur mobilier et de leur bétail. Ils venaient se réfugier dans Paris, persuadés qu'ils n'y seraient pas exposés aux mêmes dangers que dans les campagnes ; mais en arrivant, ils en trouvaient les portes fermées. Le commandant de la place, habitué aux rigueurs

(1) Les vingt-quatre barrières qui furent complètement fermées, sont les suivantes : Franklin, Sainte-Marie, Longchamp, Réservoirs, Courcelles, Chartres, Blanche, Poissonnière, Vertus, Chopinette, Trois-Couronnes, Amandiers, Annecy, Rats, Saint-Mandé, Piepus, Paillassons, Cunette, Mont-Parnasse, Fourneaux, Croule-Barbe, Oursine, Deux-Moulins, Saint-Jacques.

Les barrières qui furent fermées de nuit et ouvertes de jour sont celles de Monceau, Martyrs, Montmartre, Rochechouart, Belleville, Combats, Ménilmontant, Charonne, Montreuil, Bercy, Rapée, Vaugirard, Sèvres, École-Militaire, Ivry, La Garre, La Santé.

militaires, et voyant toutes les lois de l'humanité
dans les règles de la discipline, considérait Paris
comme une place de guerre. Il ne voulait y laisser
entrer personne sans des précautions infinies, et
traitait les malheureux qui se présentaient avec
une excessive dureté. La garde nationale avait ainsi
à lutter contre les dispositions brutales de la police militaire, et contre l'impatience naturelle à des
familles fugitives, exposées à être enlevées avec
leur petit bagage par des nuées de Cosaques. Cependant, son zèle et sa persévérance lui donnèrent
les moyens de faire entrer tous les malheureux
qui se présentèrent dans la journée du 29 et dans
la nuit qui la suivit, et l'humanité avec laquelle elle
les reçut ne compromit en aucune manière la su-
reté de la capitale. Pendant la nuit, tous les officiers supérieurs étaient à leur poste; ils visitaient
les barrières et s'assuraient par eux-mêmes que le
service était fait partout avec exactitude. Le 30,
au moment où le jour commençait à paraître, le
rappel appelait les citoyens aux armes; les ennemis allaient être aux portes; l'armée française, qui
reculait devant eux, avait pris ses positions sur les
hauteurs de Paris; les coups de canon commençaient à se faire entendre. En peu d'instants, les

bataillons furent formés. L'état-major avait donné des ordres pour faire chercher des armes et des munitions, pour les distribuer à ceux qui en manquaient, et pour envoyer aux barrières le plus grand nombre d'hommes possible. Ces ordres furent ponctuellement exécutés. La garde nationale se trouvait tout entière sous les armes; une partie était aux barrières prête à combattre l'ennemi, l'autre maintenait l'ordre dans l'intérieur.

Bonaparte, en s'éloignant de Paris, y avait laissé sa femme et son fils; et ne pouvant leur donner une garde impériale, il les avait mis sous la protection des officiers qu'il avait donnés à la garde nationale. Il avait nommé le roi Joseph commandant-général, et avait mis dans l'état-major les hauts et puissants seigneurs de sa cour. Au moment où l'on annonça l'approche de l'ennemi, la femme de Bonaparte fit ses paquets et partit, emportant avec elle son fils. Ainsi disparut le précieux dépôt confié aux soins de la garde nationale. Le roi Joseph, commandant-général, fit afficher sur les murs de Paris une proclamation belliqueuse qu'il terminait par ces mots : *Parisiens, ne craignez rien, je reste parmi vous!* et il décampa, emportant aussi ses paquets. Les habitants d'un faubourg

voulurent pendre Sa Majesté comme désertant
son poste; mais ils n'en firent rien sur l'assurance
qu'ils reçurent de l'auguste prince qu'il allait
chercher du renfort. Le défenseur le plus intré-
pide du gouvernement impérial, le comte Regnault (de Saint-Jean-d'Angely), était chef de la
seconde légion. Il la conduisit jusqu'à la barrière
de Clichi : là, ayant aperçu l'ennemi, il tourna
bride, et s'enfuit au grand galop, poursuivi par
les huées de la garde nationale. Les officiers de
l'état-major ne tardèrent pas à suivre son exemple:
la nuit suivante, il n'y en avait pas un qui n'eût
disparu. Ces intrépides courtisans et ces princes
magnanimes fuyaient comme des voleurs à l'apparition des gendarmes.

Du moment que les chefs et les courtisans de
l'empire eurent pris la fuite, la garde nationale se
trouva principalement commandée par des négociants honorables dans lesquels elle pouvait avoir
toute confiance. A la place du comte Regnault
qui avait pris la fuite, le maréchal Moncey avait
nommé, sous le feu de l'ennemi, M. Odiot, qui
avait été élu officier à la première formation de la
garde nationale et qui s'était distingué dans la
journée du 10 août. M. Benjamin Delessert, chef

de la troisième légion, en commandait les deux premiers bataillons. M. Ternaux, chargé du commandement de la grande barrière Saint-Denis, était à son poste dès quatre heures du matin. Enfin, les hommes les plus distingués dans l'industrie ou dans le commerce servaient avec autant de zèle que de vieux soldats (1).

Dans la journée du 30, la garde nationale, secondée par les élèves de l'école Polytechnique et par de vieux invalides, occupa et défendit les hauteurs de Belleville, de Ménilmontant, de Romainville, de Saint-Chaumont et de Montmartre. Elle soutint le feu de l'artillerie ennemie presque pendant toute la journée. Le soir on apprit que l'armée française avait capitulé. Dans la nuit du 30 au 31, le service de la garde nationale éprouva de grands embarras, tous les officiers de l'état-major ayant pris la fuite.

La garde nationale montra dans cette circonstance du dévouement et du zèle, mais il n'y avait rien de cet enthousiasme qui avait paru dans les

(1) Un grenadier de la ligne reçut d'un coup de feu une blessure grave à côté de M. Ternaux. Quelques gardes nationaux se présentèrent pour le soutenir; il accepta leurs services pour se retirer à quelques pas; puis il les renvoya à leur poste où des services plus grands les appelaient.

premières années de la révolution, à l'approche des armées étrangères. Il n'y avait plus de liberté à défendre : Bonaparte lui avait porté des atteintes plus funestes que celles dont les rois coalisés osèrent la menacer dans leur colère. Les sentiments les plus nobles avaient été flétris par quatorze années de corruption, de basssessè, de mensonge et de despotisme.

Paris n'est pas une ville susceptible d'une défense militaire. Une armée qui serait maîtresse du cours de la Seine pourrait l'affamer dans quelques jours. L'armée d'invasion qui était à ses portes se composait d'ailleurs de près de deux cent mille hommes, dont une grande partie consistait en troupes de cavalerie. Ce n'était pas contre une telle armée que trente ou trente-cinq mille hommes de gardes nationaux mal armés et dépourvus de munitions pouvaient lutter avec avantage. La résistance opposée par la garde nationale ne pouvait avoir d'autre résultat que de donner aux dignitaires de l'empire le temps de faire leurs paquets et de déménager. Cela fait, la ville fut livrée, et l'on enterra les morts.

Aussitôt que la reddition de Paris fut connue, on vit, dans divers quartiers de Paris, des bandes de

dix ou douze individus, portant au bout de leurs
bâtons des mouchoirs blancs, ayant à leurs chapeaux des cocardes blanches, et s'agitant comme
s'ils étaient ivres. La froide et morne contenance
de la population, et l'apathie ou l'indifférence avec
lesquelles elle voyait tout ce qui se passait autour
d'elle, donnaient à cette exaltation une apparence de
folie dont il est difficile de se faire une idée, à
moins d'en avoir été le témoin. Les patrouilles de
garde nationale parcouraient les rues et les boulevards pour maintenir l'ordre, et ne secondaient
ni ne réprimaient ces mouvemens. Les citoyens
réduisaient alors leurs droits et leurs devoirs à
faire la police et à se résigner au sort que la force
leur réservait.

Avant que d'entrer dans Paris et lorsque la
capitulation eut été signée, l'empereur de Russie
et le roi de Prusse firent afficher sur tous les
murs de la capitale une proclamation à laquelle
personne ne s'attendait, et qui paraît encore aujourd'hui un phénomène bien étrange. Ils déclaraient, au nom de tous les souverains alliés, que
leur intention n'était ni d'imposer des lois à la
France, ni de se mêler de son gouvernement. Ils
invitaient en conséquence les habitants de la ca-

pitale à se prononcer en faveur du gouvernement
qui leur conviendrait, et ils promettaient, non-
seulement de le reconnaître, mais s'il en était besoin, de l'appuyer de leur puissance. Ils n'excluaient que les hommes qui avaient porté à la
liberté les atteintes les plus funestes, Bonaparte
et sa famille. Cette déclaration n'était ni un vain
mensonge, ni un piége tendu à la population ; car,
au point où en était la France, aucun parti n'était
à craindre pour les vainqueurs, du moment surtout qu'ils excluaient le vœu du parti militaire. Il
semble que les violences et les brutalités d'un gouvernement despotique avaient réconcilié les rois
eux-mêmes avec la liberté. L'empereur de Russie
et le roi de Prusse, d'ailleurs, n'avaient pas encore été enlacés par Castlereagh et Metternich
dans les filets de la Sainte-Alliance ; et le premier
n'avait pas eu le temps d'oublier les idées philosophiques qu'il tenait de son précepteur.

Cette déclaration ne produisit aucun effet sur
la masse de la population, tant le gouvernement
impérial avait anéanti l'esprit public ; elle fut lue
avec la même indifférence qu'une affiche de spectacle, ou que la réclamation d'un chien perdu. Il
n'existait dans aucune partie de la France aucune

autorité déléguée par le peuple, et la terreur qu'inspirait la police impériale survivait au pouvoir de celui qui l'avait établie. Des citoyens n'eussent pas osé se permettre d'exprimer un vœu sur une forme de gouvernement, ou pour mieux dire, il n'existait plus de citoyens. Le public ne voulant ou n'osant manifester aucune espèce d'opinion, il se trouva des hommes qui se déterminèrent à parler pour lui. L'abbé de Montesquiou, l'abbé de Pradt, et l'ancien évêque d'Autun, portèrent aux souverains alliés le vœu du peuple en faveur du rétablissement de la famille des Bourbons. En même temps, l'ancienne minorité du sénat qui avait souvent protesté contre les usurpations impériales, et qui était devenue la majorité par la fuite des courtisans, prononça la déchéance de Bonaparte et des siens, et appela au trône, sur la proposition de Talleyrand, Louis-Stanislas-Xavier, frère de Louis XVI. Enfin, des membres du conseil général du département de la Seine, formé par Bonaparte, eurent le courage de manifester un vœu : l'avocat Bellart fit afficher dans toutes les rues une proclamation énergique par laquelle il appelait les Français à l'*obéissance qu'ils devaient à leurs maîtres légitimes.* Dès ce moment la restauration fut décidée.

L'empereur de Russie et le roi de Prusse firent leur entrée dans Paris environnés d'un nombreux état-major et de l'élite de leur armée. Un nombreux détachement de la garde nationale parisienne formait la haie des deux côtés près de la barrière où ils entrèrent. Suivant l'usage, les gardes nationaux tenaient leurs fusils renversés, mais aucun n'avait abandonné la cocarde tricolore. Le temps étant magnifique, une population immense s'était portée sur les boulevards pour voir défiler les troupes ; les fenêtres étaient remplies d'une multitude de spectateurs. Tout le monde était calme ; la confiance avait reparu ; mais aucun cri ne se faisait entendre. On voyait seulement à quelques fenêtres un très-petit nombre de femmes qui agitaient des mouchoirs blancs et on ne comprenait pas bien la signification de ces signes. Les armées étrangères, appartenant à plusieurs nations différentes, ne se connaissaient pas entre elles, et presque tous leurs officiers parlaient français. Pour prévenir les méprises dans lesquelles ces deux circonstances pouvaient les faire tomber, elles avaient adopté un signe commun de ralliement ; les officiers avaient attaché des mouchoirs blancs autour de leurs bras. Ce fut là une source d'erreurs pour la plupart des habitants de Paris : les uns crurent que les mouchoirs blancs étaient un signe de paix; les autres que c'était une invitation indirecte de se prononcer en faveur des Bourbons.

L'acte du sénat qui prononçait la déchéance de Bonaparte avait créé un gouvernement provisoire, qui devait présider la restauration; et comme il n'y a point de gouvernement qui s'établisse sans une force militaire, on s'occupa d'en trouver une. On ne pouvait guère compter sur l'armée active dont une grande partie environnait encore le chef sous lequel elle s'était long-temps battue, et qui, par un sentiment de générosité, s'était attachée à lui autant par ses revers que par ses victoires. On tourna donc les yeux vers la garde nationale chez laquelle on n'avait remarqué aucun esprit de parti, et qui faisait alors la police de Paris conjointement avec les troupes des puissances étrangères. Mais, pour prouver à la famille royale que les Parisiens lui seraient dévoués, il fallait les déterminer à abandonner la cocarde tricolore, et à prendre la cocarde blanche. Les chefs des douze légions furent convoqués à cet effet, et on les invita à donner eux-mêmes l'exemple du dévouement. M. Odiot déclara qu'il était disposé

27

à se soumettre aux ordres qui lui seraient transmis et à les communiquer à sa légion ; mais il annonça en même temps qu'il n'avait ni avis ni exemple à donner. On lui répondit qu'on ne voulait donner aucun ordre à cet égard, parce qu'il fallait que la cocarde tricolore fût repoussée et la cocarde blanche adoptée par un mouvement spontané. M. Odiot persista dans sa résolution, et tous les autres chefs de légion suivirent son exemple. Le gouvernement provisoire fut donc obligé d'enjoindre à la garde nationale de prendre la cocarde blanche. Elle obéit. M. Odiot fut destitué (1).

M. le comte d'Artois fut nommé lieutenant général du royaume, en attendant le retour de Louis . XVIII. Ne trouvant pas d'autre garde en France que la garde nationale, il en prit le costume. Cet acte de déférence ne fut pas une des moindres causes de l'accueil flatteur qu'il reçut. Des royalistes très-zélés avaient déjà préparé avec beaucoup d'art l'opinion en sa faveur ; ils avaient promis l'oubli des anciennes injures, l'abolition des droits réu-

---

(1) Des royalistes très-dévoués à la famille des Bourbons ont désapprouvé la proscription de la cocarde tricolore. M. de Montlosier a observé avec beaucoup de raison, qu'en la repoussant, on donnait un signe de ralliement à l'insurrection.

nis, et de la conscription, et surtout plus de tyrannie.

Les méfiances du commencement de la révolution pouvaient exister encore chez les hommes
qui avaient pris une part active aux événements
politiques, et chez ceux qui craignaient d'être dé-
pouillés des biens qu'ils avaient acquis; mais il
n'en existait presqu'aucun dans la masse de la
population parisienne. Aussi, lorsque le comte
d'Artois traversa le faubourg et la rue Saint-Denis,
l'immense multitude qui s'était portée sur son passage ou qui s'était placée aux fenêtres, fit éclater
des signes de joie. La garde nationale servit d'escorte à ce prince, et le garda dans son palais.

La confiance et la joie que le peuple avait fait
éclater à son entrée ne tardèrent point à s'affaiblir. On avait promis l'oubli du passé, et les journaux qui venaient de s'établir et qui ne paraissaient qu'après avoir été censurés, ne parlaient
que de vengeances. On avait promis de garantir
toutes les ventes faites pendant la révolution, et
les mêmes journaux commençaient à parler de
restitutions. Une proclamation affichée sur tous
les murs de Paris avait promis aux employés la
conservation de leurs emplois, et déjà des me-

naces de destitution se faisaient entendre. Le nouveau gouvernement se trouvait, il est vrai, dans une
position très-embarrassante. Bonaparte, en se retirant à l'île d'Elbe, n'avait emmené avec lui que
quelques vieux soldats, et il avait laissé le nombreux personnel de sa monarchie. Les Bourbons,
en arrivant au trône, ne venaient pas seuls; il
n'eût été ni convenable, ni raisonnable qu'ils éloi-
gnassent d'eux les hommes qui avaient consacré
leur fortune ou dévoué leur vie à la défense de
leur cause. Ils avaient donc aussi le personnel
complet d'une autre monarchie. L'état le plus
florissant ne pourrait en supporter deux, et la
France était épuisée par vingt ans de guerre et
par une invasion; il fallait donc s'attendre à des
congés.

Ces diverses causes avaient produit un tel effet,
que, lorsque Louis XVIII arriva, la population ne
manifesta plus le même enthousiasme, quoiqu'il
eût fait précéder son entrée d'une déclaration par
laquelle il promettait d'accepter une constitution;
et quoiqu'il eût promis toutes les garanties qu'on
pouvait désirer. On se porta cependant en foule
sur son passage; toute la garde nationale fut mise
sous les armes; elle forma la haie des deux côtés

depuis la barrière jusqu'à l'église de Notre-Dame;
mais la réception fut calme et même un peu froide,
surtout si on la comparait à celle du comte d'Artois. Louis XVIII avait trouvé des défauts dans la
constitution qui lui avait été présentée par le sénat, et il avait promis d'en accepter une autre. La
manière dont il donna la charte blessa profondément les hommes qui étaient imbus des principes
de la révolution. On n'avait aucune idée de cette
manière de faire des lois et surtout de constituer
des peuples.

La garde nationale fut exclusivement chargée
de la garde des Tuileries jusqu'au 25 juin; mais,
à compter de ce jour, elle fut exclue de l'intérieur
du château. La manière dont elle fut alors rem-
placée ne fut ni bienveillante ni polie. Le poste
s'était un moment absenté pour aller prendre son
repas; lorsqu'il rentra ses armes avaient été jetées
à la porte ou sous les banquettes. Des gardes du
corps avaient pris sa place. Ce procédé paraissait une
preuve assez claire du peu d'estime qu'on avait pour
elle. Les officiers de la maison du roi lui prouvèrent
bientôt qu'elle ne leur inspirait pas plus de confiance que de considération. Tous les soirs on distribuait des cartouches à la garde soldée du châ-

teau et on lui faisait charger ses fusils ; mais on
n'en distribuait point au poste de la garde nationale. Non-seulement on ne lui en distribuait point,
on s'assurait même que ses fusils n'étaient pas chargés. C'était cependant ce qu'on appelait un *poste
d'honneur*. Ces précautions commencèrent avec le
service de la garde nationale, et n'ont cessé que
par son licenciement.

La charte, que M. le chancelier avait appelée
une *ordonnance de réformation*, était à peine publiée qu'une autre ordonnance la réforma en détruisant la liberté de la presse, et soumettant tous
les écrits à la censure. Mais déjà la résistance légale à l'arbitraire commençait à se manifester ; il
se trouva des écrivains qui ne tinrent aucun compte
de cette ordonnance. Les ministres furent obligés
de recourir aux chambres pour leur faire décréter
la censure ; battus par le raisonnement, ils triom-
phèrent par leur majorité ; mais les victoires de ce
genre sont plus dangereuses pour les vainqueurs
que pour les vaincus. En même temps que la liberté
de la presse était attaquée, les ministres du culte
catholique violaient ouvertement les lois maintenues
par la charte, en faisant dans les rues les cérémonies
de leur religion. Les ministres, loin de les répri-

mer, les secondaient par leurs ordonnances ; ils faisaient arbitrairement fermer les boutiques ; ils établissaient des amendes contre les citoyens qui se
livraient à leurs occupations. Des impôts arbitrairement perçus étaient dénoncés aux chambres.
Une école était établie où nul ne pouvait être ad
mis à moins qu'il ne fît des preuves de noblesse
Des jugements étaient annulés par des ordonnances. Les juges ne recevaient aucune institution
et demeuraient révocables comme de simples commis. Les journaux, auxquels la censure donnait en
quelque sorte un caractère officiel, commençaient
d'attaquer avec violence les hommes de la révolution
et les propriétaires des biens nationaux. Enfin, un
homme échappé des bagnes enrôlait clandestine-
ment au milieu de Paris des *volontaires royalistes*,
tels que ceux que nous voyons aujourd'hui en Espagne ; et lorsque ce crime était divulgué, les agents
de l'autorité se bornaient à faire annoncer par leurs
journaux que l'enrôleur avait été renvoyé aux lieux
d'où il était sorti.

Tous ces faits étaient graves dans les circonstances
au milieu desquelles on se trouvait. Il est juste
de dire toutefois qu'en général l'administration
n'était point violente. Les fautes nombreuses

qu'on pouvait lui reprocher étaient plutôt le
résultat de l'inexpérience, de la faiblesse, de
l'incapacité, que le résultat d'un dessein formé
d'avance contre la liberté publique. On pouvait
l'accuser de recourir à de petites ruses ou à de
petits moyens de séduction, indignes d'un gouvernement qui se respecte; mais on ne pouvait
lui reprocher cette brutalité, cette fourberie, cette
impudence dans la corruption dont nous avons vu
des exemples à d'autres époques. Malheureusement, des fautes plus dangereuses furent commises; les militaires avaient eu la promesse de
conserver leurs grades et leurs appointements; et
tous les jours des officiers supérieurs étaient
renvoyés du cadre de l'armée. Si ces renvois
n'avaient été faits que par esprit d'économie, peut-
être s'y seraient-ils résignés; car tous les hommes
se soumettent assez facilement à la nécessité. Mais
en même temps que les officiers de l'ancienne
armée étaient mis à la retraite ou à la demi-solde,
ils étaient remplacés par de nouveaux venus,
inconnus à l'armée ou n'ayant servi que chez
l'étranger. Les officiers qui n'étaient pas encore
renvoyés notaient avec dépit tous ceux de leurs
camarades qu'on mettait à la demi-solde pour

être remplacés, et ils s'attendaient à voir que leur tour arriverait bientôt. Ce fut au milieu de ces circonstances qu'une vaste conjuration militaire se forma.

Le but de cette conjuration n'a jamais été bien connu. Au soin qui fut pris plus tard d'éviter toute procédure générale à cet égard, et de frapper un certain nombre d'hommes sans les juger, on pourrait croire que de grands personnages s'y trouvaient mêlés. Il paraît que les conjurés n'avaient en aucune manière le dessein de rappeler Bonaparte ou quelqu'un des siens au gouvernement. Ils voulaient, à ce qu'il semble, détruire le gouvernement existant, et laisser aux chances du hasard ou de l'opinion le soin d'établir celui qui, suivant eux, conviendrait à la France. Mais Bonaparte, en partant pour l'île d'Elbe, comme autrefois en partant pour l'Égypte, avait eu soin d'établir une correspondance qui le tenait au courant des événements les plus secrets. On ne lui avait pas exactement payé la pension qui lui avait été promise, et il avait été question de le transférer dans un fort ou dans une autre île. Il était donc aussi mécontent et aussi disposé à former une entreprise désespérée qu'un officier à la demi-solde. Ce fut à ce qu'il paraît dans ces circonstances qu'il apprit tous les détails de la conjuration, et le jour où elle devait éclater. A l'instant sa résolution fut prise : il se jeta en France avec le petit nombre de soldats qui l'avaient accompagné. Les premiers officiers auxquels il se présenta crurent qu'ils n'avaient pas été initiés dans tous les secrets par le chef des conjurés. Ils s'imaginèrent que Bonaparte était l'ame de la conjuration ; ils arborèrent le drapeau tricolore et se rallièrent à lui. En même temps que l'ex-empereur se dirigeait vers Paris, plusieurs des principaux chefs des conjurés levaient l'étendard de l'insurrection dans les départements du nord. Les généraux Lefèvre-Desnouettes, Derlon et Lallemand, avançaient avec leurs troupes.

La nouvelle du débarquement de Bonaparte et de sa marche vers la capitale tomba dans Paris comme un coup de foudre. Dans les chambres et hors des chambres, les orateurs ou les écrivains qui avaient défendu la liberté avec le plus de zèle, et qui avaient prévu le résultat des fautes ministérielles, oublièrent leurs sujets de plainte, se rallièrent au gouvernement, et employèrent le peu d'influence dont ils jouissaient à exciter les citoyens à suivre leur exemple. Leurs efforts furent inutiles. Ils ne trouvèrent dans les chefs de l'administration que faiblesse, hésitation, incapacité; dans le public, ils ne trouvèrent qu'indifférence et apathie. Les ministres envoyaient sans cesse des troupes vers Bonaparte pour arrêter sa marche, et leur distribuaient même quelque argent pour exciter leur zèle. Mais, à peine les soldats étaient-ils sortis des barrières qu'ils jetaient la cocarde blanche, reprenaient leur vieille cocarde tricolore qu'ils n'avaient jamais abandonnée, et criaient *vive l'empereur!*

Le roi et ses ministres ne tardèrent pas à s'apercevoir qu'il ne pouvait exister de moyens de salut pour le gouvernement royal que dans les gardes nationales et dans un appel à la liberté contre la tyrannie. Le 9 mars une ordonnance fut rendue pour l'organisation des gardes nationales des départements, auxquelles on n'avait pas songé, et pour régler le service des volontaires. Les motifs et les dispositions de cette ordonnance sont remarquables. Comme c'est principalement par l'union *que les peuples résistent à la tyrannie*, y est-il dit, c'est surtout dans les gardes nationales qu'il importe de conserver et de resserrer les nœuds d'une confiance mutuelle, *en prenant un seul et même point de ralliement*, nous l'avons trouvé *dans la charte constitutionnelle* que nous avons promis d'observer et de faire observer à jamais, qui est notre ouvrage libre et personnel, le résultat de notre expérience, et le lien commun que nous avons voulu donner aux intérêts et aux opinions qui ont si long-temps divisé la France. L'article 9 est ainsi conçu : « Nous voulons que la charte constitutionnelle *soit le point de ralliement* et le signe d'alliance de tous les Français. Nous regardons comme nous étant seuls véritablement affectionnés, ceux qui déféreront à cette injonction. » Ces dispositions tardives ne produisirent que peu d'effet. L'armée soldée continua de se rallier à son ancien chef.

N'espérant plus rien de l'armée active, n'ayant pas le temps d'organiser et de mettre en mouvement les gardes nationales des départements, et Bonaparte s'avançant à grandes journées, le gouvernement songea pour sa défense à la garde nationale parisienne. Le 17 mars, les douze légions furent assemblées, chacune dans son quartier, pour être passées en revue par M. le comte d'Artois, colonel-général. Ce prince avait reçu de plusieurs personnes de la cour l'assurance positive que la garde nationale de Paris était remplie de zèle et brûlait de se signaler dans la défense de son roi légitime. Un officier d'un grade supérieur avait eu la franchise de révoquer en doute l'existence de ce zèle ; mais, n'étant pas de la cour, ses paroles avaient à peine été écoutées. Les légions s'assemblèrent donc sur les boulevards, sur la place Vendôme et dans le jardin du Luxembourg. Le temps étant beau, elles furent toutes au complet ; rarement elles avaient eu une plus belle tenue. Le prince, suivi d'un nombreux et brillant état-major, se présenta successivement devant chacune d'elles ; il parcourut leurs rangs en les encourageant à la défense de la monarchie, et ses discours furent toujours accueillis par les applaudissements des nombreux officiers de son état-major ; tous agitaient leurs chapeaux et leurs panaches blancs aux cris de *Vive le roi !* Le prince, ne voulant que des hommes de bonne volonté, terminait son discours par ces paroles : *Que ceux d'entre vous qui veulent marcher à la défense de leur roi légitime sortent du rang !*

La chute d'un gouvernement présente un spectacle souvent terrible, quelquefois plus ou moins affligeant, mais toujours curieux et instructif pour les hommes qui consacrent leur vie à l'étude des sciences morales. Comme ce sont des expériences rares et qu'on ne peut pas faire naître à volonté, j'avoue que je fus curieux d'observer comment se passerait celle-ci. Placé entre deux gouvernements, j'avais repoussé le plus dangereux pour la liberté : ce devoir étant rempli, je ne pensai plus qu'à l'intérêt de la science. Voici donc le résultat de mes observations de cette journée. La légion qui s'était formée en cercle sur la place Vendôme, et qui renfermait un nombre considérable d'employés du gouvernement, était composée d'environ deux mille hommes. Dix ou douze sortirent des rangs à la voix du prince; il ne fut pas possible d'en faire le calcul exact, parce qu'ils se confondirent avec les officiers de l'état-major qu'ils paraissaient connaître d'une manière particulière. La légion réunie dans le jardin du Luxembourg paraissait un peu moins nombreuse; je vis sortir de ses rangs, pour la défense du gouvernement monarchique, un homme. On m'a assuré que j'avais mal vu et qu'il en était sorti trois; celui que je vis sortir des rangs se hâta tellement d'y rentrer qu'il est bien possible en effet que je n'aie pas eu le temps de voir les deux autres. La sixième légion était composée de dix-huit cents hommes; c'est dans celle-là que se trouvaient les habitants de la rue Saint-Denis, qui avaient manifesté tant d'enthousiasme le premier jour de la restauration. A l'appel du prince, trois soldats sortirent des rangs. La légion dans laquelle se trouvaient les habitants du faubourg Saint-Antoine, fut celle qui montra le moins de dévouement. Le colonel fut le seul homme qui se présenta pour la défense du gouvernement royal (1).

Que s'était-il donc passé depuis le jour où le même prince avait été reçu aux acclamations de presque toute la population de Paris? Les citoyens avaient-ils été arbitrairement arrêtés? La police les avait-elle enlacés dans de fausses conspirations? Les places publiques avaient-elles été inondées de sang? Le fisc s'était-il enrichi des dépouilles des condamnés? Non, rien de tout cela n'était arrivé. L'opinion avait été blessée, et elle s'était retirée.

(1) On trouve dans un écrit publié sous le ministère de M. Decazes, en 1816, et intitulé : *Quarante heures de garde au château des Tuileries pendant les journées des* 19 *et* 20 *mars* 1815, que 80 hommes sortirent des rangs de la compagnie commandée par M. Decazes, qui était encore peu connu, n'ayant été ni préfet de police ni ministre. Il y avait sans doute dans sa personne une vertu secrète dont l'effet était de rendre monarchiques les hommes qui l'environnaient.

Pas un seul homme n'avait été persécuté, mais beaucoup avaient craint ou avaient été déçus dans leurs espérances; et un gouvernement a tout à redouter quand il n'inspire plus ni sécurité, ni confiance; car il ne se trouve alors personne pour le défendre s'il est attaqué.

Le peu d'empressement de la garde nationale à défendre le gouvernement royal pouvait être difficilement attribué à la crainte. Les gardes nationaux avaient prouvé, en combattant sur les hauteurs de Paris, qu'ils ne manquaient pas de courage. Il fallait donc chercher ailleurs la cause de ce phénomène inattendu. On crut un moment l'avoir découverte; quelques personnes pensèrent et osèrent dire que le public avait peu de confiance dans la durée des garanties promises et des institutions établies par la charte. Les membres de la famille royale prouvèrent aussitôt combien cette crainte, si elle existait, était peu fondée. Le roi, le comte d'Artois et le duc de Berry se rendirent à la chambre des députés, presqu'immédiatement après la revue de la garde nationale, et là ils jurèrent tous le maintien de la charte.

Le 19, tout espoir de résistance était complètement évanoui; la famille royale commença même à craindre de n'être pas en sûreté au milieu des Parisiens. Tous les postes de troupes de ligne furent relevés par la garde nationale ; le château des Tuileries lui fut exclusivement confié. « Déjà, dit un écrivain royaliste, on se disposait à la défense. Tous les abords étaient occupés et surveillés depuis plusieurs jours ; le poste du Pont-Tournant avait été doublé, du moment où les Suisses s'étaient portés en avant ; on avait établi au bout de la galerie du Musée un fort détachement qui donnait des factionnaires dans la cour du Louvre, et devait, en cas d'attaque, se replier lentement par l'intérieur sur différentes barricades qu'on avait préparées de distance en distance. Déplorables effets de nos troubles civils ! le sanctuaire des arts était devenu un théâtre de guerre, et les chefs-d'œuvre du génie ne décoraient plus qu'un bivouac (1). »

Plusieurs membres de la chambre des députés avaient proposé que la famille royale se retirât dans les départements du Midi. Dans cette partie de la France la population avait supporté le joug

(1) Quarante-huit heures au château des Tuileries, page 11 et 12. — On craignait au château une attaque semblable à celle du 10 août, ibid. p. 13.

28

impérial avec plus d'impatience que dans les autres. Si, comme tout le faisait présumer, les puissances se coalisaient une seconde fois pour renverser Bonaparte, la famille royale aurait l'avantage de n'avoir pas quitté le territoire national, de se trouver hors des mains des vainqueurs, et de n'avoir eu pour garde que des Français. Ce plan n'inspira point de confiance. On proposa alors que la famille royale se retirât au moins dans une des places fortes du département du Nord, à Lille par exemple; mais cette proposition fut également rejetée. Les hommes de la garde nationale qui étaient au château finirent eux-mêmes par inspirer des craintes. L'exempt des gardes, le marquis d'Albignac, en fit part à l'adjudant commandant, qui chercha à dissiper ses inquiétudes (1). Enfin, il fut décidé que la famille royale sortirait de France : le prince de Poix communiqua cette résolution au commandant à neuf heures du soir, en lui donnant le mot d'ordre. L'heure du départ fut fixée pour minuit. Les adieux furent très-touchants : officiers et soldats, tout le monde répandit d'abondantes larmes (2).

(1) Quarante-huit heures de garde au château des Tuileries, p. 14.

(2) L'audace que mirent quelques-uns des partisans de Bo-

Dès que la famille royale eut quitté le château, tous ses courtisans le désertèrent. Mais à peine ils en étaient sortis, que des bandes de courtisans de l'empire accoururent en foule pour reprendre possession des antichambres. Les hommes de la garde nationale auxquels la garde du château avait été confiée eurent peine à le défendre contre l'invasion de cette nouvelle espèce de Cosaques. Ils fermèrent les grilles ; mais ils furent bientôt obligés de capituler et de laisser entrer les principaux. La tourbe des esclaves alla camper au milieu de la cour, et attendre l'honneur insigne de saluer *un maître de son choix* !

Pendant la journée du 20, Paris présenta le plus singulier aspect. Le gouvernement royal avait cessé d'exister ; le gouvernement impérial n'exis-

naparte dans l'exécution de leur complot excède de beaucoup tout ce qu'on pourrait imaginer. Pendant que les hommes de la cour étaient réunis dans une salle des Tuileries, et qu'ils étaient frappés de terreur par les nouvelles qui arrivaient de moment en moment, on vit arriver deux grands-officiers couverts de poussière, et s'avancer gravement vers l'assemblée avec leurs énormes colbacs sur la tête. Quels sont ces deux hommes, dit à un vieux gentilhomme un garde national qui se trouvait là ? — Ce sont, répondit-il sérieusement, deux *plénipotentiaires* de M. Lefèvre-Desnouettes. — En effet, ces deux hommes venaient annoncer l'arrivée de leur maître. Dès ce moment, le départ fut résolu.

tait pas encore : point d'espions, point de gendarmes, point d'inspecteurs ou de commissaires de
police, point de préfet de police, point de ministre de la police ; on parcourait les rues en sûreté
et en liberté, et l'on respirait à l'aise. Quelques
patrouilles de garde nationale suffisaient à tout ;
les citoyens, plus intéressés au bon ordre que des
agents de police que le désordre alimente, s'étaient
en quelque sorte constitués magistrats ; tous se
sentaient disposés à réprimer les atteintes à la sûreté des personnes et des propriétés : jamais les
malfaiteurs n'avaient vu dans Paris des surveillants
aussi nombreux, aussi zélés, aussi clairvoyants,
que dans cette journée.

Cet interrègne ne fut pas de longue durée. On
annonça que Bonaparte arriverait bientôt suivi de
son armée. Le soir, la capitale, habituellement si
vivante et si animée, présentait un triste et lugubre spectacle. Toutes les boutiques étaient fermées ; les enfants, les femmes et les citoyens se
renfermaient chez eux. Les rues obscures et dé-
sertes, les patrouilles qui les parcouraient silen-
cieusement, et qu'on rencontrait de distance en
distance, donnaient à Paris l'apparence d'une ville
infectée de quelque maladie contagieuse, ou me-

nacée d'un bombardement. Au Palais-Royal, c'é-
taient des scènes d'un autre genre : des agents de
police impériaux, montés sur des chaises et environnés de groupes de gens en guenilles, faisaient
des harangues ou chantaient des chansons en faveur du nouveau maître. Plus loin, c'étaient des
femmes perdues, également en guenilles, le costume en désordre, ivres de vin ou d'eau-de-vie,
la bouche écumante, et vociférant, d'une voix
rauque et en chancelant : *Vive l'empereur!*

Tel était l'état de Paris lorsque Bonaparte y fit
son entrée. En arrivant aux Tuileries, il trouva
tous ses gens à leur poste; les contrôleurs de la
bouche, les maîtres d'hôtel, les officiers du go-
belet et ceux de la garderobe, les cuisiniers, les
marmitons, les chambellans et les valets de pied,
rien n'y manquait. Le gouvernement n'était pas
moins au complet que les antichambres et les cui-
sines : Bonaparte trouva des conseillers d'État, des
ministres, des directeurs, des hommes de police,
des commandants militaires, enfin tout l'attirail
nécessaire pour former un budget monarchique et
pour en consommer les produits (1).

(1) Lucien Bonaparte s'empara du palais de M. le duc d'Orléans, comme son frère des Tuileries. Il prit possession de la

Bonaparte, en mettant le pied sur le territoire de France, s'était montré républicain ; il avait osé faire entendre les mots de *liberté* et d'*égalité* ; en parlant aux Français, il leur avait dit *citoyens*. A Lyon, il se montra monarque constitutionnel, élu par le vœu du peuple, et il dit aux hommes auxquels il adressa la parole *messieurs*. A Paris, il se trouva empereur légitime, ne tenant son pouvoir que de Dieu et de son épée, et il dit *mes sujets*. Cependant, comme son droit divin n'était pas clair, s'étant pris de querelle avec le pape, et comme, d'un autre côté, les rois de l'Europe ne reconnaissaient plus la puissance de son épée, il essaya de donner à son gouvernement une apparence de popularité. D'abord, il s'occupa de la garde nationale : le 23 mars, il annula les ordonnances royales relatives à la création d'un état-major, dont l'autorité s'étendait sur toute la France, et à la nomination d'inspecteurs généraux. Par un décret du 26 mars, il s'élut commandant général de la garde nationale parisienne. Par un autre décret du 4 avril, il réorganisa l'état-major de la même

vaisselle, du linge, et de tout ce qu'il y trouva, comme un Cosaque aurait pris possession de la maison d'un paysan, qu'il aurait trouvée déserte.

garde. Enfin, par un troisième décret rendu le 10 avril, il réorganisa toutes les gardes nationales de France, et il déclara que les gardes nationaux qui se distingueraient par des actions d'éclat auraient droit de recevoir un petit bout de ruban, lorsqu'il plairait à sa majesté impériale de les en juger dignes (1).

Devenu, de nouveau, maître du pouvoir par la

(1) Quelque temps après que Bonaparte eut usurpé les droits et les pouvoirs du peuple, il voulut usurper aussi l'empire de l'opinion publique, et se constituer juge exclusif du mérite des hommes. Il marqua par un bout de ruban ceux qu'il jugea dignes d'être distingués. Comme de raison, les morceaux de ruban les plus larges et les plus longs furent généralement distribués aux courtisans les plus serviles. Cependant, il se trouva quelques hommes de talent qui firent au bout de ruban l'honneur de l'attacher à leur boutonnière; peut-être même s'en trouva-t-il quelques-uns qui allèrent jusqu'à le passer autour de leur cou. Ce fut de leur part une preuve de leur bon naturel et de leur extrême modestie; et je n'ai nulle envie de les blâmer. Mais j'avoue que leurs talents auraient eu un peu plus de prix à mes yeux s'ils avaient été accompagnés d'un peu plus de fierté ou d'un caractère un peu moins facile. Washington est mort sans avoir le grand cordon, et Franklin n'était d'aucun ordre. Avant Bonaparte, on donnait aux militaires qui s'étaient distingués des armes d'honneur, et on les leur remettait à la tête de leur régiment témoin de leurs exploits ou de leur bonne conduite. Il n'y avait pas à craindre ainsi que les honneurs allassent s'attacher à un courtisan ou à un agent de police.

force armée, Bonaparte ne songea plus à la constitution qu'il avait fait espérer; mais il fit concession
à la France d'une addition aux constitutions impériales. Voulant s'approprier tout à la fois les
avantages de l'ancienne monarchie et la puissance
de la révolution, il convoqua au *Champ de Mai*,
les présidents des colléges électoraux élus par lui,
et plusieurs officiers de l'armée. La réunion eut
lieu au Champ-de-Mars; les troupes qui se trouvaient à Paris et une partie de la garde nationale
parisienne s'y rendirent. Des prêtres et des acteurs
de l'Opéra y chantèrent la messe et un *Te Deum*.
Bonaparte et ses trois frères y jouèrent les principaux rôles. Le premier portait une tunique de
taffetas cramoisi chamarré d'or, et un manteau de
velours violet richement brodé. Les trois autres
étaient vêtus de taffetas blanc et couverts de galon.
Tous les quatre étaient placés sur des planches
élevées. Les comédiens et les prêtres ayant fait
leur office, l'orateur des présidents des colléges
électoraux prononça un discours ronflant. Bonaparte, ayant toujours le chapeau sur la tête, prit
la parole à son tour. La nation écouta, chapeau
bas; après quoi, les courtisans ayant donné le
signal, elle cria *vive l'empereur!* et l'on tira des

coups de canon en signe de réjouissance. Bonaparte termina la cérémonie par la distribution des
aigles qui devaient conduire l'armée française dans
les champs de Waterloo.

Tandis que Bonaparte faisait de vains et ridicules efforts pour exciter, en faveur de ce qu'il appelait orgueilleusement sa *dynastie*, l'enthousiasme
que la nation française avait manifesté au commencement de la révolution en faveur de son indépendance et de sa liberté, la police, de son côté,
cherchait à stimuler le zèle de quelques classes
particulières de la population de Paris. Il est dans
cette ville une foule de métiers ou de professions
qui, grâce aux envahissements de la police sur
les droits des citoyens, ne peuvent être exercés
qu'avec son autorisation. De ce nombre, sont les
métiers de porteur de charbon, de commission-
naire et même de porteur d'eau. Les hommes par
lesquels ces métiers sont exercés sont en général
des gens fort paisibles et fort honnêtes, mais
peu en état de se mêler de politique. La police les
réunit et les fit défiler en grande pompe devant
le château des Tuileries. Ce n'est pas que le ministre Fouché eût la moindre intention de remuer
les masses populaires et de les intéresser à l'indé-

pendance de la France : le noble duc avait reçu de son auguste maître l'ordre de faire peur aux aristocrates.

Dans l'invasion qui avait eu lieu pendant les années de 1813 et de 1814, les souverains alliés et leurs armées avaient généralement distingué, au moins à Paris, les passions du gouvernement impérial, et les vœux que faisait la France. Les officiers prussiens, dont la plupart étaient des jeunes étudiants qui avaient suspendu leurs études pour défendre l'indépendance de leur pays, étaient enthousiastes de la liberté, et souhaitaient celle de la France presque autant que celle de leur pays, persuadés que, sur le continent, une nation ne pouvait pas être libre seule. Ces sentiments étaient descendus jusque dans les derniers rangs de l'armée : nous avions vu dans Paris de vieux soldats allemands aller prendre la main de Français, et leur dire en la serrant fortement : *Nous, bons amis ; Napoléon, non.* Mais lorsque l'armée française eut ramené Bonaparte aux Tuileries, toute la haine qui fermentait contre lui dans le sein des nations étrangères s'étendit sur la France. La guerre n'eut plus pour objet le renversement d'un ambitieux despote et la chute de son gouvernement; elle fut dirigée contre la nation qui paraissait se constituer volontairement l'instrument de ses projets; elle fut commencée et suivie dans le dessein de la vaincre elle-même et de l'humilier. La défaite et l'affaiblissement de la France parurent alors aux peuples et aux gouvernements étrangers des conditions de leur indépendance et de leur sécurité. Le ministre anglais Castlereagh, qui avait succédé à la haine que Pitt portait à la nation française, et qui pensait comme lui que l'Angleterre ne pouvait être grande que par la servitude et l'avilissement des autres peuples, envenima ces passions, et en devint le directeur.

L'existence de la France se trouva ainsi compromise pour l'intérêt d'un individu qui lui avait enlevé toutes les institutions populaires acquises par la révolution, et qui lui avait rendu presqu'autant de priviléges que l'assemblée constituante en avait détruit. Au milieu de tant de dangers, un moyen de salut se présenta; ce fut la chambre des représentants, soutenue par la garde nationale parisienne. Cette chambre, quoique formée par les colléges électoraux de l'empire, fut généralement composée de citoyens dévoués à leur pays. On y trouvait quelques hommes serviles et

quelques anciens terroristes ; mais ils s'y trouvaient
en si petit nombre et y jouissaient de si peu de
considération, qu'ils y étaient presque inaperçus.
Dès ses premières séances, cette assemblée manifesta l'intention d'accomplir le vœu de la France
en lui donnant une constitution. Cette intention
et l'indépendance dont elle fit preuve, rallièrent
autour d'elle l'opinion publique.

Bonaparte, en pénétrant dans l'intérieur de la
France, avait réussi à persuader à la population
que son entreprise avait été formée de concert
avec l'Autriche. Il donna de la consistance à ce
mensonge en ayant l'air de faire des préparatifs pour
la réception de la fille de l'empereur François, qu'on
allait lui envoyer incessamment avec son fils. La vérité ne tarda pas à se manifester ; il devint évident
que la France allait avoir à soutenir une guerre
bien plus redoutable que celle qu'elle avait soutenue au commencement de la révolution. Dans
celle-ci, les cours étrangères n'étaient point d'accord ; les princes qui voulaient la guerre n'étaient
pas secondés par les vœux de leurs peuples, et
l'enthousiasme de l'indépendance et de la liberté
donnait à la France une énergie capable de vaincre tous les obstacles. Maintenant les rôles étaient

changés : les cours étaient unies, et leurs peuples marchaient d'accord avec elles; toutes les passions violentes et énergiques étaient de leur côté ; en France, on se battait pour l'intérêt d'un homme et de sa cour , et pour rester l'ignoble possession de sa famille. Il n'était pas difficile de prévoir de quel côté serait la victoire.

La situation périlleuse au milieu de laquelle Bonaparte se trouvait , et l'esprit public qui avait commencé à se réveiller , l'obligèrent à des ménagements envers la liberté. Il essaya d'abord, pour l'étouffer, ses moyens ordinaires de corruption ou de crainte; il chargea son ministre Fouché de cette partie délicate de l'administration impériale. Ce ministre, en sa triple qualité d'ancien terroriste , de nouveau duc et d'homme de police , lui parut éminemment propre à séduire les hommes de toutes les opinions. Il le tenta et ne réussit point. Dès ce moment , il prévit la chute de la dynastie impériale; et comme il avait la vanité de se croire un homme nécessaire , il se mit en rapport avec des gens de tous les partis, et leur promit tour-à-tour de les seconder , persuadé que celui qui resterait vainqueur ne pourrait faire moins que de le prendre pour ministre.

Fouché s'était mis en rapport avec des hommes de toutes les opinions, pour avoir la confiance et le secret de tous, si cela était possible. Il se mit aussi en rapport avec les chefs de l'armée anglaise, persuadé que si la victoire restait à l'Angleterre, ce serait elle qui donnerait un gouvernement à la France. Il ne put si bien déguiser ses manœuvres, que personne ne s'en aperçût, soit dans la chambre des représentans, soit dans le conseil-d'état. Un des membres de ce conseil, distingué par de vastes connaissances, eut le courage d'exposer au chef du gouvernement les perfidies de son ministre, et de lui en donner des preuves assez claires pour ne laisser aucun doute dans son esprit. Bonaparte fut convaincu ; mais il fut embarrassé pour trouver un homme dévoué et incapable de céder à la corruption. On lui indiqua Thibaudeau ; le choix lui plut ; mais il voulut prendre la nuit pour réfléchir. Le lendemain, sa résolution était changée : « Le renvoi de Fouché, dit-il, produirait un mauvais effet. Si je suis vaincu, tout est fini pour moi ; sa trahison ne saurait aggraver mon sort. Si je suis vainqueur, il sera temps de m'occuper de lui ; j'aurai assez de puissance pour le faire juger. » Les intérêts de la

France ne se présentèrent pas un instant à son esprit. Fouché resta donc au ministère et continua de correspondre avec les chefs de l'armée anglaise.

Bonaparte vit avec dépit que son *acte additionnel* aux constitutions de l'empire n'inspirait ni respect ni confiance, et que la chambre des représentants allait le remplacer par une constitution librement et publiquement discutée, et soumise à l'acceptation des citoyens. N'ayant plus la puissance de s'y opposer, il donna des conseils ; il invita les chambres à ne pas imiter les Grecs du bas-empire qui disputaient sur des dogmes pendant que l'ennemi était à leurs portes. Il ne voyait aucune différence entre un peuple ignorant et fanatique, se divisant et s'égorgeant pour des points d'une ténébreuse théologie, et une assemblée législative, fondant les institutions qui doivent rendre à un peuple la liberté dont on l'a dépouillé. Ayant donné son avis, il part, et va se mettre à la tête de l'armée. Vaincu, il se hâte de prendre la fuite, et laisse aux débris de son armée le soin de se rallier comme ils pourront.

Bonaparte arrive à Paris en même temps que la nouvelle du désastre de l'armée. Aussitôt, sa résolution est prise : dissoudre la chambre des re-

présentants qui peut l'entraver, rassembler autour
de sa personne les insensés ou les aveugles qui
voudront s'attacher à sa destinée, se retrancher de
ville en ville, ne reculer que devant la flamme et
le fer, et entraîner la nation dans sa ruine ou se
sauver par elle, telle est la dernière moisson de
gloire qu'il se propose de recueillir. N'ayant plus
d'armée, et ne pouvant compter pour l'exécution
de ses desseins sur la garde nationale, il ne peut
rien tenter à moins qu'il n'attache à son sort une
classe d'hommes plus susceptibles d'être égarés.

Ses desseins sont prévus par quelques membres
de la chambre des représentants presqu'aussitôt
que formés. Dans la séance du 21 juin, le général
La Fayette monte à la tribune, et prend la parole
en ces termes : « Lorsque, pour la première fois,
depuis bien des années, j'élève une voix que les
vieux amis de la liberté reconnaîtront encore, je
me sens appelé à vous parler des dangers de la
patrie, que vous seuls à présent avez le pouvoir
de sauver. Des bruits sinistres s'étaient répandus :
ils sont malheureusement confirmés. Voici le moment de nous rallier autour du vieux étendard
tricolore, celui de 89, celui de la liberté, de l'é-
galité et de l'ordre public; c'est celui-là seul que

nous avons à défendre contre les prétentions étrangères et contre les tentatives intérieures. Permettez, Messieurs, à un vétéran de cette cause sacrée
qui fut toujours étranger à l'esprit de faction,
de vous soumettre quelques résolutions préala-
bles, dont vous apercevrez, j'espère, la nécessité.»

La première résolution que propose le général
La Fayette est de déclarer que l'indépendance nationale est menacée. Par la seconde, il propose
que la chambre se déclare en permanence; que
toute tentative de la dissoudre soit mise au rang
des crimes de haute trahison; que tout individu
qui se rendrait coupable de cette tentative soit
déclaré traître à la patrie, et sur-le-champ jugé
comme tel. Afin d'appuyer ces résolutions d'une
force suffisante pour les faire respecter, le général La Fayette propose d'inviter le ministre de
l'intérieur (Carnot) à réunir l'état-major général,
les commandants et majors des légions de la garde
nationale parisienne, afin d'aviser au moyen de
lui donner des armes et de porter au plus grand
complet cette garde citoyenne, dont le patriotisme et le zèle éprouvés depuis vingt-six ans offrent une sûre garantie à la liberté, aux proprié-

29

tés, à la tranquillité de la capitale et à l'inviolabilité des représentants de la nation.

Dans le sein de la chambre, les projets de Bonaparte contre la représentation nationale n'étaient un mystère pour personne : aussi la proposition de se déclarer en permanence et de déclarer coupable du crime de haute trahison toute tentative de la dissoudre, fut-elle adoptée sans discussion. Il ne se trouva personne, même parmi les gens les plus dévoués au pouvoir, qui osât prétendre que cette déclaration était une atteinte à l'autorité que donnait au chef du gouvernement l'acte additionnel. Un membre ne dissimula point que les agents de Bonaparte cherchaient à soulever les classes ouvrières contre la chambre; il demanda que les chefs de la garde nationale fussent convoqués et qu'elle s'armât, «non pour éviter, dit-il, un danger personnel aux représentants, mais pour l'intérêt de la patrie... La gloire de périr aveuglément, ajouta-t-il, est commune ; elle n'existe point pour qui doit se conserver pour le salut de la patrie. »

Avant que de prendre aucune détermination relativement à la convocation de la garde nationale, la chambre des représentants décida qu'elle entendrait les ministres. Elle attendit pendant près d'une heure qu'ils se présentassent. Enfin, on les annonce et la chambre voit avec surprise à leur tête, l'homme qui, par l'impudence de ses calomnies, a fait disperser la représentation nationale à coups de baïonnettes, dans la journée du 19 brumaire, et qui depuis est allé se faire baptiser par le pape prince *Canino*. Cet homme monte audacieusement à la tribune : il se dit commissaire extraordinaire de son auguste frère, et, pour preuve qu'il ne ment pas, il fait voir son brevet. Il demande un comité secret qu'on lui accorde. Sûr alors qu'il ne sera pas entendu par le public, et que, s'il reçoit des démentis, ils ne seront pas rapportés par les journaux, il prend la parole. Il parle des bienfaits éclatants répandus sur la France par les exploits de son frère, et, pour le moment, il consent à ne pas parler des siens. Il dit que les Français, après l'avoir accueilli, ne peuvent l'abandonner, *sans donner à l'univers une preuve d'ingratitude, de lâcheté et de légèreté.*

« Vous calomniez les Français, répond La Fayette. Trois millions de leurs enfants égorgés pour satisfaire l'ambition de votre frère sont plus que suffisants pour les laver du reproche d'ingratitude. Nos armées ont donné de leur courage des preuves trop éclatantes pour avoir à craindre d'être accusées de lâcheté. Après avoir parcouru presque tous les états de l'Europe et une partie de l'Afrique, elles ont moins à craindre d'être accusées de légèreté que d'une constance qui va jusqu'à la folie. » Cette vive apostrophe coupe la voix à l'orateur ; et, cette fois, n'ayant point de grenadiers à la porte pour faire une charge contre la représentation nationale, il demeure interdit. Les ministres prononcent quelques phrases en faveur de Bonaparte ; mais elles font si peu d'effet qu'un membre de la chambre propose la déchéance. Aucune résolution n'est prise sur cette proposition. La chambre nomme une commission pour lui faire un rapport sur l'état de la France, conjointement avec les ministres et une commission de la chambre des pairs. Elle s'ajourne au lendemain.

Les dangers auxquels se voyaient exposés Bonaparte et sa cour, et, d'un autre côté, l'attitude ferme que venait de prendre la chambre des représentants, ne pouvaient manquer d'agiter fortement l'opinion publique. D'une part, Bonaparte, ses frères et ses courtisans devaient chercher à rallier autour d'eux tous les hommes qui avaient échappé à la fureur des combats, tous les ambitieux qui n'avaient de l'avancement à espérer que dans la durée du régime impérial, et enfin tous les hommes trompés ou corrompus, qui croyaient ou faisaient semblant de croire que ce gouvernement était nécessaire à l'indépendance et à la prospérité de la nation. D'un autre côté, tous les hommes sincèrement dévoués aux intérêts de leur pays, tous les amis éclairés de la liberté devaient s'unir entre eux pour empêcher le triomphe d'une faction avide, disposée à compromettre la nation pour conserver le pouvoir qui lui échappait.

Au milieu de ces circonstances critiques, la garde nationale parisienne se présenta, et sa conduite ferme et énergique déjoua des complots dont le résultat infaillible devait être la ruine complète de la France. M. Benjamin Delessert, chef de la troisième légion, avait donné sa démission, après avoir été appelé à la chambre des représentants. La cumulation de plusieurs fonctions publiques lui répugnait. Il était persuadé d'ailleurs que les fonctions de législateur étaient peu compatibles avec le commandement de la force armée. Aussitôt qu'il vit les dangers qui menaçaient la France, il retira sa démission et reprit le commandement,

Instruit par M. Billing du désastre de Waterloo, et de la nécessité de prendre des mesures pour le salut public, il se rendit à la chambre pour s'assurer de l'exactitude des faits. Ayant entendu et secondé les propositions faites par le général La Fayette, il revint au chef-lieu de sa légion, où il arriva vers midi. Là, il se concerta avec le major, M. Billing, sur les mesures que commandait le salut public. Déjà M. Billing avait invité plusieurs capitaines à préparer la formation de piquets destinés à se porter partout où le maintien de l'ordre pourrait exiger la présence de la garde nationale. Immédiatement après qu'il se fut entendu avec M. Benjamin Delessert, il envoya de nouveaux ordres aux capitaines pour augmenter les piquets déjà commandés et pour en hâter le rassemblement. Il se rendit, en uniforme et accompagné de deux adjudants, à la chambre des représentants ; il offrit à la commission d'administration et ensuite au président les services de la troisième légion. L'offre étant acceptée, il envoya aussitôt par un des deux adjudants l'ordre de faire avancer deux cents hommes, qu'il plaça en bataille devant le pont de la Concorde. Il fit arriver ensuite un détachement de pareille force, qu'il employa à fortifier le premier; des cartouches leur furent distribuées. Persuadé que la chambre des représentants prolongerait sa séance jusque dans la nuit, et craignant que quatre cents hommes ne fussent pas suffisants pour la garantir d'un attentat contre sa sûreté, M. Billing convoqua tous les hommes de sa légion, qui n'avaient pas été commandés, et dont le nombre s'élevait à six cents; ils les réunit, à sept heures du soir, auprès du palais du corps législatif. Là, il apprit que la chambre avait suspendu sa séance et qu'elle ne se rassemblerait que le lendemain à huit heures du matin. Les membres de la commission d'administration l'invitèrent à ramener la légion pour lui laisser prendre du repos, et à la reconduire le lendemain de bonne heure. En prenant ces mesures, sans aucun ordre du gouvernement, le major en avait assumé sur lui toute la responsabilité. M. Benjamin Delessert, son supérieur dans l'ordre du commandement, voulut que la responsabilité s'étendît sur lui-même; il approuva, comme chef de légion, les mesures de son major, et se chargea du commandement.

Avant que de ramener la légion dans son arrondissement, M. Billing réunit tous les officiers en cercle; il leur communiqua les remercîments que faisait la chambre à la légion, par l'organe de son président, et il leur annonça en même temps que M. Benjamin Delessert avait retiré sa démission. La certitude d'être dirigés par un chef incapable de céder à aucune considération autre que celle de l'intérêt public, inspira aux officiers et aux soldats de la légion un nouveau zèle, et lorsque le major les invita à se rendre à leur poste, tous promirent de s'y trouver.

Les puissances alliées avaient annoncé que jamais elles ne traiteraient avec Bonaparte. Cette déclaration mettait la France dans l'alternative de soutenir une guerre d'extermination contre toutes les puissances européennes, ou de renverser Bonaparte du trône. La chambre des représentants comprit cette position, et dès ce moment sa résolution fut prise. Les commissions qui avaient été nommées dans la journée du 21 se réunirent pendant la nuit avec les ministres. Le lendemain, elles firent leur rapport à la chambre des représentants à la reprise de la séance. Elles reconnurent, à la majorité de seize contre cinq (les cinq ministres), que le salut de la France exigeait que Bonaparte consentît à ce que les deux chambres nommassent une commission qui serait chargée de négocier directement avec les puissances coalisées, aux conditions de respecter l'indépendance nationale et l'intégrité du territoire, le droit qu'à tout peuple de se donner la constitution qu'il juge à propos; mais elles pensèrent en même temps qu'il convenait d'appuyer ces négociations par le prompt développement de toutes les forces nationales. Ces propositions ne parurent pas suffisantes à la chambre; plusieurs membres donnèrent à entendre et quelques-uns déclarèrent positivement que le premier moyen de salut était que Bonaparte abdiquât le pouvoir, ou que la chambre prononçât sa déchéance s'il refusait. La majorité parut disposée à adopter cette résolution, et la nouvelle en fut portée à Bonaparte.

Dans la nuit qui précéda cette journée, le major de la troisième légion avait fait commander pour le lendemain quarante hommes par compagnie, ce qui devait lui fournir une force de huit cents hommes. Il en destinait cent quarante à former une réserve au chef-lieu de la légion; le surplus devait se porter auprès de la chambre des représentants pour lui servir de garde extraordinaire, et, au besoin, pour appuyer l'exécution de ses résolutions. Le lendemain, dès sept heures du matin, le major s'était porté en effet avec quatre cents hommes auprès de la chambre. Dès que les représentants avaient été réunis, il était allé se concerter avec la commission d'administration sur les moyens de donner aux représentants, en cas de besoin, l'appui de la garde nationale tout entière.

Bonaparte apprit ces dispositions en même temps qu'on lui annonça que, s'il n'envoyait pas sa démission à la chambre des représentants, elle allait elle-même le dépouiller de son autorité. N'ayant auprès de lui aucune force suffisante pour vaincre celle qui protégeait les représentants, il chercha à gagner du temps pour réunir autour de lui les hommes qu'il croyait lui être dévoués. Sur l'avis de ses conseillers, il envoya un messager à la chambre pour lui annoncer que, *dans trois heures*, il prendrait une résolution qui pourrait la satisfaire. Le petit nombre d'individus dont la fortune dépendait de la sienne, ne demandait pas un plus long délai pour rassembler un nombre d'hommes dévoués suffisant pour vaincre toutes les résistances. Déjà, en effet, il s'était formé, au Palais-Royal, dans l'ancienne salle Montansier, qu'on avait convertie en café, un club d'hommes énergiques capables de se porter aux résolutions les plus extrêmes. On y mettait en délibération les moyens les plus propres à maintenir Bonaparte sur le trône ; on y chantait des chansons capables d'exalter les imaginations ; et, tandis que ces choses se passaient au Palais-Royal, d'autres agents parcouraient divers quartiers de Paris, et particulièrement les faubourgs ; ils distribuaient de l'argent aux individus qu'ils croyaient disposés à les servir ; ils dirigeaient les uns vers les Champs-Élysées, autour du palais qu'occupait Bonaparte, et les autres au club de la salle Montansier.

Au moment où le message par lequel Bonaparte demandait un délai de trois heures pour se décider parvint à la chambre, les rassemblements commençaient à devenir inquiétants pour la sûreté de ses délibérations. Un de ses membres, Duchène de Grenoble, lui proposa de demander l'abdication, ou de prononcer la déchéance si l'abdication n'était pas accordée. Un autre membre, le général Solignac, proposa de lui accorder une heure, afin que sa résolution ne parût pas lui avoir été arrachée. Un autre membre appuya cette proposition, afin, dit-il, que l'abdication eût une apparence de liberté. La chambre, en effet, accorde une heure à Bonaparte pour renoncer à l'empire, et au moment où le président prononce cette ré-solution, tous les regards se fixent sur l'horloge de la chambre, et semblent compter le nombre de minutes que durera encore l'ombre de la puis-sance impériale. Dans ces circonstances, on vient annoncer à l'adjudant commandant de la troisième légion, M. Gabriel Delessert, que le rassemble-ment du Palais-Royal s'accroît de moment en mo-ment, et que, si on ne se hâte pas de le prévenir, il pourra devenir redoutable. Aussitôt, l'adjudant commandant détache cent vingt hommes de la garde de la chambre, et leur donne l'ordre d'al-ler disperser l'attroupement. La nouvelle en est sur-le-champ portée à M. Billing, qui, dans ce moment, était en délibération avec les membres de la commission d'administration. M. Billing craint que les troupes qui restent ne soient trop faibles pour résister à une première attaque. Il envoie de suite à son adjudant-major l'ordre de ramener les cent vingt hommes, et de les rempla-cer par un nombre semblable de gardes nationaux pris dans la légion stationnée sur la place des Pe-tits-Pères. Ces ordres sont exécutés.

Bonaparte avait placé la garde nationale parisienne sous l'autorité du comte Durosnel, son aide-de-camp, qu'il croyait aveuglément dévoué à ses intérêts. Les officiers de la troisième légion avaient donc à craindre de recevoir de lui des ordres propres à paralyser leur zèle et à favoriser les desseins de Bonaparte. M. Billing communiqua ses craintes à un des vice-présidents de la chambre, M. Bedoch, qui remplissait dans ce moment les fonctions de président. M. Bedoch lui donna sur-le-champ un ordre écrit et signé de lui, par lequel il était prescrit au commandant de la garde nationale de service à la chambre d'y rester avec sa troupe. Cet ordre, rédigé à la hâte, était obscurément conçu : il ne désignait pas d'une manière spéciale quel était le commandant auquel il était adressé, et comme il s'agissait ici d'un service volontaire et spontané, personne ne voulait s'attribuer l'honneur du commandement. M. Billing offrit l'ordre à l'adjudant commandant; mais celui-ci pensa que l'ordre s'adressait à un officier d'un grade plus élevé. Le major le présenta alors au commandant de la première légion, M. de Choiseul-Praslin, membre de la chambre des représentants. M. de Choiseul insista pour que M. Billing le gardât. L'ordre fut reporté au président de l'assemblée, qui, sur la demande du major, indiqua qu'il s'adressait à la troisième légion, et qu'il s'appliquait à tous les hommes de la garde nationale qui étaient assemblés autour de la chambre. Dès ce moment, M. Gabriel Delessert se trouva investi du commandement.

La fermeté de la chambre et de la garde nationale imposèrent à Bonaparte. Il se résigna à se démettre d'un empire qu'il ne possédait plus que de nom. Son abdication parvint à la chambre avant l'expiration du délai qu'elle lui avait accordé. Il fallut alors s'occuper de la formation d'une commission de gouvernement provisoire. Les regards se dirigèrent d'abord sur quelques hommes connus par leur dévouement à la cause de la patrie et de la liberté. On désignait La Fayette, d'Argenson, et quelques autres dont la conduite et les opinions pouvaient avoir avec les leurs le plus d'analogie. Fouché eut l'art de faire écarter ces choix. La majorité de la chambre des représentants tenait fortement à la liberté et à l'indépendance de la France; mais en même temps elle avait de fortes préventions contre la famille des Bourbons. Fouché mit habilement à profit cette dernière disposition pour faire réussir la négociation qu'il avait entreprise

avec le ministère anglais en faveur de la restauration. Il représenta aux membres des deux chambres que les hommes sur lesquels ils avaient jeté
les yeux n'avaient jamais compromis leur conscience en faveur d'aucune cause; que, purs de
toute violence, ils pouvaient se croire en sûreté sous tous les régimes, et que par conséquent il n'y aurait point de sûreté à se fier
à eux. Fouché ajoutait que, pour n'avoir point
à craindre le rappel de Louis XVIII, il fallait mettre à la tête du gouvernement des personnes dont les services ne pouvaient être ni
offerts, ni acceptés, de bons et francs régicides,
des hommes qui avaient trempé les mains dans le
sang d'un Bourbon, et qui n'avaient jamais été
avares du sang des aristocrates; lui, par exemple,
et quelques membres du comité de salut public,
s'il en existait encore.

Ces discours eurent un plein succès. Les membres du gouvernement provisoire, au nombre de
cinq, furent nommés : la chambre des représentants en nomma trois, et la chambre des pairs
deux. Sur ce nombre, trois avaient voté la mort
de Louis XVI, et le quatrième était considéré
comme ayant participé à la mort du duc d'En-
ghien. Fouché fut nommé président du gouverne-

ment provisoire. Ici nous observons la même politique que nous avons remarquée à la formation du directoire. On cherche des garanties contre un événement qu'on veut éviter, non dans l'intégrité des hommes, non dans leur bonne foi, dans leur fidélité à leurs promesses, dans leur inviolable attachement à des principes connus; mais dans l'exécution de leur part de faits qu'on trouve souvent condamnables. On veut ce qu'on appelle des hommes *compromis*, et il n'est par rare de voir des gouvernements qui tiennent pour suspects tous ceux de leurs serviteurs qui refusent de se *compromettre*, c'est-à-dire, de se déshonorer en faveur de leur cause. Cette politique a été imaginée par les êtres les plus vils dans l'espèce humaine, parce qu'elle doit avoir pour effet de concentrer le pouvoir dans leurs mains; mais elle est encore loin d'être bien jugée par le vulgaire des hommes.

Si Bonaparte avait refusé d'abdiquer, la chambre des représentants aurait prononcé sa déchéance, et elle eût été probablement obligée de s'assurer de sa personne, pour que sa résolution ne restât point sans effet. Bonaparte lui envoya donc son abdication; car c'était le seul moyen qu'il avait de rester libre, et de ne pas compromettre sa personne. Mais si sa qualité d'empereur lui interdisait de se compromettre, elle était pour lui une forte raison de compromettre les autres dans son intérêt personnel. Il continua donc de faire assembler aux Champs-Élysées autour de son palais de nombreux attroupements d'ouvriers, de soldats, et d'officiers que la restauration avait mis à la demi-solde. Il se montrait à eux, et quoique déchu, il se faisait voir avec ses graces impériales. Un de ses courtisans et le prince Canino haranguaient ensuite la multitude; ils déploraient la perte immense que la France venait de faire par l'abdication de l'auguste monarque, et ils invitaient leurs auditeurs à ne pas permettre que la patrie fût privée de ses grands talents et de ses immenses services.

Bonaparte pouvait être brave sur un champ de bataille, parce qu'il avait les habitudes de la guerre; le courage militaire est d'ailleurs une qualité si commune en France, qu'un soldat ou un général qui en manque peut passer parmi nous pour une curiosité. Mais si, comme soldat, Bonaparte avait de la bravoure, il était, comme citoyen, un des hommes les plus lâches de la France. Une assemblée qui délibérait en public le jetait dans des transes mortelles. Sa tendance invincible vers le despotisme fut encore moins un effet de son

amour pour le pouvoir qu'un effet de la crainte
que lui inspiraient toutes les institutions libres. Une
municipalité librement élue lui eût paru très-dange-
reuse pour son empire; un journal dont les feuilles
n'auraient pas été soumises à la censure l'aurait
fait trembler. Il fallait, pour qu'il n'eût pas peur,
que tout en France fût soumis aux réglements militaires depuis les écoliers jusqu'aux législateurs,
depuis ses agents de police jusqu'à ses préfets. Ses
sentiments de peur s'étaient manifestés dans de
nombreuses circonstances, mais particulièrement
depuis qu'ayant laissé toute son armée à Waterloo,
il s'était trouvé sans soldats en face d'une assemblée représentative. Cet homme qui, de sa propre
autorité, avait si audacieusement envahi les Tuileries, lorsque, par le secours de l'armée, il se fut
créé premier consul, devenu empereur, n'osa
pas y rentrer quand il n'eut plus d'armée. Les
craintes qu'il manifesta dans cette circonstance
refroidirent beaucoup d'hommes qui étaient disposés à se dévouer pour lui. Lorsqu'il eut abdiqué,
on continua d'aller aux Champs-Élysées pour le
voir ou pour entendre pérorer son frère, plus par
curiosité que par intérêt. On avait vu les acteurs
en grand costume au Champ-de-Mars peu de

temps auparavant; on allait les voir aux Champs-
Élysées jouant leur dernière scène et prenant
congé du public. Mais parmi la multitude des curieux, il se trouvait des hommes désespérés, disposés à tout tenter pour soutenir le régime qui tom-
bait.

Cependant, le soir du 22, le bruit se répandit
que, dans la nuit, ce qui restait de troupes de ligne
et des ouvriers qu'on désignait sous le nom de fédérés, devaient tenter un mouvement. Vers les
sept heures du soir, le major de la troisième légion, et MM. Bary et Odiot, majors de la première
et de la deuxième, se rendirent à la commission
d'administration de la chambre des représentants.
Des officiers et des sous-officiers de la troisième
légion qui pensaient probablement que tous les
hommes qu'ils avaient vus dans divers rassemblements étaient dévoués à Bonaparte, s'y rendirent
et y firent des rapports très-alarmants pour les
amis de la sûreté publique. Ces rapports furent
confirmés par une foule de personnes qui n'avaient
entre elles aucune relation; et à mesure qu'ils
étaient faits, la plupart des chefs et majors des légions, M. Tourton, qui avait remplacé dans le
commandement M. Gabriel Delessert, et plusieurs

officiers de l'état-major de la garde nationale, se rendaient au sein de la commission pour se concerter avec elle sur les mesures que commandait la sûreté publique.

La nuit approchait et l'on pouvait craindre que le temps nécessaire pour prendre des mesures de sûreté ne fût perdu en délibérations. Le major de la troisième légion prit sur-le-champ une résolution ferme et qui devait être décisive. Pendant que la commission délibérait, il partit pour se rendre dans le chef-lieu de sa légion. En traversant le Palais-Royal, il le trouva encombré d'une multitude de groupes qui vociféraient le cri de *vive l'empereur*. Le club de la salle Montansier poussait des vociférations semblables qu'on entendait du milieu du jardin. Ces cris étaient des appels à la sédition, puisqu'il n'existait plus d'empereur. Cependant, les nombreuses patrouilles de la garde nationale ne pouvaient pas les empêcher ; elles commençaient même à craindre de n'être pas assez fortes pour prévenir des troubles plus graves. Après avoir été témoin de ces désordres, M. Billing arriva à l'état-major de sa légion, sur les neuf heures : il y trouva peu d'hommes de réserve ; les adjudants étaient absents. Sans demander des in-

structions ou des ordres à l'état-major-général,
dont tous les membres n'inspiraient pas une entière confiance, il donna par écrit, en sa qualité
de commandant temporaire, l'ordre de battre le
rappel dans tous les quartiers du troisième arrondissement. En même temps, il fit distribuer par les
tambours à tous les officiers de la légion un ordre
signé de lui, pour qu'ils eussent à faire prendre sur-
le-champ les armes à leurs compagnies, et à les réunir
à la porte de leurs capitaines, où ils attendraient
de nouveaux ordres. En moins d'une demi-heure,
tous les hommes qui, pendant deux jours, avaient
veillé à la sûreté de la chambre des représentants,
furent réunis. Les compagnies furent dirigées dans
le plus grand ordre et en silence sur les points où
l'on crut qu'elles seraient le plus utiles.

Ces dispositions étant faites, M. Billing en rendit
compte à la commission d'administration de la
chambre des représentants. A onze heures du soir
cette commission lui fit annoncer par le maréchal-
de-camp, M. Tourton, que la tranquillité était
parfaitement rétablie. Les inquiétudes qu'on lui
avait inspirées étaient dissipées. La chambre avait
levé sa séance, et les ordres donnés par le général
Durosnel suffisaient à la sûreté de la chambre et

de son palais. Enfin, la commission engageait M. Billing à faire rentrer la légion, afin de ne pas la fatiguer.

Au moment où M. Billing se disposait à faire exécuter cet ordre, il reçut, à onze heures et demie, du chef de l'état-major de la garde nationale, M. Borrelli, une lettre, datée de dix heures et un quart, qui l'invitait à réunir sur-le-champ un détachement de deux cent cinquante hommes et de se porter sans délai sur la chambre des représentants. Quoique cette lettre renouvelât en partie les craintes qui avaient fait assembler la légion, M. Billing forma le détachement qui lui était demandé, l'envoya à la chambre, sous le commandement de M. Moreau, et congédia pour ce soir le reste de la légion. Le détachement de deux cent cinquante hommes avait été demandé dans un moment où la chambre crut sa sûreté menacée. L'officier qui l'avait appelé donna contre-ordre peu de temps après; mais le contre-ordre n'arriva que lorsque le détachement fut parti.

Parvenu auprès de la chambre des représentants, le capitaine Moreau fit ranger ses deux cent cinquante hommes en ordre de bataille; ensuite, il annonça son arrivée au général, sur l'ordre duquel il était venu. Quoique surpris que le contre-ordre qu'il avait envoyé ne fût pas arrivé à temps, cet officier ne crut point le détachement inutile. Il autorisa la plus grande partie des hommes dont il se composait à aller se reposer dans l'intérieur du palais où siégeait la chambre, et il fit placer un petit poste à la tête du pont du côté des Tuileries, pour prévenir toute surprise.

Lorsque la chambre des représentants s'était crue menacée, une partie de la garde nationale s'était présentée pour la soutenir ainsi qu'on vient de le voir. Presqu'en même temps, on avait tenté de la faire garder par de la troupe de ligne; mais elle ne voulut être gardée que par des citoyens. Elle demanda que tous les jours un bataillon de cinq cents hommes de garde nationale lui fût donné pour sa sûreté. On lui opposa d'abord quelques difficultés, mais elle finit par les obtenir; elle les conserva jusqu'au moment où l'armée anglaise ayant pris possession de Paris, elle fut dispersée.

Chaque légion devait fournir tous les jours environ soixante hommes pour garder les divers postes de la capitale. Mais à compter du 23 juin, les officiers reçurent ordre de commander seulement pour le poste de la mairie cent cinquante hommes, outre la garde de cinquante hommes fournie à la chambre des représentants. L'activité de la garde nationale devint telle qu'il y eut des légions qui mirent dans une seule journée jusqu'à huit cents hommes sur pied (1).

Bonaparte ayant été déchu du pouvoir et ayant vainement tenté de faire reconnaître son fils comme son successeur, il ne lui resta plus qu'à sortir de France. Parmi les hommes qui le suivaient dans son exil, il s'en trouva qui voulurent le faire échapper à la flotte anglaise, et qui lui offrirent le moyen de passer aux États-Unis. Ce projet, audacieusement conçu et préparé à travers beaucoup

(1) Le 3 juillet, la commission administrative de la chambre des représentants, composée de MM. Lefeuvre, Pénière, Gamon et de Pompières, écrivit au major de la troisième légion la lettre suivante :

« Monsieur le major ,

» M. Delessert nous a donné communication d'un rapport sur la conduite que vous avez tenue dans les journées des 21 et 22 du mois dernier, en vous rendant sur-le-champ, et d'après son invitation, avec de forts détachements de la 3me légion que vous commandez, au palais de la chambre des représentants.

» La commission administrative doit de justes éloges au zèle qui vous a porté à protéger et garantir par tous vos moyens la sûreté et l'indépendance de la représentation nationale, et au dévouement que tous les officiers, grenadiers et chasseurs de la 3me légion, sous vos ordres, ont déployé dans ces circonstances délicates. »

de périls, pouvait être aisément exécuté ; mais il fallait pour cela de la résolution et du courage. Bonaparte ne montra qu'hésitation ou faiblesse, et finit par aller demander un asile à lord Castlereagh. S'étant nommé lui-même commandant général de la garde nationale, il fallut le remplacer. Le 24 juin, la commission du gouvernement provisoire le remplaça par le *duc de Rivoli*, *prince d'Essling*. Le commandant en second, Durosnel, fut conservé (1).

La France était débarrassée de l'homme qui avait attiré sur son territoire tous les soldats de l'Europe; ils arrivaient la vengeance dans le cœur, et il s'agissait de les arrêter dans leur marche. La commission de gouvernement provisoire, sur la demande de la chambre des représentants, nomma des commissaires pour aller traiter de la paix et de l'indépendance de la France avec les puissances coalisées. Fouché choisit pour remplir cette mission MM. de La Fayette, d'Argenson, Sébastiani et Laforest, tous les quatre membres de la chambre des représentants. Pour motiver ce choix, il donna

(1) Bonaparte sortit de Paris le 28 juin, à 4 heures du soir. Fouché avait demandé pour lui un sauf-conduit à Wellington qui le refusa.

des raisons contraires à celles qu'il avait données
pour se faire élire lui-même. Il fallait, disait-il, présenter aux rois coalisés des hommes dont le caractère, la conduite et les principes fussent capables
de les rassurer. Son véritable but était d'écarter de la
chambre et de la partie de la France qui n'était
pas encore envahie, les hommes qu'il savait disposés
à exciter un mouvement national en faveur de l'indépendance. L'énergique résolution que le général
La Fayette avait fait prendre à la chambre dans la
séance du 21 juin, et l'offre qu'il venait de faire de ses
services soit dans la garde nationale soit dans toute
autre partie du gouvernement, faisaient craindre
à Fouché qu'il ne proposât des mesures propres à
repousser les ennemis; il était donc urgent de
l'éloigner.

Lorsque Fouché désigna à ses collègues du gouvernement provisoire les membres de la chambre
qu'il se proposait d'envoyer aux puissances, ils
lui manifestèrent des doutes sur leur acceptation.
Ils lui objectèrent que des hommes qui exerçaient
sur la chambre une influence si étendue, ne con-
sentiraient pas à s'en séparer dans des circonstances aussi critiques. MM. de La Fayette et d'Argenson ne voulaient pas en effet s'éloigner de Paris

dans un tel moment; mais leurs collègues leur représentèrent que s'ils n'acceptaient pas la mission qui leur était donnée, on les rendrait responsables de tous les événements de la guerre; cette considération les détermina. En apprenant leur acceptation, Fouché ne put pas cacher sa joie; il leur expédia sur-le-champ des passeports, et les dirigea sur Lille où il savait, disait-il, que se trouvaient les souverains alliés. Arrivés près de Lille, ils apprirent d'un général ennemi qu'ils avaient tenu une fausse route, et qu'ils devaient se rendre à Metz. Ils se dirigèrent en effet du côté de cette ville; mais il paraît que déjà les instructions de Fouché y étaient arrivées. Lorsqu'ils voulurent repartir, on leur suscita tant de difficultés qu'il leur fut impossible d'arriver à Paris avant que la capitulation eût été signée.

Le jour où les commissaires envoyés aux puissances furent nommés, le gouvernement provisoire chargea le maréchal prince d'Eckmühl, ministre de la guerre, de prendre toutes les dispositions relatives à la défense de Paris. Trois jours après, le 28 juin, une loi déclara la ville de Paris en état de siége, et décida que néanmoins les autorités civiles conserveraient leurs fonctions. La commission du gouvernement fut chargée de prendre, pendant l'état de siége, toutes les mesures pour garantir la sûreté des personnes et des propriétés, et la tranquillité de la capitale.

Les ennemis approchant de plus en plus de la capitale, la chambre des représentants envoya des commissaires aux armées qui étaient chargées de la défendre. Le général Mouton-Duvernet était un de ces commissaires; il trouva les soldats dans les meilleures dispositions; mais il fut surtout frappé de l'esprit qui animait la garde nationale parisienne. « J'ai vu sur les retranchements, disait-il dans son rapport à la chambre, de nombreux corps de la garde nationale de Paris, ils m'ont dit : nous avons fait ces retranchements; nous espérons bien qu'on nous accordera l'honneur de les défendre. Retournez à Paris: que les chefs de bataillon de la garde nationale nous envoient des hommes de bonne volonté; qu'on nous envoie des travailleurs; nous n'avons pas l'amour-propre de nous mouvoir en plaine aussi bien que la ligne; mais derrière les retranchements nous nous battrons aussi bien qu'elle. » La garde nationale parisienne faisait en effet le service avec un tel zèle que le nombre des hommes qui, dans le courant du mois de juin, avaient pris volontairement l'uniforme militaire, s'était élevé à 9,955.

Le 3o, une dépêche télégraphique annonça au gouvernement provisoire qu'un armistice avait été conclu près de Genève, entre le général qui commandait les troupes françaises et le général autrichien. Cet armistice fut communiqué par le ministre de la guerre au général anglais, en lui faisant la demande de cesser immédiatement toute hostilité, et de s'occuper aussi d'un armistice. Le ministre faisait observer à Wellington que les motifs de la guerre avaient cessé, puisque Bonaparte avait cessé de régner. Une lettre semblable fut adressée au général prussien, Blucher; mais l'un et l'autre n'en continuèrent pas moins leur marche.

Les royalistes qui étaient sortis de Paris, après le départ de Louis XVIII, avaient organisé leur parti dans l'intérieur de la ville, et l'avaient placé sous la direction du colonel Montgardé. Dans la nuit du 1er au 2 juillet, et au moment où les troupes de la coalition environnaient la capitale, le préfet de police, Réal, écrivit au commandant de la garde nationale qu'il était informé par une voie qui méritait confiance, que cette même nuit ou la nuit suivante les royalistes devaient tenter un mouvement d'insurrection, et qu'afin d'exécuter plus facilement leur projet, les chefs devaient avoir le mot d'ordre et se déguiser en gardes nationaux. Le commandant de la garde nationale fit inviter en conséquence les officiers supérieurs des légions à porter sur-le-champ leur réserve à cinq cents hommes, à doubler les patrouilles et à faire arrêter les individus qui leur paraîtraient suspects. Ces ordres arrivèrent aux légions à une heure et demie après minuit et furent exécutés sur-le-champ. De son côté, la préfecture de police donna des ordres pour faire surveiller les royalistes, et pour que des patrouilles de gendarmes pussent au besoin prêter main forte à la garde nationale.

La lettre par laquelle le maréchal-de-camp, chef de l'état-major, donnait ces ordres aux officiers des légions, annonçait que le mot d'ordre n'était pas changé. Cependant, il arriva dans ces circonstances un événement qui fit craindre une trahison, et manqua de faire éclater la guerre civile au milieu de Paris. Une patrouille de cinquante hommes, appartenant à la quatrième légion, et commandée par M. Bachelot de la Pilaye, sous-lieutenant, fut dirigée vers le marché des Innocents, avec ordre de visiter les divers postes situés sur son passage.

Arrivé à celui de la pointe Saint-Eustache, le sous-lieutenant fit avancer à l'ordre le maréchal-de-logis qui commandait ce poste composé de sept à huit hommes; le gendarme déclara un mot d'ordre et de ralliement entièrement faux. Le véritable était *Bayard*, *Besançon* : le faux *bouteille*, *bonheur*. Sur-le-champ, le chef de la patrouille range son monde vis-à-vis le poste; il y fait consigner les gendarmes jusqu'à ce qu'il soit de retour; il conduit le maréchal-des-logis à l'état-major de la quatrième légion, et de là à l'état-major général. Partout cette découverte excite la surprise et la crainte. Cependant, la journée se passe sans accident : un seul poste placé à l'extérieur répond au véritable mot d'ordre par le faux, et quelques coups de fusil sont échangés. L'insurrection royaliste annoncée par le préfet de police n'éclata point; Fouché avait trouvé le moyen de la rendre inutile.

Le 3 juillet, il fut décidé que Paris serait livré à l'armée anglaise et à l'armée prussienne. Il fut convenu qu'il y aurait une suspension d'armes entre les troupes anglaises, prussiennes et françaises; que le lendemain l'armée française commencerait à se mettre en marche pour se porter derrière la Loire; que l'évacuation totale de Paris

serait effectuée dans trois jours, et que son mouvement, pour se porter derrière la Loire, serait
terminé en huit jours ; qu'elle se retirerait avec
armes et bagages et qu'elle conserverait toutes ses
propriétés ; que le service intérieur de Paris conti-
nuerait à être fait par la garde nationale et par le
corps de gendarmerie municipale ; que les propriétés publiques et particulières seraient respec-
tées, et que nul ne serait poursuivi pour sa
conduite ou ses opinions politiques.

Le jour même où cette convention fut publiée,
les chambres prirent une résolution par laquelle
elles votèrent des remercîments aux divers corps
de l'armée, et mirent la cocarde, le drapeau et le
pavillon aux trois couleurs sous la sauve-garde
spéciale des armées, des gardes nationales et de
tous les citoyens. Un ordre du jour annonça en
même temps à la garde nationale l'armistice qui
venait d'être conclu et la reddition de Paris, et lui
rappela les devoirs qu'elle avait à remplir. Il l'invita à garantir de toute atteinte les personnes et les
propriétés, à empêcher tout rassemblement tumultueux, à faire taire toute espèce de cris qui pourraient exciter des dissensions, à ne laisser arborer

en aucun lieu, par qui que ce fût, d'autres couleurs que les couleurs nationales.

Le 5, la chambre des représentants, prévoyant que les troupes anglaises et prussiennes pourraient exécuter ou faire exécuter sa dissolution, crut qu'elle devait à elle-même, à la France et à l'Europe, une déclaration de ses principes. Elle commença par faire d'abord un appel solennel à la fidélité et au patriotisme de la garde nationale parisienne, chargée du dépôt de la représentation nationale. Elle proclama ensuite tous les principes qui doivent servir de règle au gouvernement d'un peuple libre, et protesta d'avance contre la violence de l'usurpation. La commission de gouvernement provisoire publia une proclamation pour rassurer les Français, et Fouché la rédigea avec assez d'astuce pour donner des espérances à tout le monde et pour tromper jusqu'à ses collègues (1).

(1) Le 5 juillet, Carnot, membre du gouvernement provisoire, écrivait aux préfets : Si le sort des batailles a dû faire remettre momentanément la capitale aux mains des ennemis, ils ont pris l'engagement *solennel* de respecter les personnes, les propriétés publiques et particulières, nos institutions, nos autorités, nos couleurs nationales. Carnot, qui avait une si grande capacité militaire, fut toujours la dupe des hommes qui voulurent se servir de lui.

31

Le 6, les chefs de onze légions, et les majors de la garde nationale déclarèrent, par un acte public, qu'ils tiendraient à honneur de conserver à jamais les couleurs nationales, qui ne pourraient, dirent-ils, être abandonnées sans danger. « Ils osent affirmer, ajoutaient-ils après avoir fait cette déclaration, que leur opinion individuelle est celle de la très-grande majorité de leurs frères d'armes ; en conséquence, ils ont l'honneur de prier M. le maréchal de mettre cette déclaration sous les yeux des membres de la commission de gouvernement, et de les inviter à lui faire donner la plus grande publicité, afin de prévenir les désordres qui pourraient résulter de toute incertitude à cet égard. »

Les noms des chefs des onze légions furent les suivants : je les donne dans l'ordre de numéro de chacune d'elles : Choiseul-Praslin, L. de Girardin, B: Delessert, Jaubert, Patinet, Senepart, Guiton, Richard-Lenoir, A. Charmet, Acloque aîné, Salleron. Le chef de la dixième légion, le marquis de Boisgelin, fut le seul qui refusa de signer.

Les majors furent : Barry, Odiot, Sig. D. Billing, Gentil, Laugier, Tarbé, Delarue, Debrioude, A. Fain, Roard. Les deux majors dont la déclaration ne porte point la signature sont ceux de la cinquième et de la dixième légion. La déclaration fut signée par les adjudants-commandants, Gabriel Delessert et Gilbert des Voisins, et par les capitaines-adjoints Félix de Varange, Bernard et Guilhaume (1).

L'armée anglaise et l'armée prussienne, animées par des sentiments de haine et de vengeance, allaient prendre possession de Paris, et l'on ignorait encore quelles étaient leurs dispositions relativement au gouvernement. Fouché avait si bien joué son rôle qu'il avait trompé jusqu'à ses collègues. Le général prussien, Blucher, partageait la haine profonde que portait sa nation à Bonaparte, et il ne cachait pas que, si ce chef de l'empire était tombé dans ses mains, il se serait donné le plaisir de le faire pendre; du reste, il se mêlait fort peu de politique, et se mettait peu en peine de savoir qui régnerait sur les Français. Le chef de l'armée anglaise ne voyait pas arriver avec la même indifférence les événements qui allaient se passer en

(1) La déclaration des chefs de légion et des majors fut portée à Louis XVIII, à Saint-Denis, par une commission de trois membres, au nombre desquels était M. L. de Girardin. Le roi répondit qu'il aurait pu adopter la cocarde tricolore après la première restauration; mais qu'il ne le pouvait plus après qu'elle avait servi de signe de ralliement à l'usurpation.

31.

France. Il avait reçu ses instructions de Castlereagh, et comme elles étaient conformes à ses opinions particulières, il les suivait ponctuellement.
Dans ces circonstances, un membre de la chambre des représentants, inquiet du sort qui était
réservé à la France, se rendit chez le président du
gouvernement. On le fit arriver, à travers une
longue file d'appartements, dans un cabinet mystérieux, et éclairé par un demi-jour. Là, il trouva
le vieux jacobin, revêtu de son costume ducal,
chamarré de cordons, immobile sur son fauteuil,
grimaçant, avec sa figure de singe, un sourire en
face d'une Psyché, ayant sur son bureau un chapeau à plumes avec une large cocarde blanche, et
de l'autre côté, un peintre qui faisait son portrait
en miniature. Parmi les objets qu'avait stipulés cet
ancien compagnon de Couthon, pour prix de
ses services et pour gage de son alliance avec
l'ancien régime, était une jeune fille appartenant à une famille de l'ancienne aristocratie. Il se
disposait à lui causer une agréable surprise en
lui envoyant l'effigie de sa vieille figure; et tandis
que les ennemis de la France délibéraient sur les
moyens les plus sûrs de la mettre au pillage, le
duc faisait les préparatifs de ses noces. Après avoir

vu cette ridicule scène, il était peu nécessaire d'entrer dans des explications; le représentant, qui venait en demander, se retira non sans laisser échapper un sourire de mépris et de pitié qu'il lui fut impossible de réprimer.

Le lendemain, 7 juillet, pendant que la chambre des représentants délibérait sur un projet de constitution, son président reçut du président de la commission de gouvernement provisoire une lettre dont il donna lecture sur-le-champ. Cette lettre portait que les membres du gouvernement avaient dû croire que les souverains alliés n'étaient point unanimes sur le choix du prince qui devait régner en France; et que nos plénipotentiaires leur avaient donné la même assurance. « Cependant, ajoutait Fouché, les ministres et les généraux ont déclaré, hier, dans les conférences qu'ils ont eues avec le président de la commission, que tous les souverains s'étaient engagés à replacer Louis XVIII sur le trône, et qu'il doit faire, ce soir ou demain, son entrée dans la capitale. »

La même lettre annonçait aussi que les troupes étrangères venaient d'occuper les Tuileries, lieu où siégeait le gouvernement provisoire; que, les délibérations de ses membres n'étant plus libres, ils croyaient devoir se séparer; enfin, que le maréchal prince d'Essling et le préfet de la Seine avaient été chargés de veiller au maintien de l'ordre, de la sûreté et de la tranquillité publiques.

La garde nationale parisienne avait contenu, par sa vigilance et sa fermeté, une faction qui pouvait devenir d'autant plus terrible qu'elle était dans les convulsions de l'agonie. En donnant à la chambre des représentants une force à laquelle rien ne pouvait alors résister, elle lui avait fourni le moyen d'enlever à Bonaparte le reste de pouvoir ou d'influence qu'il possédait encore. Elle avait ainsi prévenu la guerre la plus terrible qu'un peuple ait jamais eu à soutenir; car les Anglais et les Prussiens ne demandaient alors qu'un prétexte pour se livrer au pillage et porter le fer et la flamme dans nos campagnes ou dans nos cités les plus florissantes. Les hommes désespérés qui avaient attaché leur existence à Bonaparte en auraient eux-mêmes donné l'exemple. Indignés que la France tout entière ne s'immolât point pour honorer les funérailles de leur maître, ils faisaient entendre de violentes menaces, et ils les auraient exécutées s'ils en avaient eu la puissance.

La garde nationale avait maintenant un rôle plus délicat et plus dangereux à remplir; des hommes irrités par une récente défaite, par les craintes qu'ils avaient éprouvées et par le sentiment même de leur faiblesse, allaient entrer en lutte contre d'autres hommes qu'ils considéraient comme leurs ennemis ou dont ils convoitaient les emplois. Ils allaient donner à leurs sentiments de vengeance ou de cupidité toutes les apparences du zèle et du dévouement en faveur du gouvernement restauré. Il ne se trouvait point parmi eux un homme qui eût perdu une seule goutte de sang pour empêcher Bonaparte de s'emparer du trône, et maintenant que les Anglais et les Prussiens avaient triomphé, ils allaient se présenter par milliers pour demander le prix de la victoire et le supplice des vaincus.

Des défenseurs de la cause royale, en sortant de Paris, après l'arrivée de Bonaparte, avaient engagé les amis qu'ils avaient laissés dans la capitale à se tenir tranquilles jusqu'à ce qu'on leur donnât le signal de se montrer. Le 6, aucun ordre ne leur avait encore été donné, et il eût été aussi dangereux qu'inutile de faire alors une levée de boucliers. Les classes ouvrières que le gouvernement impérial avait excitées, n'auraient pas vu paisiblement arborer la cocarde blanche, dans un moment surtout où la chambre des représentants et les chefs de la garde nationale se prononçaient pour la conservation de la cocarde tricolore. Les personnes qui avaient accompagné la famille royale dans sa retraite, étant sûres des bonnes dispositions des alliés, avaient d'ailleurs la certitude de rentrer bientôt dans Paris sans l'emploi de la violence. Il y aurait eu de leur part peu de prudence et de générosité à exciter un mouvement qui aurait compromis beaucoup de personnes sans utilité pour le gouvernement royal.

Mais ces considérations de prudence ne touchaient guère le vulgaire des royalistes. Ceux qui étaient dans l'intérieur de Paris étaient impatients d'aller faire leur cour à Saint-Denis, et de montrer un zèle qui désormais était sans danger, et qui pouvait ne pas être sans profit. Ceux qui avaient suivi le roi à Gand n'étaient pas moins impatients de rentrer dans Paris : ils brûlaient de signaler leur zèle en combattant l'usurpation qui n'était plus. Cette impatience de se signaler avait fait prendre la cocarde blanche à plusieurs habitants de Paris. On avait vu un officier de la garde nationale à cheval parcourir les rues aux cris de *vive le roi!* Dans la rue Saint-Martin, une malheureuse femme avait eu l'imprudence de lui répondre par le cri de *vive l'empereur;* il l'avait percée d'un coup d'épée, et s'était enfui, bride abattue, vers la barrière du faubourg du même nom.

Dans la soirée du 6, le poste de garde nationale qui était placé à la barrière du faubourg Saint-Denis, fut instruit qu'un rassemblement de royalistes, au nombre desquels se trouvaient beaucoup de gardes-du-corps, s'était formé entre Saint-Denis et Paris. Les hommes qui formaient ce rassemblement avaient le projet de forcer le passage de la barrière, d'entrer dans Paris au milieu de la nuit aux cris de *vive le roi!* et de faire main basse sur ce qui leur résisterait. Cette tentative, qui ne pouvait être d'aucune utilité pour la cause en faveur de laquelle elle était projetée, n'était pas sans danger pour ceux qui se proposaient de l'exécuter; car les tirailleurs des faubourgs étaient sur leurs gardes, et ils ne désiraient pas moins d'en venir aux mains que les gardes-du-corps. Dans tous les cas, elle eût été un commencement de guerre civile, et elle aurait bien pu se terminer par la ruine de Paris, étant formée en présence des armées étrangères.

L'officier de la garde nationale qui commandait
le poste de cette barrière, M. David, envoya un
de ses amis vers les hommes qui formaient l'attroupement, pour les inviter à se disperser ou du
moins à renoncer à l'exécution de leur dessein;
mais cette démarche fut vaine. Sur les neuf heures
du soir, le poste de garde nationale ferma la
barrière, de concert avec un piquet de troupes
anglaises qui en avait déjà pris possession; on
avait eu soin auparavant de laisser entrer les personnes qui s'étaient paisiblement présentées. Bientôt après, l'attroupement de royalistes se présenta;
il voulut entrer de force; le passage lui fut refusé;
toute la réserve fut placée derrière la barrière pour
en défendre l'entrée. Les royalistes irrités prodi-
guèrent alors des injures à la garde nationale; ils
menacèrent d'escalader les palissades et de se venger sur le poste de la résistance qu'il leur opposait. Enfin, les coups de pierres succédèrent aux
injures : un grenadier fut atteint sur la poitrine.

Dès le commencement de cette scène, l'officier
du poste envoya successivement plusieurs ordonnances à l'état-major de la garde nationale, pour
lui donner avis de la position où il se trouvait.
Le général Durosnel arriva vers le milieu de la
nuit, suivi de plusieurs piquets de gardes natio-

naux et d'une partie de la gendarmerie. Les choses changèrent alors de face ; les fougueux assaillants se retirèrent; les gardes nationaux et les gendarmes ouvrirent les barrières; ils se portèrent à la Chapelle, où ils ramassèrent une partie des individus qui, quelques heures auparavant, menaçaient de prendre Paris d'assaut. Ils en ramenèrent un assez grand nombre, et on observa qu'ils ne les traitaient pas poliment.

Le lendemain un grand nombre de personnes distinguées, brûlant de faire leur cour et craignant surtout de ne pas arriver les premiers, se présentèrent à la même barrière avec des cocardes blanches. Mais la garde nationale avait reçu la consigne de ne laisser sortir personne, et le peuple qui s'était assemblé près de la barrière menaçait de faire un mauvais parti à ceux qui portaient un signe encore proscrit. La garde nationale, qui ne portait que la cocarde tricolore, les protégea contre la fureur populaire : parmi les hommes qu'elle mit à l'abri de la violence on comptait MM. de Chabrol, préfet de la Seine ; de Crussoles ; le comte de Tocqueville, officier des gardes-du-corps, et de Prévaneux.

La chambre des représentants, en apprenant par

le ministère de Fouché, que l'armée étrangère s'était emparée des Tuileries, et que le gouvernement provisoire avait proposé sa propre dissolution, était restée fort calme. M. Manuel, après avoir dit qu'on devait s'attendre à ce qui arrivait, avait terminé son discours par cette phrase de Mirabeau : *Nous sommes ici par la volonté du peuple, nous n'en sortirons que par la force des baïonnettes.* Cette phrase avait été beaucoup applaudie; la chambre avait continué ses délibérations, et s'était ajournée pour le lendemain. Mais le lendemain Fouché avait fait occuper, dès la pointe du jour, toutes les avenues du palais où elle se réunissait, par la force armée (1). Le Moniteur publia l'article suivant qu'il lui avait envoyé la veille :

« La commission de gouvernement a fait connaître au roi, par l'organe de son président, qu'elle venait de se dissoudre.

« Les pairs et les représentants imposés par le dernier gouvernement ont reçu à cet égard une notification.

(1) La chambre des représentants se rendit chez son président. Elle signa une protestation, et nomma une commission pour la porter aux puissances alliées. M. de La Fayette la remit à M. Capo-d'Istria, qui voulut bien se charger de la leur faire parvenir.

« Les chambres sont dissoutes.

« Le roi entrera demain à Paris vers trois heures
après midi.

« S. M. descendra au château des Tuileries. »

Le même jour, deux ordonnances royales furent
publiées : l'une rétablissait dans leurs emplois les
fonctionnaires de l'ordre administratif et judiciaire,
et les commandants et officiers des gardes nationales qui avaient perdu leur place sous Bonaparte;
l'autre donnait au comte Dessoles le commandement de la garde nationale parisienne. Le même
jour, le nouveau commandant publia un ordre
du jour plein de modération, et on observa avec
quelque surprise qu'il ne faisait mention d'aucune
cocarde.

Le spectacle que présentait Paris après l'entrée
des troupes de la coalition avait quelque chose
d'effrayant. A la première invasion, dans laquelle
les Anglais ne purent prendre presqu'aucune part,
les princes et les armées de la coalition avaient
complètement séparé les intérêts de la France de
ceux du gouvernement impérial. Ils avaient déclaré à ce gouvernement une guerre à mort, et ils
n'avaient posé les armes que lorsqu'ils avaient été
parvenus à leur but; mais ils n'avaient manifesté

aucune intention d'humilier ou d'appauvrir la
France. Aussi, n'avaient-ils pris aucune mesure
pour se mettre en sûreté contre des mouvements
populaires; les princes eux-mêmes parcouraient
les rues ou fréquentaient les spectacles comme de
simples particuliers. Il n'était pas rare de rencontrer l'empereur de Russie allant faire des visites
dans un simple cabriolet, ou même à pied et sans
gardes. Mais à la seconde invasion les dispositions
étaient changées; les sentiments de haine et de
vengeance que les étrangers portaient à la nation
française les avaient rendus méfiants, et les avaient
obligés à prendre des mesures de sûreté. Des canons étaient braqués sur tous les points par où la
population aurait pu se réunir. Sur le Pont-Neuf,
deux pièces étoient placées du côté du Sud, de
manière à balayer la rue Dauphine; deux autres
pièces étaient braquées à l'extrémité du Nord et
enfilaient la rue de la Monnaie. Sur le Pont-
Royal, deux pièces étaient dirigées vers la rue du
Bac, et deux autres pièces sur le jardin ou sur le
château des Tuileries. Des dispositions semblables
avaient été prises sur les autres ponts, sur les
quais, sur les boulevards, sur les principaux carrefours. Les canonniers étaient toujours à leurs

pièces, mèche allumée, et disposés à mitrailler la population aux moindres apparences de mouvement. De nombreux détachements des régiments ennemis campaient sur les principales places publiques : la cour des Tuileries avait été transformée en un immense bivouac. Ces mesures n'étaient que le prélude des conditions humiliantes auxquelles la France allait être soumise. Les Prussiens se disposaient à faire sauter les ponts dont les noms rappelaient des victoires remportées sur eux, ou à détruire d'autres monuments dont l'existence leur semblait un affront. La masse de la population effrayée de ces préparatifs était morne et silencieuse. Ceux que leurs affaires appelaient hors de chez eux parcouraient les rues d'un pas rapide, et semblaient craindre de s'aborder.

Le 8 au matin, le nouveau commandant donné à la garde nationale publia un ordre du jour pour annoncer que Louis XVIII ordonnait de reprendre la cocarde blanche, et d'arrêter les individus qui paraîtraient avec d'autres signes. Cependant, S. M. voulait qu'on usât d'indulgence envers ceux qui, ayant renoncé à la cocarde tricolore, ne reprendraient pas de suite le nouveau signe d'union ; elle défendait à ses sujets d'user d'aucune violence

pour les y contraindre, ne voulant employer à cet
égard que l'autorité des magistrats. Cet ordre du
jour était précédé de quelques considérations générales sur les signes de ralliement. On y lisait que
ces signes dégénèrent et changent de signification,
comme les partis qui s'en emparent changent de
but et d'intérêt; que c'était ainsi qu'on avait profité,
pour égarer le soldat, de l'importance qu'il atta-
chait à un signe sous lequel si long-temps il avait
vaincu; que c'était à l'aide du même signe qu'une
ancienne faction, après avoir arraché à l'usurpateur
son sceptre de fer, s'en était emparée, et s'était
efforcée jusqu'au dernier instant de faire servir
l'armée à défendre, au lieu de la France, les opinions et les intérêts d'un parti, au risque de voir
les citoyens et l'armée ensevelis sous les débris de
la capitale.

Il y avait alors peu de nécessité d'avoir des
égards pour la chambre des représentants; elle
était dispersée, et il n'était pas à craindre qu'elle
se réunît de nouveau; on pouvait donc la traiter
sans ménagement. Mais il y avait, ce semble, sinon
peu de justice, au moins peu de politique, à désigner comme une *ancienne faction* les chefs de la
garde nationale et la garde nationale elle-même

presque tout entière. Si, pour conserver un signe de ralliement, *cette faction* courait le risque de voir les citoyens ensevelis sous les débris de la capitale, il faut convenir qu'elle prenait un assez mauvais moyen de pourvoir à sa propre sûreté et d'augmenter ses richesses. Cette attaque contre les principaux chefs de la garde nationale parisienne, parmi lesquels on comptait les hommes les plus notables de Paris, était d'autant plus maladroite que l'armée de ligne ne pouvait devenir dans ce moment une garde royale, et qu'on ne pouvait pas compter beaucoup sur les ouvriers des faubourgs pour garder les Tuileries. Il est vrai que l'ordre du jour était terminé par des compliments; on y disait que le roi comptait sur la prudence et la fermeté de la garde nationale; qu'il l'honorait et la chérissait comme un corps qui avait deux fois sauvé la capitale, et prévenu deux fois la guerre civile; mais les compliments qui sont précédés d'injures flattent toujours peu ceux qui en sont l'objet.

Cet ordre du jour fut à peine publié qu'on s'aperçut de l'énorme maladresse qu'on venait de commettre, en traitant d'*ancienne faction* la seule garde de Français sur laquelle on pouvait compter dans le moment. Aussitôt on publia un *ordre du*

32

jour supplémentaire pour réparer autant que possible la maladresse du premier. On déclara que les officiers de la garde nationale, qui devaient cesser leurs fonctions, en vertu de l'ordonnance de la veille, conserveraient leurs grades et leurs services comme adjoints et suppléants des anciens titulaires. On ajouta que le roi savait combien leur conduite avait été, *en général*, sage et louable dans les circonstances difficiles où s'était trouvée la capitale. On assura qu'il avait reçu avec bienveillance la déclaration de MM. les chefs et majors de légion *sur l'ancienne cocarde* : on ne parlait plus d'une ancienne faction; on ne voyait en eux que des hommes qui avaient donné des preuves nombreuses d'un patriotisme éclairé.

A trois heures après midi, Louis XVIII fit son entrée dans Paris. L'armée de ligne tout entière avait été renvoyée au-delà de la Loire; la garde nationale parisienne ne s'était point assemblée; il n'y avait par conséquent point de troupes pour former la haie sur son passage, comme à la première restauration. La douleur de voir Paris occupé par les soldats anglais et prussiens, et la crainte des dangers au milieu desquels on se voyait placé, tenaient les habitants de la capitale enfermés dans leurs maisons. La voiture royale était précédée d'une centaine d'hommes, en costume de gardes nationaux, qui s'étaient portés spontanément à Saint-Denis. Elle était environnée d'un détachement de gardes-du-corps et de quelques autres hommes à cheval : toute cette troupe était dans l'ivresse de la joie. La voiture allant à grands pas, les hommes qui la précédaient ou l'accompagnaient étaient obligés d'aller aussi vite qu'elle pour ne pas être dépassés. Couverts de sueur et de poussière, le visage enflammé par l'exaltation et la fatigue, poussant des cris de joie et courant en désordre, ces hommes présentaient un spectacle étrange au milieu d'une population muette.

Lorsque Louis XVIII fut parvenu aux Tuileries, le jardin ne tarda pas à se remplir d'une foule bizarrement composée. Dans l'exaltation où se trouvaient les esprits, on pouvait craindre qu'il ne s'y commît quelque désordre, et Fouché, devenu ministre, y avait envoyé toute sa légion de police. On y voyait en même temps des soldats et des officiers prussiens ayant la taille pincée comme de grosses fourmis ; des soldats anglais avec leurs habits rouges, leur démarche roide et leur face immobile ; des étrangers indifférents qui sem-

32.

blaient jouir de l'humiliation de la France; et au milieu de tout cela, quelques hommes à cocardes blanches, des femmes et de jeunes filles élégamment vêtues, faisant entendre le cri de *vive le roi!* et paraissant, par leur costume et leurs manières, appartenir à une classe distinguée. L'exaltation de la joie fait naître une idée : on propose de former des danses : les femmes se réunissent en rond; mais les hommes manquent ou se tiennent à l'écart. Aussitôt les dames s'avancent et vont les inviter : des mères de famille richement parées vont prendre hardiment des soldats anglais ou des agents de police, placent dans leurs mains les mains de leurs jeunes filles et les font danser en rond; d'autres prennent par le milieu du corps des soldats prussiens et les entraînent pour valser avec eux ; l'impossibilité de leur parler ne leur permet pas les explications. Les danses se renouvellent tous les jours et ne sont pas interrompues par l'explosion de la mine au moyen de laquelle les Prussiens tentent de faire sauter le pont d'Iéna. Dans le même temps, les soldats anglais dépouillent le Musée qu'ils ont envahi; les Autrichiens enlèvent les monuments qui rappellent leurs défaites; les ministres étrangers calculent les indemnités immenses que la France devra leur payer, et en attendant, ils se font livrer ses places fortes et ses derniers moyens de défense. Jours de honte et de deuil qu'un jour refuseront de croire les Français qui ne les auront pas vus (1) !

Dans ces circonstances, la garde nationale parisienne avait à remplir les devoirs les plus pénibles. Environ cent cinquante mille ennemis occupaient la capitale, et la plupart ne demandaient qu'un prétexte pour la piller et la mettre en cendres. Il fallait nourrir, loger et contenir cette multitude de soldats ; il fallait empêcher qu'ils n'en vinssent aux mains avec des hommes qu'ils cherchaient sans cesse à irriter. Les charges qui pesaient alors sur la capitale étaient insupportables. Dans le douzième arrondissement, le plus pauvre

(1) Parmi la multitude d'émissaires envoyés dans le jardin des Tuileries, il y en avait de deux polices au moins ; les uns appartenaient à la préfecture, les autres au ministère. Un individu habillé en bourgeois y fit entendre le cri de *vive l'empereur!* Un homme de la cour, M. de N...., descendit du château et lui passa son épée à travers le corps. En déshabillant l'individu, on se convainquit que c'était un gendarme déguisé que la police avait envoyé comme agent provocateur. Fouché, à qui la nouvelle en fut apportée, se mit fort en colère contre le préfet de police ; il prévoyait qu'il aurait bientôt un successeur. Au reste, la colère de Fouché n'était pas une preuve que ce n'était pas lui qui avait envoyé cet agent.

de tous, on avait logé de dix jusqu'à soixante cavaliers par maison. Le 10 juillet, il avait été mis au pillage ; et presque tous les habitants ayant pris la fuite, il était devenu désert. Le même jour, le commandant de la garde nationale écrivait au ministre des affaires étrangères que jamais le droit de conquête n'avait été porté si loin. Tandis qu'une partie de la population périssait de misère, les chevaux anglais et prussiens étaient nourris avec du pain et du blé (1).

Le 11, les violences continuèrent. Une fille fut tuée dans le premier arrondissement. Le septième était occupé par quinze mille Prussiens. Pendant la nuit ils se livrèrent aux derniers excès : des viols nombreux furent commis. Les officiers de la légion furent sur pied toute la nuit ; mais il leur fut impossible d'arrêter tous les désordres. En se retirant du douzième arrondissement pour se rendre à Versailles, la cavalerie prussienne se livra encore une fois au pillage (2).

La garde nationale n'avait pas seulement à pré-

(1) Le 23 juillet, le neuvième arrondissement avait logé 24 mille hommes ; il en avait nourri 48 mille.

(2) Les voleurs se déguisaient en soldats étrangers, croyant imposer ainsi à la garde nationale ; plusieurs furent arrêtés sous un costume étranger.

venir ou à réprimer les désordres des troupes
étrangères ; elle devait empêcher aussi les agressions
des ouvriers que le gouvernement précédent avait
armés en tirailleurs, et qui, par des imprudences,
pouvaient compromettre l'existence de la capitale.
Il fallut les désarmer, et cette opération n'exigea
pas moins de prudence que de fermeté ; elle dura
plusieurs jours. Dans la soirée du 17, un autre
genre de désordres se manifesta : les officiers de
la maison du roi se livrèrent à des actes d'agression envers des personnes qu'ils supposaient at-
tachées à Bonaparte. La garde nationale, particulièrement la sixième légion, fut obligée d'intervenir :
son autorité fut méconnue. Les agresseurs tournèrent leurs armes contre elle, et cinq à six gardes
nationaux furent blessés. Cependant elle parvint à
réprimer les perturbateurs ; quatre officiers de la
maison du roi furent envoyés à l'Abbaye. Mais,
quoique disposés à réprimer tous les désordres,
la plupart des gardes nationaux n'avaient pas pris
tous la cocarde blanche. Un des chefs de légion
proposa de casser tout officier et de suspendre
tout sous-officier qui se présenterait sans la porter. Un ordre fut expédié en conséquence à tous
les autres chefs, avec invitation d'en donner lec-

ture à l'ordre du jour. Peu de jours après la cocarde blanche fut imposée, par un ordre spécial,
même aux simples soldats.

Il serait difficile de concevoir comment, au milieu des factions et d'une formidable armée, qui
n'était soumise à aucune autorité française, la
garde nationale parvint à établir l'ordre et la confiance, si l'on ignorait comment elle procédait.
Aussitôt que les ennemis eurent pris possession
de Paris, les chefs et les majors de légion, et
quelques autres officiers supérieurs, s'assemblèrent tous les jours au nombre de trente à quarante. Dès que l'assemblée était formée, chacun
faisait son rapport de ce qui s'était passé la veille
ou pendant la nuit dans son arrondissement, et
l'on avisait ensuite aux moyens de prévenir ou de
réparer les désordres. Cette assemblée correspondait avec les chefs des armées étrangères, avec les
ministres, avec le préfet de police ; souvent on lui
renvoyait des mesures d'administration. Si les
officiers étrangers se plaignaient du prix que les res-
taurateurs leur faisaient payer leurs denrées, ce n'é-
tait pas au préfet ou au chef de la police qu'ils adres-
saient leurs plaintes, c'était aux officiers supérieurs
de la garde nationale. Ainsi, la force des choses avait

fait passer dans leurs mains une partie du gouvernement.

Les chefs de la garde nationale mirent dans leur conduite tant de prudence et tant de fermeté, et ils furent si bien secondés par les citoyens, qu'ils parvinrent à rétablir l'ordre; et, ce qui est plus, à dissiper en grande partie les préventions que les étrangers avaient conçues contre la nation française. Le 23 juillet, le gouverneur que les souverains alliés avaient dans Paris (Muffling) écrivait au commandant : «Permettez que je vous témoigne toute la satisfaction que m'inspire la garde nationale que vous commandez. Il serait difficile de s'acquitter mieux de ses devoirs. Elle les remplit avec un zèle et une activité vraiment dignes de louange. Hier surtout elle a semblé vouloir se surpasser, et je dois à la vérité de dire que son amour pour l'ordre et la tranquillité publique ne s'est jamais montré dans un plus beau jour. Je ne manquerai pas d'en rendre compte aux souverains alliés. En attendant, je vous prie, M. le comte, de faire savoir à MM. les officiers et gardes nationaux l'estime que je leur porte. »

Les résultats obtenus par la garde nationale devaient paraître d'autant plus étonnants qu'elle était

peu nombreuse comparativement aux hommes
parmi lesquels elle devait maintenir l'ordre. Les
troupes étrangères excédaient en effet cent cinquante mille hommes; les tirailleurs qu'elle devait
calmer ou maintenir étaient fort nombreux, et
les royalistes exaltés fort turbulents. Elle n'avait,
au 20 juillet, pour faire respecter les personnes
et les propriétés, que 35,400 hommes, et sur ce
nombre il y en avait 8,724 qui n'étaient pas en
costume militaire.

La garde nationale avait à remplir des devoirs
pénibles et qui exigeaient le sacrifice de beaucoup
de temps. Mais il existait surtout, pour les officiers
d'un grade élevé, des dégoûts d'un autre genre
plus difficiles à supporter pour des hommes dont
le caractère et les opinions sont peu flexibles.
M. Benjamin Delessert, qui avait pris le commandement comme chef de légion, dans le moment
du plus grand danger, donna une seconde fois sa
démission, lorsqu'il crut qu'il ne pouvait plus, en
cette qualité, rendre aucun service important au
public. Il désigna M. Billing comme l'homme le
plus propre à le remplacer; mais celui-ci désigna
M. Ternaux.

Le 9 août, le commandant de la garde nationale

fait un rapport au colonel-général (M. le comte d'Artois) pour lui annoncer la démission de M. Delessert, et pour lui proposer de le remplacer. «C'est un malheur, dit-il, de ne pouvoir conserver à la tête de la légion un homme aussi estimable que M. Delessert, comme banquier, comme citoyen, comme garde national.» Il propose en conséquence de l'y garder du moins nominativement comme chef de légion à la suite. «M. Delessert ayant présenté M. Billing comme son successeur, le commandant saisit cette occasion de faire connaître au colonel-général que c'est lui qui, en sa qualité de major, marchant avec sa légion, pour entourer et défendre la chambre des représentants, prête à prononcer la déchéance de Bonaparte, contribua puissamment à déterminer l'abdication. «Il dit ensuite que c'est un homme franc, plein d'honneur, esclave de ses promesses, et sur lequel le roi peut compter. Il termine son rapport en ces termes :

« Mais par un trait de délicatesse qui honore M. Billing, c'est lui-même qui me désigne comme l'homme le plus propre à remplacer M. Delessert, M. Ternaux, chef de bataillon de la même légion, l'homme dévoué au roi et à la patrie, également recommandable comme citoyen, comme père de famille, comme manufacturier, comme membre éclairé du conseil des manufactures, et du conseil général du département. Les vertus, le caractère, l'esprit à la fois conciliant de M. Ternaux, doivent inspirer toute confiance à Votre Altesse, et en me réservant de rendre à M. Billing les témoignages honorables que méritent sa conduite, je défère à son désir même, en vous proposant M. Ternaux pour chef de la troisième légion. »

Sur cette proposition, M. Ternaux fut en effet nommé en remplacement de M. Delessert (1).

La garde nationale parisienne était parvenue, à travers mille dangers et par beaucoup de sacrifices, à rétablir l'ordre dans la capitale, à sauver les départements de la guerre de l'extermination que Bonaparte voulait y porter, et peut-être à prévenir le déchirement de la France. Par son ordre du jour du 8 juillet, son commandant lui avait annoncé que le roi l'honorait et la chérissait comme

(1) Lorsque M. Benjamin Delessert donna sa démission pour la première fois, dans le mois de juin, tous les officiers de sa légion s'étaient réunis pour le prier de ne pas se démettre, et ils avaient adressé une pétition au commandant Durosnel, pour qu'il lui en fît la demande en leur nom. Néanmoins, M. Delessert persista dans sa résolution; il ne la révoqua que pour prévenir l'attentat que devait exécuter Bonaparte contre la représentation nationale.

un corps qui avait deux fois sauvé la capitale et deux fois étouffé dans son sein les feux de la guerre civile. C'étaient de grands services rendus au pays, et même au gouvernement monarchique ; car la première condition nécessaire à l'existence d'un prince et de sa cour, c'est un peuple ayant le moyen de payer des impôts. Il restait donc à la récompenser.

Dans le mois d'octobre, tous les officiers supérieurs furent convoqués chez le duc de Mortemar, officier des gardes-du-corps. Là ils apprirent qu'il y avait parmi les officiers et sous-officiers de la garde nationale des hommes qui n'étaient pas *bien pensants*, et d'autres qui avaient servi *l'usurpateur.* Il y fut donc question de les *épurer ;* car la chambre *introuvable* venait d'être trouvée, et l'on allait commencer le grand système des épurations. On annonça donc sans trop de détours qu'on attendait des rapports sur les opinions des officiers et sous-officiers de la garde nationale. M. de Choiseul répondit qu'il ne connaissait dans sa légion que des citoyens qui avaient fait leur devoir; et que, quant à leurs opinions, il n'avait pas à s'en mêler; et il se retira. D'autres firent des réponses analogues. M. Billing dit qu'il avait prévu la demande qu'on venait de faire, et qu'il y avait pourvu. Il sortit et envoya sur-le-champ sa démission au commandant. Dès ce moment, les démissions devinrent nombreuses; et s'il se trouva des hommes *mal pensants* qui fussent trop lents à envoyer les leurs, on ne manqua pas de moyens de les faire arriver.

Les hommes qui se disaient exclusivement purs et qui avaient toujours suivi ce que l'un d'entre eux appelait la *ligne droite*, c'est-à-dire, le chemin le plus court pour arriver aux places et aux pensions, faisaient à la garde nationale parisienne de graves reproches. D'abord, ils ne pouvaient lui pardonner son origine et son uniforme révolutionnaires; on avait pu se servir d'elle ou même adopter son costume quand on n'avait encore aucune armée; mais maintenant qu'on avait des régiments suisses, et une chambre de députés qui ne valait pas moins qu'eux, on devait s'empresser de se débarrasser d'une garde de bourgeois. Leur uniforme d'ailleurs était déplaisant, et comme on ne l'avait pris qu'avec répugnance, on ne pouvait trop tôt le rejeter. En 1814, elle avait refusé de prendre spontanément la cocarde blanche, qui depuis vingt-cinq ans était considérée comme le signe de la contre-révolution vaincue, et c'était

une injure qui n'était pas oubliée. Au mois de
mars 1815, elle n'avait montré aucune ardeur monarchique; elle ne s'était pas présentée pour se
mettre à la tête des gardes-du-corps. Après le 20
mars, elle avait repris la cocarde tricolore, quoiqu'elle n'y eût été contrainte par aucun décret.
Après que la seconde restauration avait été décidée, elle avait persisté à garder ce signe des vainqueurs de l'ancien régime, et il avait fallu des ordres du jour répétés et même des menaces, pour
la déterminer à prendre la cocarde blanche. Elle
ne s'était pas portée au-devant du roi le jour de
sa rentrée, et ne lui avait rendu aucun honneur
militaire. Enfin, tous les maires, tous les préfets,
tous les gens salariés avaient fait des adresses pour
protester de leur dévouement aux nouveaux triom-
phateurs, et de leur haine pour les vaincus, et la
garde nationale était restée silencieuse. Elle n'avait
point envoyé de protestations de royalisme; elle
n'avait demandé ni destitutions, ni proscriptions,
ni vengeances. Il n'en fallait pas tant pour la rendre
suspecte et la faire épurer, en attendant que l'occasion se présentât de la détruire.

Depuis le jour où les armées de la coalition
se retirèrent de Paris, jusqu'au jour de la revue

qui amena son licenciement, la garde nationale en corps ne prit part à aucun événement qui mérite particulièrement de fixer l'attention de l'historien. Elle fit son service, sinon avec zèle, du moins avec exactitude ; elle éprouva une multitude de petites vexations qui semblaient avoir pour objet de lui faire désirer son licenciement. Elle vit successivement disparaître les officiers dans lesquels elle avait le plus de confiance. Dans les moments d'agitation ou de trouble, on lui fit toujours l'honneur de croire qu'elle ne sabrerait point les citoyens, et on l'écarta comme suspecte. Les fonctions pour lesquelles elle fut jadis établie furent confiées à des dragons et à des gendarmes. Enfin, elle parut ne plus exister que pour servir de prétexte aux appointements d'un dispendieux état-major, ou pour escorter des processions. Il est cependant deux faits particuliers qui méritent d'être rapportés : par l'un et par l'autre on jugera de l'esprit des ministres, relativement à la garde nationale parisienne, et de l'esprit de la garde nationale parisienne relativement à la liberté.

La France a retenti du bruit qu'ont fait, dans presque tous les départements, les nombreux missionnaires que la cour de Rome nous a envoyés pour nous communiquer ses doctrines et nous soumettre à son empire. Mais peut-être n'a-t-on pas su ou a-t-on oublié que Paris aussi a eu ses missionnaires. Dans cette immense capitale, nul n'est contraint ni par l'ennui, ni par la peur d'aller écouter un congréganiste qui prétend raisonner, ou un jésuite qui prêche les bonnes mœurs. Lorsque ces bons pères voulurent convertir les Parisiens, il y a quelques années, chacun les laissa dire, et s'occupa de ses affaires. Près de quinze jours se passèrent sans que personne s'avisât de penser à eux. Mais un jour quelques hommes de police, amis des jésuites, firent les esprits forts à la porte de l'église où les pères parlaient. D'autres hommes de police, compères des premiers, se fâchèrent, les prirent au collet, et voulurent les emmener au nom de la religion et du roi. Les passans s'arrêtèrent, pour voir de quoi il était question; en peu de temps, ils parurent former un rassemblement. Selon l'usage, les gendarmes arrivèrent avec grand bruit et grand fracas, puis les commissaires de police et les officiers de paix, et le nombre des curieux augmenta comme cela ne manque jamais d'arriver en de telles circonstances. Dès ce moment, on parla des mission-

33

naires et de leurs sermons. Des gens qui n'auraient jamais pensé à eux furent curieux d'entendre des gens qui faisaient tant de bruit.

Pendant qu'une de ces scènes avait lieu devant l'église des Petits - Pères, deux membres de la chambre des députés vinrent à passer; il paraît qu'ils s'arrêtèrent comme tant d'autres curieux. Ils étaient de l'opposition, et à Paris un homme de l'opposition, qu'il soit écrivain, député ou membre d'une cour judiciaire, est connu de tout ce qu'il y a de gens de police. Ils furent arrêtés par un commissaire; ils lui firent connaître leur qualité, lui présentèrent leur médaille, et invoquèrent le privilége de l'inviolabilité. Le commissaire de police les conduisit au poste de garde nationale voisin, et lui enjoignit de les tenir en état d'arrestation jusqu'à nouvel ordre. L'officier de garde ne voulut point prendre sur lui d'arrêter deux membres de la chambre, n'ayant surtout aucun mandat qui eût la moindre apparence de légalité. Il alla consulter son chef de légion, M. Ternaux, qui approuva ses scrupules. De retour dans son corps de garde, il fit connaître sa détermination au commissaire de police. Celui-ci s'emporta, et proféra contre la garde nationale les injures les plus grossières. L'officier ne répliqua point ; il respecta le caractère du magistrat qui ne le respectait pas lui-même ; mais il alla se plaindre à son chef de légion, en lui annonçant que si une réparation ne lui était pas faite, il donnerait sa démission.

M. Ternaux dit à l'officier de lui envoyer son rapport, et lui recommanda surtout d'être exact dans l'exposition des faits. L'ayant reçu, il l'adressa au commandant de la garde nationale, le duc de Reggio. Il le pria de solliciter auprès du gouvernement la réparation de l'outrage fait à la garde nationale. Le commandant promit en effet de la demander ; mais bientôt il annonça que de graves difficultés, de hautes considérations s'opposaient à ce qu'on agît avec rigueur envers le commissaire de police. Le chef de légion répondit qu'il ne demandait pas d'autre réparation du commissaire qu'un simple désaveu de ses propos. Le désaveu ne fut point donné. L'homme de police, qui avait arrêté deux députés de l'opposition et insulté la garde nationale, fut élevé en grade. M. Ternaux donna sa démission. Elle fut acceptée. Le duc de Reggio conserva le commandement.

La garde nationale avait refusé d'arrêter deux

33.

députés de l'opposition sur l'ordre arbitraire d'un
commissaire de police; elle ne tarda pas à être
soumise à une épreuve plus délicate. On voulut
lui faire exclure un député populaire du sein de
la chambre, par un ordre de la chambre elle-
même. Dans la discussion qui eut lieu en 1823,
au sujet de cette fameuse guerre d'Espagne, dont
le résultat devait être de renverser la constitution
de ce pays, et de débarrasser au profit des moines
le pouvoir arbitraire de toute espèce d'entraves,
M. Manuel voulut rappeler les terribles effets
qu'avait produits en France la guerre que les puissances coalisées lui déclarèrent au commencement
de la révolution ; il voulut rappeler que cette
guerre avait été une des principales causes de la
fin tragique de Louis XVI; et il citait ces faits,
non pour conseiller la guerre, mais comme une
raison de ne point la faire.

M. Manuel avait à peine prononcé la moitié de
sa phrase, que tous les députés du côté droit se
levèrent en poussant des hurlements effroyables.
Les Juifs, tendant des piéges à l'auteur de la religion chrétienne, et criant de toute leur force *il a
blasphémé, crucifiez-le*, n'en poussèrent pas de
pareils. Le prétendu crime du député était aussi

d'avoir blasphémé, non contre la Divinité, mais contre la royauté. Il avait, disait-on, professé le régicide. Pour tout homme que l'esprit de parti n'aveuglait pas, et qui était doué de sens commun, l'accusation n'était qu'un prétexte pour mettre à exécution une résolution déjà débattue et arrêtée. Aussi, lorsque l'orateur voulut prendre la parole pour terminer sa phrase, les mêmes vociférations qui l'avaient interrompu recommencèrent, et ne lui permirent pas de se faire entendre. Il adressa par écrit la moitié de la phrase qu'il n'avait pas pu prononcer, au président. Celui-ci voulut en donner lecture ; cela ne lui fut pas possible : les vociférations couvrirent sa voix. Le président fut obligé de suspendre la séance : il renvoya les députés dans leurs bureaux. Ceux du côté droit et du centre s'y rendirent; ceux du côté gauche restèrent à leur place. Une heure après, la séance fut reprise. M. Forbin des Issarts proposa l'exclusion de M. Manuel. La majorité voulut forcer le président à la mettre aux voix sans discussion. La proposition n'étant pas faite selon les formes prescrites par le règlement, le président résista et leva la séance.

Le lendemain, M. de Labourdonnaye reproduisit la proposition. La majorité la prit en considération, la renvoya dans ses bureaux; une commission fut nommée; elle choisit Labourdonnaye pour rapporteur. Le 1er mars, le rapport fut lu à la chambre, et l'exclusion de M. Manuel prononcée. Pendant les débats, cet orateur avait annoncé qu'il ne céderait qu'à la force. En effet, dans la séance suivante, il paraît au milieu du côté gauche. Le président, dont la consigne n'a point été exécutée, est d'abord embarrassé. Bientôt il trouve un expédient. Il propose à la majorité de se rendre dans ses bureaux, et il s'y rend avec elle. De là, il expédie un ordre aux huissiers de la chambre de faire sortir M. Manuel, et s'il refuse, de l'y contraindre par la force. Il refuse en effet; les huissiers se retirent.

Un instant après, les deux battants de la porte s'ouvrent : un détachement de la garde nationale, suivi d'un détachement de vétérans, rentrent dans la salle. A la vue de la garde nationale, tous les députés du côté gauche se récrient : on veut la compromettre! on veut lui faire violer l'enceinte de la représentation nationale! L'officier des vétérans hésite; il va reprendre de nouveaux ordres. Il revient, et enjoint au sergent Mercier et au détachement de garde nationale qu'il commande d'exécuter son ordre. Tous les gardes nationaux refusent d'obéir. Les applaudissements et les *bravos* partent à l'instant de toutes les tribunes et de tous les bancs du côté gauche, et font retentir la salle. A l'instant, on fait avancer d'autres troupes : le vicomte de Foucault se présente suivi d'autres gendarmes : il fait les sommations d'usage ; puis il s'écrie : *Gendarmes, empoignez-moi M. Manuel.* Et les gendarmes empoignent M. Manuel, et l'entraînent au milieu des députés du côté gauche, qui sortent en même temps que lui. Quelques jours après, une ordonnance royale ordonne que Mercier sera rayé du contrôle de la garde nationale. D'un autre côté, il reçoit des félicitations, des présents et des couronnes d'un grand nombre de citoyens.

Nous arrivons à la fameuse revue dont le résultat a été non le licenciement, mais la désorganisation de la garde nationale. Pour bien faire comprendre les événements de ce jour, il faudrait exposer tous ceux auxquels le ministère actuel a eu plus ou moins part, depuis le moment de sa formation jusqu'au jour où la garde nationale a été désorganisée ; et ce serait une longue et pénible histoire. Je me bornerai donc à indiquer sommairement les principaux.

Les hommes qui sont placés aujourd'hui à la tête de l'administration n'ont jamais eu la prétention d'être des hommes populaires. Ils savent fort bien que, s'il y avait eu quelque sympathie entre eux et la majorité de la population, s'il y avait eu quelque analogie entre leurs opinions et celles qui dominent en France, jamais ils n'eussent obtenu l'appui du parti qui a le plus contribué à les porter où ils sont. Puisque c'est à leur impopularité même qu'ils doivent la plus grande partie de leur succès et de leur fortune, ils n'auront point l'ingratitude de la renier. Ce ne sera donc point contrarier les principaux d'entre eux que de dire qu'on les a vu généralement arriver au pouvoir avec crainte, avec défiance, et quelques-uns avec dégoût. On a vu dans leur triomphe, et dans ce qui l'a suivi, quelque chose de pire que l'ancien régime : des grimaces au lieu de religion, la basse corruption au lieu de désintéressement, la morgue de parvenus au lieu de l'orgueil aristocratique, enfin tous les vices qu'on reproche à l'ancien régime, moins la noblesse de sentiments qui s'y trouvait quelquefois mêlée, et les habitudes que donnent l'éducation et l'usage du monde.

Depuis que les ministres sont parvenus au pouvoir, ont-ils fait quelque chose pour mériter de perdre cette heureuse impopularité à laquelle ils durent en grande partie leur élévation? Quel est celui de leurs amis qui pourrait les en accuser? Ils ont établi en Espagne l'anarchique et turbulente domination des moines, et ils y ont fait une glorieuse moisson de mépris. Ils ont fait alliance et amitié avec les barbares qui oppriment l'Égypte, et, pendant des années, ils ont vu sans sourciller couler à grands flots le sang des Grecs. Ils ont courageusement dévoré les outrages du ministère anglais, et attendu, pour faire honteusement la reconnaissance des nouveaux états d'Amérique, que le commerce de l'Angleterre s'y fût solidement établi. Enfin, ils ont montré une obséquieuse complaisance pour la politique autrichienne; mais ils ont traité avec hauteur et dureté les gouvernements de la Suisse et ceux de l'Allemagne avec lesquels la France aurait le plus de sympathie.

Dans l'intérieur, leur politique n'a été ni plus morale, ni plus généreuse. Ils ont prétendu hautement un droit de privilége et d'hypothèque sur les consciences de tous les citoyens qui ont accepté des fonctions publiques. Ils ont considéré

les salaires que paie le public aux fonctionnaires,
non comme l'équivalent des services spéciaux qui
lui sont rendus par eux, mais comme un prix accordé par les largesses ministérielles à des consciences vénales. Ils ont employé ou autorisé des moyens
arbitraires, pour appeler dans la chambre qui
doit juger leur administration et en déterminer les
dépenses, le plus grand nombre possible des individus auxquels ils en font partager les profits.
Ayant vicié, autant qu'il a été en leur pouvoir, la
représentation nationale, soit par le renversement
des dispositions de la Charte, soit en exerçant sur
les élections une injuste influence, ils ont voulu
détruire tous les organes par lesquels l'opinion
publique peut se manifester. Ils ont acheté les
journaux qui ont voulu se vendre ; ils ont voulu
acheter des procès contre quelques-uns ; ils ont
tenté de faire supprimer les autres comme coupables de tendance, et il a fallu toute la fermeté et
toute l'intégrité des magistrats pour que la France
ne vît pas disparaître tous les journaux libres, sous
l'empire d'une loi qui proclame la liberté de la
presse.

La guerre a été faite aux arts et aux sciences
avec la même énergie qu'elle l'a été à la publicité.

L'enseignement élémentaire, destiné aux classes peu aisées, a été poursuivi avec une persévérance à laquelle les Turcs pourraient porter envie. La destruction de l'école destinée à former des professeurs n'a été que le prélude de la destruction de l'école destinée à former des maîtres ouvriers. On a voulu soumettre les académies à la discipline des régiments; les sentiments de dignité et d'indépendance ont été considérés comme un des actes de révolte. Ceux qui ont osé les manifester ont été frappés; ils n'ont pu être garantis contre les vengeances ministérielles, ni par leur dévouement à la famille des Bourbons, ni par leurs anciens services. Dans les écoles qu'on n'a pu détruire, on a soumis les écoliers à un régime tel, qu'il a fallu recourir à la violence pour les faire plier. De toutes parts, des insurrections d'enfants se sont manifestées, et il a fallu avoir recours à la force militaire pour les apaiser. Enfin, un homme que le public environnait de ses hommages avait consacré une longue vie et une partie d'une grande fortune à répandre les lumières parmi les classes peu aisées, à favoriser leur industrie, à épurer ou adoucir leurs mœurs. Cet homme meurt, et tandis que des jeunes gens, dont il a été le bienfaiteur,

portent ses restes avec recueillement, la police arrive avec ses espions et ses soldats, et jette le cer-
cueil dans la boue.

La justice n'a pas été mieux traitée que les
sciences et les arts. Toutes les fois que les arrêts
d'une cour ont déçu les espérances ministérielles,
les magistrats ont été en butte aux outrages ou
aux insinuations perfides des écrivains soudoyés.
Si, dans certains cas, on a prévu que l'indépendance des magistrats était peu favorable aux prétentions du pouvoir, on s'est hâté de leur enlever
les causes soumises à leur jugement. On a élevé
ce qu'on appelle un *conflit*, et fait juger ces causes
par des hommes arbitrairement choisis et révocables à volonté. On est allé plus loin : dans des ordonnances, dans des projets de loi, dans des discours prononcés devant les chambres, on a mis
en question l'impartialité de la magistrature.

L'état de paix avait fait espérer la diminution
des contributions publiques; au lieu de cela, on
voit ajouter toutes les années de nouveaux millions au milliard déjà établi. Si de scandaleuses di-
lapidations sont découvertes, les chambres et les
tribunaux les constatent, sans pouvoir les réprimer, et les coupables restent impunis. En même

temps qu'on paie des contributions publiques énormes, la plupart des travaux publics sont entièrement négligés. On serait tenté de croire que les contributions d'une année n'ont pas d'autre résultat pour les contribuables que de donner aux principaux agents du pouvoir les moyens de percevoir les contributions de l'année suivante.

Des réformes avaient été promises dans diverses branches de l'administration : la septennalité n'avait été, disait-on, établie que pour donner au ministère le temps de préparer les lois réclamées par les besoins publics; et non-seulement le système de centralisation a continué d'attirer dans les bureaux des divers ministères les affaires qui n'intéressent que des localités, mais les ministres ont usurpé la nomination des membres des conseils généraux des départements.

Les hommes sincèrement attachés à leur religion n'ont pas eu moins à se plaindre que les contribuables. Le jésuitisme a tout envahi : il s'est insinué dans toutes les branches du gouvernement pour les corrompre. Avide de pouvoir et de richesses, il n'a considéré la religion que comme un instrument de politique. Qu'on ait de la foi ou qu'on soit incrédule, qu'on ait de bonnes ou de

mauvaises mœurs, peu lui importe, pourvu qu'on
le serve. Ne pouvant établir son règne que par
l'ignorance, la stupidité, l'aveugle superstition, il
a substitué des pratiques ridicules, ou de vains
prestiges, aux doctrines qui pourraient faire des
hommes intègres, de bons pères ou de bonnes
mères de famille, en un mot de bons citoyens.

Tel est, en résumé, l'état auquel est arrivée la
France depuis quelques années. Les ministres l'ad-
mirent sans doute, puisqu'il est en grande partie
leur ouvrage : mais l'opinion publique a pu ne pas
en être également satisfaite. Elle en a donc exprimé son mécontentement par les seuls organes
qui lui restent, les journaux non asservis.

Dans ces circonstances, le ministère présente
un projet de loi dont le résultat doit être non-
seulement la ruine de tous les journaux indépen-
dants, mais la destruction de tous les autres
moyens à l'aide desquels la vérité peut se manifester. Tout ce qu'on peut dire de ce projet, c'est
qu'il a été une des insultes les plus graves qui aient
jamais été faites au bon sens et à la bonne foi
d'une nation. Adopté par la majorité de la chambre des députés, il allait être rejeté par la chambre des pairs. Les ministres, prévoyant leur dé-

faite, retirent leur projet. Le même soir, un grand nombre de maisons sont illuminées. Le soir du lendemain, Paris présente une illumination générale; jamais on n'avait vu une joie plus pure et moins turbulente; jamais l'opinion ne s'était manifestée d'une manière plus unanime, plus spontanée. A voir le spectacle que présentaient les rues de Paris dans cette soirée, on aurait pu croire que le matin les ministres avaient été renvoyés.

Le 16 avril, jour anniversaire de la rentrée du roi, la garde nationale parisienne avait occupé tous les postes du château, et elle avait accueilli par un morne silence le roi qui l'avait inspectée. Le même jour, Charles X était allé faire une revue de troupes au Champ-de-Mars, et partout sur son passage il n'avait rencontré qu'une population silencieuse. Instruit que le projet ministériel contre la presse était la cause principale du froid accueil qu'il avait reçu, il avait ordonné qu'il fût retiré; les ministres, qui savaient qu'il allait être rejeté, n'avaient fait contre cet ordre aucune objection. Il avait été question alors de passer une revue générale de la garde nationale; c'était une manière de vérifier si le mécontentement manifesté le 16 avril était le résultat du projet de loi sur la police de la presse.

Cette revue était pour les ministres une épreuve fort dangereuse. Aussi, lorsqu'elle eut été résolue, elle les jeta dans le plus grand embarras. D'abord, on voulait qu'elle fût passée dans la cour des Tuileries : c'était un moyen d'éviter que Charles X traversât une partie de Paris, et entendît sur son passage la manifestation de l'opinion publique. Mais on s'aperçut bientôt que ce projet présentait un grave inconvénient : la garde nationale serait resserrée dans un espace étroit, ses colonnes seraient placées les unes contre les autres, et si elles venaient à émettre un vœu, il serait manifesté avec un tel ensemble, qu'il pourrait ébranler le crédit des ministres. Il était impossible, d'ailleurs, de trouver un prétexte pour écarter la population de l'immense place du Carrousel. Là, elle se trouvait agglomérée de la même manière que la garde nationale, et l'expression de ses vœux n'en serait que plus énergique. On renonça donc au projet de passer la revue dans la cour des Tuileries, quoique les journaux ministériels l'eussent déjà annoncé, et l'on publia qu'elle serait passée au Champ-de-Mars.

Ce cirque immense offrait un moyen assez facile d'éviter la manifestation de l'opinion publique,

ou du moins d'en rendre l'effet presqu'insensible.
Il fallait placer la garde nationale au milieu, et en
faire une ou deux files longues et minces, qui
commenceraient à l'hôtel de l'Ecole-Militaire, et
iraient aboutir sur les bords de la Seine. Il fallait
ensuite obliger la population à se tenir sur les talus
de la circonférence, et la placer ainsi à une telle
distance, qu'elle ne pût ni entendre les vœux de
la garde nationale, ni lui faire entendre les siens.
Toutes ces mesures furent prises en effet.

Il paraît que les ministres étaient véritablement
effrayés des dispositions de la population. Ils mirent sur pied la nombreuse gendarmerie de Paris,
et firent arriver celle des environs. Des habitants
de Bondy, qui se trouvaient au Champ-de-Mars,
ne furent pas peu étonnés de voir que les gendarmes de leur village étaient au nombre de ceux
qui faisaient la police. En même temps, on consi-
gna la troupe de ligne dans ses casernes pour être
prête à tout événement. On en cacha une partie
derrière des planches et près du chemin que le
roi devait parcourir; ceux-ci furent découverts par
la maladresse qu'ils eurent de battre le tambour
quand il passa. Dix-sept ou dix-huit pièces d'artillerie furent placées dans la cour de l'École-Mili-

34

taire ; les chevaux y furent attelés ; les canonniers eurent les mèches allumées. Ces mesures arrêtées, on prit des précautions pour n'avoir point à en faire usage. Les gendarmes, chargés de tenir la population sur le talus du Champ-de-Mars, eurent l'ordre d'être polis, et ils s'y conformèrent. Pour la première fois, depuis trente ans, on vit la force armée avoir quelques égards pour les citoyens, et les traiter avec une sorte de politesse.

La première compagnie qui fut passée en revue était commandée par un capitaine connu par la libéralité de ses opinions ; celle-là ne fit entendre que le cri de *vive le roi!* Le capitaine l'avait priée de n'en point faire entendre d'autre, parce qu'autrement ce serait lui qui serait accusé de l'avoir inspirée. Bientôt le cri de *vive la charte! à bas les ministres!* se joignit au cri de *vive le roi!* Quelques voix crièrent *à bas les jésuites!* On observa que les cris de *vive la charte! à bas les ministres!* étaient d'autant plus nombreux et d'autant plus énergiques, que les officiers étaient supposés plus dévoués au ministère et plus ennemis de la charte. Une compagnie, qui renfermait les jeunes gens d'un des quartiers les plus riches de Paris, fit entendre le cri *à bas les ministres!* avec une énergie particulière. Le maréchal qui commandait la garde nationale, le duc de Reggio, habitué à ne voir dans les soldats que des machines qui parlent ou se meuvent par ordre, voulut faire cesser ce cri par mesure d'autorité. Les cris *à bas les ministres!* en devinrent plus forts. Le duc se met en colère, s'emporte, et dit : *Vous-êtes des vilains.* On répond *à bas les ministres!* Le duc veut alors faire arrêter un homme qu'il croit plus prononcé que les autres ; il ordonne à un colonel de gendarmerie de le faire saisir. Les gendarmes s'avancent. « Colonel, s'écria le capitaine de la compagnie, ne tentez pas d'exécuter votre ordre, si vous voulez prévenir des malheurs. » Les soldats serrent leurs rangs et semblent se disposer à la résistance. Le maréchal, qui ne se possède plus, est entraîné par les officiers de son état-major ; les gendarmes n'exécutent point son ordre, et la revue continue. Les princesses de la famille royale venaient dans leur voiture après le roi et l'état-major. A leur passage, beaucoup de gardes nationaux criaient *vive la charte! à bas les jésuites!*

A leur retour de la revue, plusieurs légions de la garde nationale, particulièrement celles qui appartiennent aux quartiers les plus commerçants, devaient passer sous les fenêtres du palais du ministre des finances. En y arrivant, elles s'arrêtent, et elles font entendre les cris *à bas Villèle! à bas Villèle!* Les nombreux promeneurs qui se trouvent dans le jardin des Tuileries, étonnés de ces cris, s'approchent pour savoir quel en est l'objet. Dès qu'ils s'aperçoivent que c'est le renvoi du ministre que la garde nationale demande, on s'écrie de toutes parts, *à bas Villèle! à bas Villèle!* Les légions passent ensuite sous les fenêtrés du garde-des-sceaux; et là ils font entendre les cris. *à bas Peyronnet! à bas Peyronnet!*

Charles X, à son avènement, s'était rendu populaire en abolissant la censure établie sous le règne précédent. Sa popularité, qui s'était un peu affaiblie pas les actes du ministère, et surtout par le projet de loi contre la presse, se rétablit en partie quand ce projet fut retiré. Si les auteurs de ce projet avaient alors été renvoyés, et si leurs successeurs avaient adopté des principes de justice, de modération, et surtout s'ils avaient été de bonne foi, le gouvernement royal aurait acquis de la force et de la stabilité. Mais les ministres avaient un moyen de rester en possession du pouvoir : c'était d'engager le gouvernement royal dans la route où ils sont entrés ; c'était de le déterminer à prendre des mesures opposées à celles qui l'avaient rendu populaire, et de compromettre son nom, en le faisant servir à sanctionner des actes plus impopulaires encore ; c'était d'enchaîner en quelque manière, autant que cela dépendait d'eux, le sort de la dynastie à leur propre destinée. La garde nationale avait dit *à bas les ministres!* Les ministres ont dit *à bas la garde nationale!* Et la garde nationale est tombée.

Depuis sa fondation, la garde nationale parisienne a disparu à trois époques remarquables. Elle fut anéantie au 10 août, lorsque Marat, Danton, Robespierre et quelques autres individus du même caractère usurpèrent l'autorité de la commune de Paris, renversèrent la monarchie constitutionnelle, et asservirent la représentation nationale. Elle fut rétablie aussitôt que les usurpateurs eurent été renversés et envoyés à l'échafaud. La garde nationale parisienne disparut une seconde fois au 18 brumaire, quand l'usurpation militaire renversa le gouvernement directorial, détruisit la représentation nationale, et plaça dans les mains d'une faction les pouvoirs et les

droits politiques ravis aux citoyens et au gouvernement. Elle reparut lorsque les usurpateurs eurent compromis le pays par leur ambition et leur
folie ; et la plupart d'entre eux furent bannis ou
fusillés. Elle a disparu une troisième fois, lorsqu'une chambre, dont les membres n'avaient été
élus que pour cinq ans, se sont eux-mêmes déclarés élus pour sept; lorsque les usurpations jé-
suitiques ont bravé les lois et l'autorité de la justice, et que Villèle, Corbière et Peyronnet, pour
raffermir leur pouvoir ébranlé, se sont préparés
à soumettre les citoyens au régime de leurs cen-
seurs ; mais quand reparaîtra-t-elle ?

FIN.

ERRATUM.

Page 304, ligne 20; au lieu de ces mots : *Les hommes qui avaient établi leur assemblée*, lisez : *Les hommes qui avaient établi leur domination sur l'assemblée.*

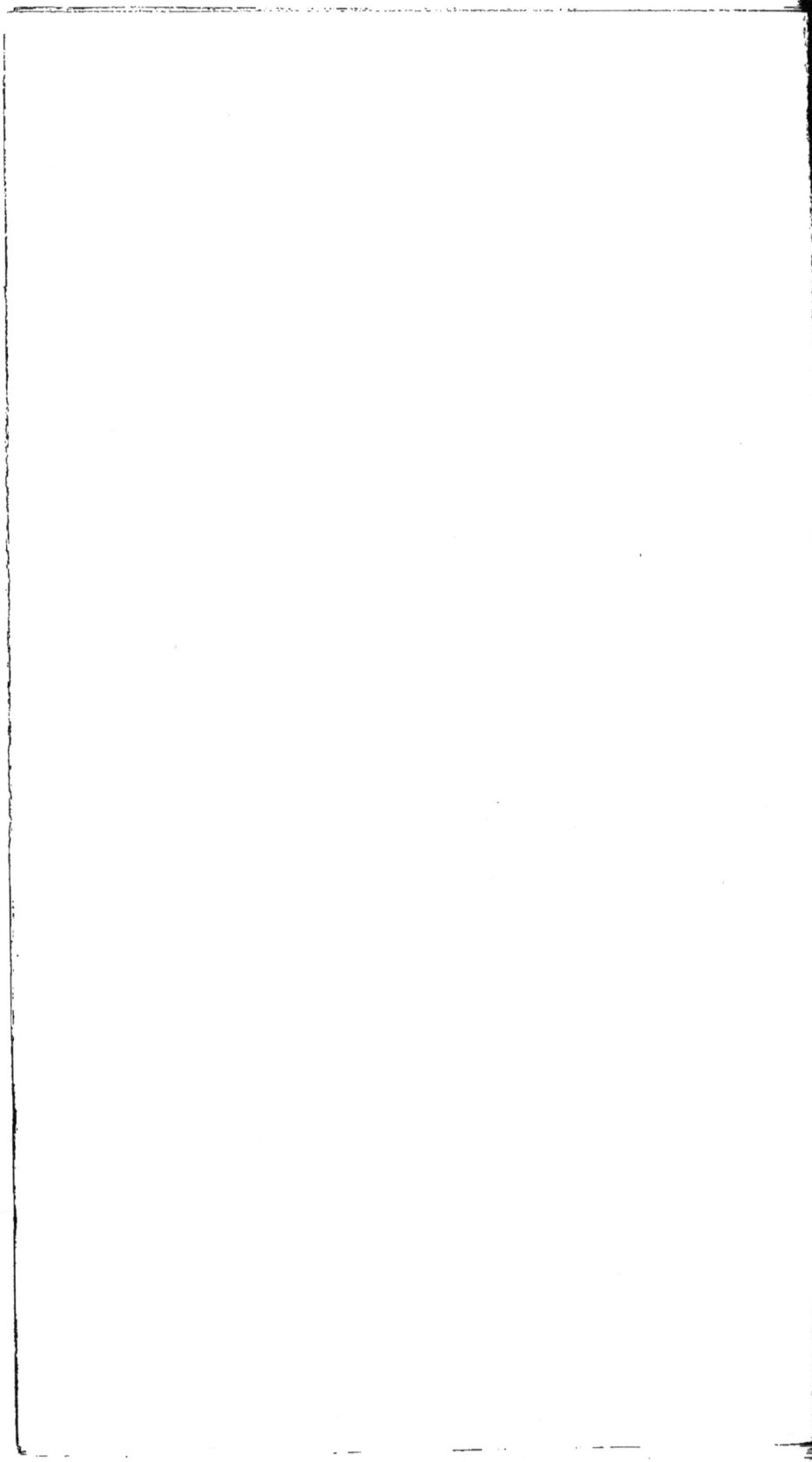